W0355534

DR. OETKER

SCHLANKER GENUSS

VON A–Z

DR. OETKER

SCHLANKER GENUSS

VON A–Z

Dr. Oetker Verlag

Hinweise zu den Rezepten

Lesen Sie vor der Zubereitung – besser noch vor dem Einkauf – das Rezept einmal vollständig durch. Auf diese Weise werden Arbeitsabläufe oder -zusammenhänge verständlicher. Die Anzahl der Portionen, der Kuchenstücke ist in jedem Rezept angegeben.

Zutatenliste

Die Zutaten sind in der Reihenfolge ihrer Verarbeitung aufgeführt.

Arbeitsschritte

Die Arbeitsschritte sind einzeln hervorgehoben, in der Reihenfolge, in der sie von uns ausprobiert wurden.

Zubereitungszeiten

Die Zubereitungszeit ist ein Anhaltswert für die Dauer der Vorbereitung und die eigentliche Zubereitung. Längere Wartezeiten wie Kühl- oder Abkühlzeiten, Auftau- und Durchziehzeiten sind, sofern parallel keine weitere Tätigkeit erfolgt, nicht in der Zubereitungszeit enthalten. Die Gar- und Backzeiten werden in der Regel gesondert ausgewiesen.

Backofeneinstellung und Back- und Garzeiten

Die in den Rezepten angegebenen Backofentemperaturen, Back- und Garzeiten sind Richtwerte, die je nach individueller Hitzeleistung des Backofens über- oder unterschritten werden können. Die Temperaturangaben in diesem Buch beziehen sich auf Elektrobacköfen. Die Möglichkeiten der Temperatureinstellung für Gasbacköfen variieren je nach Hersteller, sodass wir keine allgemeingültigen Angaben machen können. Bitte beachten Sie deshalb bei der Einstellung des Backofens die Gebrauchsanleitung des Herstellers. Ein Backofenthermometer eignet sich dabei gut, um die Backofentemperatur im Blick zu haben.

Abkürzungen

EL = Esslöffel
TL = Teelöffel
Msp. = Messerspitze
Pck. = Packung/Päckchen
g = Gramm
kg = Kilogramm
ml = Milliliter
l = Liter
evtl. = eventuell
geh. = gehäuft
gem. = gemahlen
ger. = gerieben
gestr. = gestrichen
TK = Tiefkühlprodukt
°C = Grad Celsius
Ø = Durchmesser

Nährwerte

E = Eiweiß
F = Fett
Kh = Kohlenhydrate
kJ = Kilojoule
kcal = Kilokalorie
BE = Broteinheiten

Bei den Nährwertangaben in den Rezepten handelt es sich um auf- bzw. abgerundete Werte. Eiweiß-, Fett-, Kohlenhydrate und Broteinheiten sind mit einer Stelle nach dem Komma angegeben, Kilojoule und Kilokalorien sind als ganze Werte ausgewiesen. Aufgrund von ständigen Rohstoffschwankungen und/oder Rezepturveränderungen bei Lebensmitteln, kann es zu Abweichungen kommen. Die Nährwertangaben dienen daher lediglich Ihrer Orientierung und eignen sich nur bedingt für die Berechnung eines Diätplans, zum Beispiel bei Krankheiten wie Diabetes.
Bei krankheitsbedingten Diäten richten Sie sich daher bitte nach den Anweisungen Ihres Diätassistenten bzw. Ihres Arztes.

Infos zu den Auswahlkriterien für die Rezepte

	Kochen	**Backen**	**Desserts & Snacks**
Zubereitungszeit	bis zu 30 Minuten und eventuell zusätzlicher Garzeiten, z. B. im Backofen	bis zu 45 Minuten und eventuell zusätzlicher Kühl- und/oder Backzeiten	bis zu 20 Minuten und eventuell zusätzlicher Kühl- und/oder Gefrierzeiten
Kilokalorien	pro Portion: bis etwa 400 kcal	pro Stück: bis etwa 300 kcal	pro Portion: bis etwa 250 kcal
Fett	pro Portion: bis etwa 15 g	pro Stück: bis etwa 10 g	pro Portion: bis etwa 10 g

Vorwort

Einfach die Packung aufreißen, Pastagericht in die Mikrowelle, wenige Minuten aufwärmen und fertig. – Sicherlich der einfachste Weg, wenn zwischen Job, Kindern, Haushalt und Sport auch noch schnell etwas Essbares auf dem Tisch stehen muss. Jedoch keine Dauerlösung, vor allem dann nicht, wenn Sie auf Ihre Figur achten möchten oder müssen. Zeit also für die schnellen und schlanken Rezepte von Dr. Oetker!

Den Kochlöffel für unsere über 220 Leichtgerichte zu schwingen benötigt nur ein kleines bisschen mehr Zeit als das Betätigen der Mikrowelle. Die Zubereitung können Sie garantiert ohne besondere Profikenntnisse meistern und weichen dabei Kalorien- und Fettfallen erfolgreich aus, denn Sie wissen immer genau, was in Topf oder Pfanne landet.

Starten Sie doch vegetarisch: Wunderbar aromatisch schmeckt die Dinkelsuppe durch ein feines Minzpesto, dass zum Schluss eingerührt wird – übrigens auch optisch ein echter Hingucker und deshalb bestens geeignet, wenn Gäste beeindruckt werden wollen.

Inspiriert von der afrikanischen Küche lädt der Süßkartoffel-Couscous-Salat leuchtend bunt zum Sattessen ein. Warm und kalt genießen können Sie thailändisch angehauchte Hähnchenspieße mit fruchtig-pikantem Pflaumen-Sesam-Dip oder auch handliche Beefsteak-Röllchen.

Fischliebhaber begeistern sich für Fischrouladen mit Spinat oder die klassische Forelle blau. Gyros im Pita-Brot lässt sich prima für ein Picknick vorbereiten. Dazu eine Knoblauchsauce, natürlich schön joghurtleicht.

Und wenn der große Schoko-Jieper kommt, dann bloß nicht dagegen ankämpfen, sondern ab in die Küche, einen Schokoteig zusammenrühren, ab aufs Blech damit und einfach warten, bis es herrlich duftet. Ein Topping aus Honigmilchschaum macht die süße Verführung perfekt. Dann die Freundin einladen und zusammen ohne Reue genießen.

Alle Rezepte sind mit Nährwertangaben versehen, wurden von uns getestet und garantieren leichten Genuss.

Asia-Geschnetzeltes I

Aus der chinesischen Küche

4 Portionen

Pro Portion: E: 30,3 g, F: 11,9 g, Kh: 54,5 g, kJ: 1904, kcal: 455, BE: 4,5

½ Spitzkohl (etwa 500 g)
1 rote Paprikaschote (etwa 200 g)
150 g frische Sprossen
130 g abgetropfte Aprikosenhälften (aus der Dose)
400 g Rinderfilet (in dünne Scheiben geschnitten)
2½ EL Sesamöl (25 g)
Salz, gem. Pfeffer
200 g Langkornreis
400 ml Gemüsebrühe
2 EL Weißweinessig
3 EL Aprikosensaft (aus der Dose)
4–5 EL Zitronensaft
3 EL Sojasauce
1 TL Sambal Oelek
1 EL Speisestärke (etwa 12 g)

Zubereitungszeit: 30 Minuten

1. Von dem Spitzkohl die äußeren Blätter entfernen, den Kohl halbieren und den Strunk herausschneiden. Spitzkohl abspülen, abtropfen lassen und in feine Streifen schneiden. Paprikaschote halbieren, entstielen, entkernen und die weißen Scheidewände entfernen. Schotenhälften abspülen, abtropfen lassen und ebenso in feine Streifen schneiden.

2. Die Sprossen verlesen, in ein Sieb geben, abspülen und gut abtropfen lassen. Von den Aprikosenhälften den Saft auffangen und beiseitestellen. Die Aprikosenhälften in dünne Spalten schneiden.

3. Das Rinderfilet mit Küchenpapier trocken tupfen, evtl. entfetten und in dünne Streifen schneiden. Von dem Sesamöl 1 Esslöffel in einem Wok oder in einer großen Pfanne erhitzen. Die Fleischstreifen darin unter gelegentlichem Rühren bei mittlerer bis starker Hitze in 8–10 Minuten braun anbraten. Fleischstreifen mit Salz und Pfeffer würzen und herausnehmen.

4. In der Zwischenzeit in einem Topf den Reis mit der Gemüsebrühe nach Packungsanleitung garen. Den Reis evtl. abgießen.

5. Inzwischen 1 weiteren Esslöffel Sesamöl zu dem verbliebenen Bratfett in den Wok bzw. in die Pfanne geben und erhitzen. Spitzkohl- und Paprikastreifen hinzufügen und darin unter gelegentlichem Rühren bei mittlerer bis starker Hitze in etwa 4 Minuten bissfest garen.

6. Die Sprossen und Aprikosenspalten hinzufügen und alles 2–3 Minuten unter gelegentlichem Rühren weitergaren.

7. Den Weißweinessig mit je 3 Esslöffeln Aprikosen-, Zitronensaft und Sojasauce sowie Sambal Oelek und Speisestärke glatt rühren. Die Flüssigkeit zum Gemüse hinzugießen. Die Zutaten kurz aufkochen lassen, mit Sesamöl, Zitronensaft und Salz abschmecken. Dann das Rindergeschnetzelte mit in den Wok bzw. die Pfanne geben, unterrühren und kurz darin erwärmen. Das Asia-Geschnetzelte mit dem Reis anrichten.

Tipps: Statt Spitzkohl können Sie auch die gleiche Menge Chinakohl für dieses Rezept verwenden. Der Reis kann auch in Salzwasser (ohne Gemüsebrühe) gegart werden. Dabei für die Flüssigkeitsmenge stets die Packungsanleitung beachten. Noch mehr Schärfe bekommt das Asia-Geschnetzelte wenn Sie die Sambal-Oelek-Menge erhöhen. Seien Sie bei der Dosierung jedoch sehr vorsichtig: Sambal Oelek ist eine sehr scharfe Würzpaste. Das Asia-Gemüse kann zusätzlich mit 1–2 Esslöffeln Sherry abgeschmeckt werden.

Warenkunde: Spitzkohl gehört zur Gruppe der Weißkohlarten. Seinen Namen hat er von der spitzen Kopfform. Im Kühlschrank hält sich Spitzkohl etwa 1 Woche.

Ernährungstipps: Rinderfilet ist ein sehr mageres Stück vom Rind und enthält wenig Cholesterin. Cholesterin kommt nur in tierischen Produkten, wie z.B. in Fleisch, Eiern oder Butter, vor. Da es oft im Fett steckt, essen Sie möglichst magere Fleischsorten und Fleisch nur in kleinen Mengen.

Asiatische Tofu-Reis-Pfanne

Vegetarisch – würzig

4–6 Portionen

Pro Portion: E: 20,8 g, F: 12,1 g, Kh: 43,7 g, kJ: 1538, kcal: 368, BE: 3,6

20 g	*getrocknete Pilze, z. B. Tongú, Mu-err oder Shiitake*
400 g	*Tofu natur (aus dem Kühlregal)*
400 ml	*Tomatensaft*
4–5 EL	*Sojasauce*
1 1/2–2 TL	*Sambal Oelek*
	Salz
200 g	*Basmatireis*
2	*gelbe Paprikaschoten (je etwa 200 g)*
1	*Zucchini (etwa 250 g)*
etwa 150 g	*Sprossen*
3 EL	*Soja- oder Erdnussöl*
3/4–1 TL	*gem. Ingwer*
evtl.	
3–4 Stängel	*glatte Petersilie*

Zubereitungszeit: 30 Minuten

1. Die Pilze nach Packungsanweisung in Wasser einweichen.

2. In der Zwischenzeit den Tofu in Streifen schneiden. 4 Esslöffel von dem Tomatensaft mit 2 Esslöffeln von der Sojasauce, 1/2 Teelöffel von dem Sambal Oelek und etwas Salz in einer großen Schüssel verrühren.

3. Tofustreifen darin etwa 30 Minuten marinieren lassen, dabei zwischendurch 2–3-mal wenden.

4. In der Zwischenzeit den Reis nach Packungsanleitung in kochendem Salzwasser zubereiten.

5. In der Zwischenzeit die Paprikaschoten halbieren, entstielen, entkernen und die weißen Scheidewände entfernen. Schotenhälften abspülen, abtropfen lassen und in dünne Streifen schneiden.

6. Zucchini abspülen, abtrocknen und die Enden abschneiden. Zucchini auf der Haushaltsreibe grob raspeln.

7. Die Sprossen verlesen, in ein Sieb geben, abspülen und gut abtropfen lassen.

8. In einem Wok oder einer großen Pfanne 2 Esslöffel von dem Öl erhitzen.

9. Die Tofustreifen aus der Marinade nehmen und abtropfen lassen, dabei die Tomatensaft-Marinade beiseitestellen.

10. Die Tofustreifen unter gelegentlichem Rühren bei mittlerer bis starker Hitze in 3–4 Minuten goldbraun anbraten und herausnehmen.

11. Die Pilze abgießen, dabei das Einweichwasser auffangen. Das restliche Öl zum verbliebenen Bratfett mit in den Wok oder die Pfanne geben.

12. Die eingeweichten Pilze mit 5 Esslöffeln Einweichwasser, Paprikastreifen und Zucchiniraspeln im heißen Öl unter gelegentlichem Rühren bei mittlerer bis starker Hitze in 3–4 Minuten bissfest garen.

13. Die Sprossen hinzufügen und alles 2–3 Minuten weitergaren.

14. Die beiseitegestellte Tomatensaft-Marinade (vom Tofu) mit dem restlichen Tomatensaft hinzugießen und aufkochen lassen.

15. Die Tofustreifen und den Basmatireis unterrühren und kurz darin erwärmen. Alles mit restlicher Sojasauce, Sambal Oelek und Ingwer würzig-scharf abschmecken.

16. Nach Belieben vor dem Servieren die Petersilie abspülen, trocken tupfen und die Blättchen von den Stängeln zupfen. Blättchen grob hacken. Die Petersilie unter das Tofu-Gemüse mischen.

Tipp: Die frischen Sprossen können Sie durch 160 g abgespülte, abgetropfte Mungobohnen-Keimlinge (aus dem Glas) ersetzen.

Atlantikzungenrouladen I

Mit Alkohol
6 Portionen

Pro Portion: E: 31,1 g, F: 6,2 g, Kh: 4,2 g, kJ: 932, kcal: 223, BE: 0,5

12 TK-Atlantikzungenfilets (etwa 1 kg)
1–2 große Möhren (etwa 250 g)
1 Zucchini (etwa 375 g)
Salz
gem. Pfeffer
50 g grünes Pesto (aus dem Glas)
200 ml trockener Weißwein

Außerdem:
24 Holzstäbchen, z. B. Zahnstocher

Zubereitungszeit: 30 Minuten, ohne Auftauzeit
Garzeit: etwa 15 Minuten

1. Die Atlantikzungenfilets nach Packungsanleitung auftauen lassen.

2. In der Zwischenzeit die Möhren putzen, schälen, abspülen und abtropfen lassen. Zucchini abspülen, abtrocknen und die Enden abschneiden. Möhren und Zucchini mit einer Aufschnittmaschine oder mit einem Messer längs jeweils in etwa 2 mm dicke Scheiben schneiden (wenn die Scheiben zu dick sind, lassen sie sich nicht einrollen).

3. Die Möhren- und Zucchinischeiben in kochendem Salzwasser vorsichtig blanchieren (nicht zu weich!). Die Möhren- und Zucchinischeiben in ein Sieb geben, mit eiskaltem Wasser abspülen, abtropfen lassen und trocken tupfen.

4. Den Backofen vorheizen.
Ober-/Unterhitze: etwa 160 °C
Heißluft: etwa 140 °C

5. Die Atlantikzungenfilets unter fließendem kalten Wasser abspülen, trocken tupfen und längs halbieren. Filets von beiden Seiten mit Salz und Pfeffer bestreuen. Die Hautseite der Filets dünn mit Pesto bestreichen.

6. Zwölf Atlantikzungenfilets mit Möhrenscheiben und 12 Atlantikzungenfilets mit Zucchinischeiben belegen (evtl. die Gemüsescheiben in Breite der Filets schneiden). Die Filets fest aufrollen und mit Holzstäbchen feststecken.

7. Die Fischrouladen in eine Auflaufform (leicht gefettet) setzen, den Weißwein hinzugießen. Die Form auf dem Rost in den vorgeheizten Backofen schieben. Die Fischrouladen **etwa 15 Minuten garen.**

Tipp: Die Atlantikzungenrouladen mit knackigen Blattsalaten servieren.

Avocadobrote I

Einfach

12 Stück

Pro Stück: E: 3,5 g, F: 4,5 g, Kh: 9,8 g, kJ: 396, kcal: 95, BE: 1,0

- *1 reife Avocado (250–300 g)*
- *2–3 TL Zitronensaft*
- *80 g Roquefort*
- *gem., weißer Pfeffer*
- *6 rechteckige Scheiben Vollkornbrot (je 45 g)*
- *2–3 kleine Tomaten (etwa 200 g)*
- *1 Kästchen Radieschen- oder Gartenkresse*

Zubereitungszeit: 15 Minuten

1. Die Avocado halbieren und den Stein herauslösen. Fruchtfleisch mit einem Löffel aus der Schale lösen, in kleine Stücke schneiden. Avocadofruchtfleisch mit 2 Teelöffeln Zitronensaft in einen hohen Rührbecher geben und vermischen.

2. Den Roquefort hinzufügen, die Zutaten mit einem Pürierstab fein pürieren. Die Avocadocreme mit Zitronensaft und Pfeffer würzen.

3. Die Vollkornbrotscheiben mit der Avocadocreme bestreichen und diagonal halbieren.

4. Die Tomaten abspülen, abtrocknen, in Scheiben schneiden und evtl. die Stängelansätze herausschneiden. Jeweils 1 Tomatenscheibe auf die Avocadobrote legen.

5. Die Kresse abspülen, trocken tupfen und mit einer Küchenschere abschneiden. Die Avocadobrote damit garnieren.

Warenkunde: Avocados haben zwar einen sehr hohen Fettgehalt, aber auch sehr viele wertvolle Vitamine und Mineralstoffe. In geringen Mengen darf die Avocado also durchaus auch auf dem Speiseplan von Menschen stehen, die auf ihre Figur achten. Avocados haben das ganze Jahr über Saison. Reife Früchte geben bei leichtem Fingerdruck nach. Unreife Früchte reifen bei Zimmertemperatur innerhalb von 2–3 Tagen nach. Reife Früchte können noch 2–3 Tage im Gemüsefach des Kühlschranks aufbewahrt werden.

Bananen-Apfel-Kuchen I

Süßer Genuss

16 Stücke

Pro Stück: E: 2,1 g, F: 7,6 g, Kh: 15,2 g, kJ: 579, kcal: 138, BE: 1,5

Für den Streuselteig:

100 g Dinkelgrieß
50 g Polenta (Maisgrieß)
80 g gehackte Haselnusskerne
1 Pck. Dr. Oetker Bourbon-Vanille-Zucker
1–2 TL Dr. Oetker Finesse Geriebene Zitronenschale
80 g zerlassene, abgekühlte Butter
2 EL flüssiger Blütenhonig (30 g)

2 Bananen (300 g)
1 EL Zitronensaft
2 säuerliche Äpfel, z. B. Elstar (300 g)
50 g Wild-Preiselbeeren (aus dem Glas)

Zubereitungszeit: 20 Minuten, ohne Abkühlzeit
Backzeit: etwa 35 Minuten

1. Den Backofen vorheizen.
Ober-/Unterhitze: etwa 180 °C
Heißluft: etwa 160 °C

2. Für den Teig den Dinkel- und Maisgrieß in eine Rührschüssel geben. Haselnusskerne, Vanille-Zucker und Zitronenschale untermischen. Butter und Honig hinzufügen. Die Zutaten mit einem Mixer (Rührstäbe) zu Streuseln von gewünschter Größe verarbeiten. Die Hälfte der Streusel in einer Spring- oder Tarteform (Ø 26 cm, Boden gefettet, mit Backpapier belegt) verteilen und andrücken.

3. Die Form auf dem Rost in den vorgeheizten Backofen schieben. Boden **etwa 15 Minuten vorbacken.**

4. In der Zwischenzeit die Bananen schälen, zunächst der Länge nach halbieren und in Scheiben schneiden. Die Bananenscheiben mit dem Zitronensaft vermischen. Die Äpfel abspülen, abtrocknen, evtl. schälen und auf einer Haushaltsreibe grob raspeln.

5. Die Form auf einen Kuchenrost stellen. Die Bananenscheiben und Apfelraspel mit der restlichen Streuselmasse vermengen und gleichmäßig auf dem vorgebackenen, heißen Gebäckboden verteilen.

6. Dann die Form wieder auf dem Rost in den heißen Backofen schieben. Den Kuchen **bei gleicher Backofentemperatur in etwa 20 Minuten fertig backen.**

7. Die Form auf einen Kuchenrost stellen, den Kuchen etwas abkühlen lassen. Die Preiselbeeren mit einem Teelöffel in Klecksen auf dem warmen Kuchen verteilen. Kuchen erkalten lassen und aus der Form lösen.

Bananenaufstrich

Für Kinder – zum Frühstück

10–12 Portionen

Pro Portion: E: 3,5 g, F: 1,5 g, Kh: 8,5 g, kJ: 270, kcal: 64, BE: 0,5

2 Bananen (etwa 300 g)
Saft von 1 Zitrone
250 g Magerquark
2 EL Kokosraspel (etwa 25 g)
40 g Korinthen
1–2 EL Zucker (10–20 g)

Zubereitungszeit: 15 Minuten

1. Die Bananen schälen, der Länge nach vierteln und in kleine Würfel schneiden. Die Bananenwürfel mit dem Zitronensaft verrühren.

2. Den Quark mit Kokosraspeln, Korinthen und Zucker verrühren, die Bananenwürfel untermischen. Den Aufstrich in ein verschließbares Gefäß füllen und in den Kühlschrank stellen.

Brotempfehlung: 1 Portion Bananenaufstrich auf 1 Scheibe Vollkornbrot mit Nüssen (etwa 45 g – E: 3,1 g, F: 1,4 g, Kh: 16,3 g, kJ: 383, kcal: 91, BE: 1,5) oder auf 1 Rosinenbrötchen (etwa 60 g – E: 4,9 g, F: 0,7 g, Kh: 31,7 g, kJ: 652, kcal: 155, BE: 2,5) streichen.

Tipp: Sie können den Bananenaufstrich im Kühlschrank 3–4 Tage aufbewahren.

Beefsteak-Röllchen mit Dip I

Zum Mitnehmen

4 Portionen

Pro Portion: E: 34,7 g, F: 8,9 g, Kh: 11,1 g, kJ: 1120, kcal: 268, BE: 0,5

1 Salatgurke (etwa 350 g)
2 Kohlrabis (je etwa 200 g)
1/2 Rettich (etwa 350 g)
250 g Cocktailtomaten
Salz, gem. Pfeffer
1 Schalotte (etwa 25 g)
500 g Rindertatar
1 geh. EL Magerquark (40 g)
Paprikapulver rosenscharf
2 EL Speiseöl, z. B. Sonnenblumenöl (20 g)

Für den Petersilien-Dip:

1 Bund Petersilie
300 g Joghurt (1,5 % Fett)
2–3 TL körniger Senf (6–9 g)

Zubereitungszeit: 30 Minuten

1. Die Salatgurke abspülen, abtrocknen und die Enden abschneiden. Gurke längs halbieren, entkernen und in Streifen schneiden. Die Kohlrabis schälen, abspülen und abtropfen lassen. Kohlrabis in Scheiben schneiden, diese je nach Größe nochmals halbieren.

2. Den Rettich putzen, schälen, abspülen und abtropfen lassen. Rettich ebenso in Scheiben schneiden. Tomaten abspülen, abtrocknen, halbieren oder vierteln und die Stängelansätze herausschneiden. Tomatenstücke nach Belieben etwas salzen und pfeffern.

3. Die Schalotte abziehen, fein hacken. Das Rindertatar mit dem Quark und der fein gehackten Schalotte in eine Rührschüssel geben. Die Zutaten mit Salz, Pfeffer und Paprikapulver kräftig würzen. Alles mit einem Mixer (Knethaken) zu einer geschmeidigen Gehacktesmasse verkneten.

4. Aus der Gehacktesmasse mit den Händen 12 längliche, dünne Röllchen formen.

5. Das Speiseöl in einer großen Pfanne erhitzen. Die Beefsteak-Röllchen darin unter gelegentlichem Wenden bei mittlerer bis großer Hitze in etwa 10 Minuten braun anbraten und garen.

6. Für den Petersilien-Dip in der Zwischenzeit Petersilie abspülen, trocken tupfen und die Blättchen von den Stängeln zupfen. Blättchen fein hacken. Joghurt mit 2 Teelöffeln Senf und der fein gehackten Petersilie in einer Schüssel glatt rühren. Den Petersilien-Dip mit Salz und Pfeffer abschmecken und nach Belieben mit etwas Senf nachwürzen.

7. Die Beefsteak-Röllchen mit der Gemüse-Rohkost und dem Petersilien-Dip anrichten.

Beilage: Dazu passen Schweden-Brödli. Servieren Sie pro Portion 2 Stück dazu (zusätzlich pro Portion: E: 3,1 g, F: 2,6 g, Kh: 18,3 g, kJ: 460, kcal: 109, BE: 1,5).

Tipps: Statt frischer Petersilie können Sie auch 2 Esslöffel gehackte TK-Petersilie für den Dip nehmen. Als Gemüse-Rohkost planen Sie etwa 300 g pro Person ein. Sie können auch anderes Gemüse wie Möhren, Stangensellerie, Champignons, Paprikaschoten oder Radieschen verwenden. Zum Mitnehmen das vorbereitete Gemüse getrennt mit den Hackröllchen und dem Petersilien-Dip verpacken.

Beerentörtchen

Süßer Genuss

12 Stück

Pro Stück: E: 2,2 g, F: 8,0 g, Kh: 26,5 g, kJ: 792, kcal: 189, BE: 2,0

Für den Knetteig:

200 g Weizenmehl
1 gestr. TL Dr. Oetker Backin
75 g Zucker
1 Pck. Dr. Oetker Vanillin-Zucker
1 Prise Salz
1 Pck. Dr. Oetker Finesse Geriebene Zitronenschale
2 EL Wasser
100 g Butter oder Margarine

1–2 TL Dr. Oetker Sahnesteif

Für den Belag und Guss:

500 g Erdbeeren
1 Pck. Tortenguss fix mit Erdbeer-Geschmack
250 ml Wasser

Zubereitungszeit: 30 Minuten, ohne Kühlzeit
Backzeit: 10–15 Minuten

1. Für den Teig Mehl mit Backpulver in einer Rührschüssel mischen. Restliche Zutaten hinzufügen und mit einem Mixer (Knethaken) zunächst kurz auf niedrigster, dann auf höchster Stufe gut durcharbeiten.

2. Anschließend auf einer leicht bemehlten Arbeitsfläche kurz zu einem Teig verkneten. Sollte er kleben, ihn in Frischhaltefolie gewickelt eine Zeit lang in den Kühlschrank legen.

3. Den Backofen vorheizen.
Ober-/Unterhitze: etwa 180 °C
Heißluft: etwa 160 °C

4. Danach den Teig auf der leicht bemehlten Arbeitsfläche etwa 3 mm dick ausrollen und runde Platten (Ø 10–12 cm) ausstechen. Die Teigplatten in Torteletts-Förmchen mit glattem Rand (gefettet) legen. Die Teigböden mehrmals mit einer Gabel einstechen. Die Förmchen auf einem Backblech in den vorgeheizten Backofen schieben. Die Törtchen **10–15 Minuten backen.**

5. Die Törtchen auf einen mit Backpapier belegten Kuchenrost stürzen und erkalten lassen. Die Törtchen mit Sahnesteif bestreuen.

6. Für den Belag und den Guss die Erdbeeren verlesen, abspülen, gut abtropfen lassen und entstielen. Erdbeeren je nach Größe evtl. etwas kleiner schneiden. Früchte gleichmäßig auf den Törtchen verteilen. Aus Tortengusspulver und Wasser nach Packungsanleitung einen Guss zubereiten und auf den Erdbeeren verteilen. Den Guss fest werden lassen.

Tipp: Die Törtchen mit etwa 20 g gehackten Pistazienkernen (zusätzlich pro Stück: E: 0,4 g, F: 1,0 g, Kh: 0,2 g, kJ: 46, kcal: 11, BE: 0,0) bestreuen.

Birnentarte | Einfach – preiswert

16 Stücke

Pro Stück: E: 2,6 g, F: 8,7 g, Kh: 23,0 g, kJ: 761, kcal: 182, BE: 2,0

Für den All-in-Teig:

200 g Weizenmehl
2 gestr. TL Dr. Oetker Backin
1 Prise Salz
80 g Zucker
1 Pck. Dr. Oetker Vanillin-Zucker
125 g Buttermilch
2 Eier (Größe M)
150 g Butter oder Margarine (zimmerwarm)
50 g Korinthen

460 g abgetropfte Birnenhälften, natursüß (aus der Dose)

Zum Bestreichen:

2 EL Aprikosenkonfitüre (etwa 60 g)

Zubereitungszeit: 30 Minuten, ohne Abkühlzeit
Backzeit: 45–55 Minuten

1. Den Backofen vorheizen.
Ober-/Unterhitze: etwa 170 °C
Heißluft: etwa 150 °C

2. Für den Teig Mehl mit Backpulver in einer Rührschüssel mischen. Salz, Zucker, Vanillin-Zucker, Buttermilch, Eier und Butter oder Margarine hinzufügen.

3. Die Zutaten mit einem Mixer (Rührstäbe) zunächst kurz auf niedrigster, dann auf höchster Stufe in etwa 2 Minuten zu einem glatten Teig verarbeiten.

4. Den Teig in eine Springform (Ø 26 cm, Boden gefettet, mit Backpapier belegt) geben und glatt streichen. Korinthen gleichmäßig auf dem Teig verteilen.

5. Die Birnenhälften darauflegen. Die Form auf dem Rost in den vorgeheizten Backofen schieben. Die Birnentarte **45–55 Minuten backen.**

6. Die Form auf einen Kuchenrost stellen. Die Birnentarte etwas abkühlen lassen. Den Springformrand vorsichtig lösen und entfernen. Die Tarte mit dem Backpapier auf einen Kuchenrost ziehen und erkalten lassen.

7. Zum Bestreichen die Konfitüre durch ein Sieb streichen, in einem kleinen Topf zum Kochen bringen. Die Birnenhälften mit der Konfitüre bestreichen.

Tipp: Die Birnenhälften können durch die gleiche Menge abgetropfte, natursüße Pfirsichhälften (aus der Dose – dann pro Stück: E: 2,7 g, F: 8,7 g, Kh: 22,0 g, kJ: 747, kcal: 179, BE: 2,0) ersetzt werden.

Brokkolicremesuppe mit Tomatenwürfeln I

Vegetarisch

4 Portionen

Pro Portion: E: 13,6 g, F: 6,2 g, Kh: 21,2 g, kJ: 828, kcal: 196, BE: 1,5

1 kg Brokkoli
300 ml Wasser
1 EL gekörnte Gemüsebrühe
500 ml Milch (3,5 % Fett)
4 EL Haferkleieflocken (etwa 60 g)
Salz, gem., weißer Pfeffer
ger. Muskatnuss

2 Tomaten (etwa 300 g)

Zubereitungszeit: 30 Minuten

1. Vom Brokkoli die Blätter entfernen. Den Brokkoli in Röschen teilen, die Stängel am Strunk schälen und klein schneiden. Die Röschen abspülen und abtropfen lassen.

2. Wasser mit der Gemüsebrühe und dem Brokkoli in einem Topf zum Kochen bringen und zugedeckt etwa 15 Minuten bei mittlerer Hitze garen. Anschließend alles mit einem Pürierstab pürieren.

3. Milch erhitzen und nach und nach zum Brokkolipüree gießen. Die Flüssigkeit mit dem Pürierstab so lange pürieren, bis eine glatte Cremesuppe entstanden ist.

4. Die Haferkleieflocken unterrühren und die Suppe nochmals kurz aufkochen lassen. Die Suppe mit Salz, Pfeffer und Muskat abschmecken.

5. Die Tomaten abspülen, abtrocknen, halbieren und die Stängelansätze herausschneiden. Tomaten entkernen, in kleine Würfel schneiden und in die Suppe geben.

Tipp: Schneiden Sie 200 g Baguette in sehr dünne Scheiben. Baguettescheiben in einer Pfanne in 15 g Olivenöl (1–2 Esslöffel) anrösten und dazu servieren (zusätzlich pro Portion: E: 5,0 g, F: 4,7 g, Kh: 27,9 g, kJ: 733, kcal: 175, BE: 2,5).

Brokkoli-Käse-Säckchen I

Für Gäste

12 Stück

Pro Stück: E: 6,6 g, F: 7,1 g, Kh: 18,8 g, kJ: 695, kcal: 165, BE: 1,5

Zum Vorbereiten:

1 Pck. frischer Pizzateig (400 g, aus dem Kühlregal)

Für die Füllung:

25 g Pinienkerne
500 g Brokkoli
Salz
125 g Crème légère mit frischen Gartenkäutern
30 g Kräuterfrischkäse (15 % Fett)
75 g ger., fettreduzierter Gouda (17 % Fett)
gem. Pfeffer
2 gestr. EL Speisestärke

Zum Bestreichen und Bestreuen:

25 g zerlassene Butter
1 EL Semmelbrösel

Zubereitungszeit: 30 Minuten
Backzeit: etwa 20 Minuten

1. Den Pizzateig aus dem Kühlschrank nehmen.

2. Den Backofen vorheizen.
Ober-/Unterhitze: etwa 200 °C
Heißluft: etwa 180 °C

3. Für die Füllung Pinienkerne hacken. Pinienkerne in einer Pfanne ohne Fett unter Wenden goldbraun rösten und auf einen Teller geben. Brokkoli putzen, in Röschen teilen, abspülen und gut abtropfen lassen. Salzwasser in einem Topf zum Kochen bringen. Die Brokkoliröschen darin etwa 5 Minuten kochen. Anschließend in ein Sieb geben, mit kaltem Wasser abschrecken und gut abtropfen lassen. Crème légère mit Frischkäse und Gouda verrühren, mit Salz und Pfeffer würzen. Die Pinienkerne und die Speisestärke unterrühren.

4. Zum Bestreichen den Pizzateig auf einem bemehlten großen Küchenhandtuch zu einem großen Rechteck (etwa 60 x 45 cm) ausrollen und dünn mit etwas von der Butter bestreichen.

5. Den Teig in 12 Quadrate (15 x 15 cm) teilen und diese jeweils in der Mitte mit etwas Semmelbröseln bestreuen. Die Käsecreme und die Brokkoliröschen darauf verteilen, dabei die Ränder frei lassen.

6. Den Teig so über der Füllung zusammendrücken, dass kleine Säckchen entstehen. Die Säckchen auf ein Backblech (mit Backpapier belegt) setzen und mit etwas Butter bestreichen. Das Backblech in den vorgeheizten Backofen schieben. Die Brokkoli-Käse-Säckchen **etwa 20 Minuten backen.** Die Brokkoli-Käse-Säckchen während der Backzeit mit der restlichen Butter bestreichen.

7. Die Brokkoli-Käse-Säckchen mit dem Backpapier von dem Backblech auf einen Kuchenrost ziehen, erkalten lassen oder warm servieren.

Tipp: Statt Crème légère mit frischen Gartenkäutern können Sie auch Crème légère mit 25 g TK-6-Kräuter-Mischung verrühren.

Brotsalat „Italia" | Gut vorzubereiten

4 Portionen

Pro Portion: E: 6,1 g, F: 11,0 g, Kh: 32,5 g, kJ: 1081, kcal: 258, BE: 2,5

200 g Kasten-Weißbrot (in Scheiben geschnitten, ohne Rinde)
1 kleines Bund Frühlingszwiebeln (100–125 g)
1 grüne Paprikaschote (etwa 200 g)
2 EL Rotweinessig
2 EL Balsamico-Essig
600 g Tomaten
1 Knoblauchzehe
3–4 TL abgetropfte Kapern (etwa 15 g)
4 EL Olivenöl (40 g)
Salz
gem., schwarzer Pfeffer
1 EL TK-Petersilie

Zubereitungszeit: 30 Minuten

1. Die Weißbrotscheiben in etwa 2 cm große Würfel schneiden. Die Brotwürfel in einer großen, heißen Pfanne ohne Fett bei mittlerer bis großer Hitze unter gelegentlichem Rühren in 8–10 Minuten hellbraun rösten.

2. In der Zwischenzeit die Frühlingszwiebeln putzen, abspülen, abtropfen lassen und in sehr feine Scheiben schneiden. Die Paprikaschote halbieren, entstielen, entkernen und die weißen Scheidewände entfernen. Schotenhälften abspülen, abtropfen lassen und in kleine Würfel schneiden.

3. Die Brotwürfel in einer Schüssel mit den beiden Essigsorten beträufeln und etwa 15 Minuten durchziehen lassen.

4. In der Zwischenzeit die Tomaten abspülen, abtrocknen, halbieren und die Stängelansätze herausschneiden. Je nach Größe die Tomaten vierteln oder achteln und entkernen. Das Fruchtfleisch in Stücke schneiden. Knoblauch abziehen und durch eine Knoblauchpresse drücken oder sehr fein hacken.

5. Frühlingszwiebelscheiben, Paprikawürfel, Knoblauch, Kapern und Olivenöl zu den eingeweichten Brotwürfeln geben. Die Zutaten gut vermischen, mit Salz und Pfeffer würzen.

6. Die Tomatenstücke und die Petersilie zuletzt unter den Salat mischen, nochmals mit Salz und Pfeffer abschmecken. Den Brotsalat möglichst frisch servieren.

Tipps: Wenn genügend Zeit ist, die Kapern hacken. Ihr herb-würziger Geschmack verteilt sich dann besser im Salat. Angebrochene Gläser im Kühlschrank aufbewahren, dabei die Kapern stets mit Flüssigkeit bedeckt halten. Die Kapernflüssigkeit eignet sich zum Würzen. Wer es süßlicher mag, nimmt Fleischtomaten: Sie enthalten weniger Fruchtsäure. Der Brotsalat schmeckt auch wunderbar als kleine Vorspeise, dann reicht er für 8 Personen.

Rezeptvariante: Für einen **Brotsalat mit Rucola** anstatt der Petersilie etwas Rucola unter den Salat heben. 100 g Rucola verlesen und dicke Stängel abschneiden. Rucola abspülen, gut abtropfen lassen oder trocken schleudern und evtl. etwas kleiner zupfen. Rucola mit den Tomatenstücken unter den Salat geben.

Ernährungstipp: Toastbrot hat im Vergleich zu klassischem Weißbrot einen relativ hohen Fettanteil. Verzehren Sie es daher möglichst selten und in kleinen Mengen. Für dieses Rezept ist frisches Weißbrot ideal.

Bulgur-Kräuter-Salat I

Zum Mitnehmen

4 Portionen

Pro Portion: E: 6,6 g, F: 6,0 g, Kh: 41,4 g, kJ: 1055, kcal: 252, BE: 3,0

200 g	*Bulgur*
etwa 400 ml	*Gemüsebrühe*
5–6	*Tomaten (etwa 500 g)*
1 kleines Bund	*Frühlingszwiebeln (etwa 150 g)*
½	*Salatgurke (etwa 175 g)*

Für die Salatsauce:

4–6 EL	*Zitronensaft*
2 EL	*Olivenöl (20 g)*
	Salz
	gem. Pfeffer
1 Msp.	*Kreuzkümmel (Cumin)*
1 Bund	*Petersilie*
1 Bund	*frische Minze*

Zubereitungszeit: 25 Minuten, ohne Abkühl- und Durchziehzeit

1. Bulgur mit der Gemüsebrühe nach Packungsanleitung in einem Topf zubereiten. Den garen Bulgur in eine Salatschüssel geben und abkühlen lassen.

2. In der Zwischenzeit die Tomaten kreuzweise einschneiden und mit kochendem Wasser übergießen. Nach 1–2 Minuten herausnehmen und mit kaltem Wasser abschrecken.

3. Tomaten enthäuten, halbieren und die Stängelansätze herausschneiden. Die Tomaten entkernen und das Fruchtfleisch in kleine Stücke schneiden.

4. Frühlingszwiebeln putzen, abspülen, abtropfen lassen und in feine Scheiben schneiden.

5. Die Salatgurke abspülen, abtrocknen und das Ende abschneiden. Die Gurke längs halbieren, entkernen und in kleine Würfel schneiden.

6. Den beiseitegestellten Bulgur mit 2 Gabeln etwas auflockern. Tomatenstücke, Frühlingszwiebelscheiben und Gurkenwürfel unterheben.

7. Für die Salatsauce 4 Esslöffel Zitronensaft mit dem Olivenöl verschlagen, mit Salz, Pfeffer und Kreuzkümmel würzen.

8. Die Sauce mit den Salatzutaten vermengen und zugedeckt etwa 30 Minuten kalt gestellt durchziehen lassen.

9. Zum Servieren die Petersilie und Minze abspülen, trocken tupfen und die Blättchen von den Stängeln zupfen. Die Blättchen fein hacken und unter den Salat heben.

10. Den Salat nochmals mit 1–2 Esslöffeln Zitronensaft und den Gewürzen abschmecken und servieren.

Tipps: Statt in Gemüsebrühe lässt sich Bulgur auch einfach in kochendem Salzwasser garen. Je nach Packungsanleitung variiert die Menge der Gemüsebrühe bzw. des Salzwassers. Wer es herzhafter mag, gibt zusätzlich 1 Knoblauchzehe und 1 Zwiebel (beides abgezogen und fein gehackt) mit dem Gemüse zum Bulgur. Für eine Party können Sie den Salat auch am Vormittag zubereiten. Er schmeckt am besten, wenn er gut durchziehen kann. Nach Belieben die Kräuter vor dem Durchziehen zum Salat geben.

Bunte Asia-Nudeln mit mariniertem Tofu I

Würzig – laktosefrei

4–6 Portionen

Pro Portion: E: 21,1 g, F: 12,3 g, Kh: 49,5 g, kJ: 1655, kcal: 395, BE: 4,0

400 g	*Tofu natur (aus dem Kühlregal)*
4–5 EL	*Sojasauce*
1 EL	*Essig, z. B. Reis- oder Weißweinessig*
1 TL	*flüssiger Honig (6 g)*
2 EL	*Sesamöl (20 g)*
½	*kleiner Chinakohl (etwa 300 g)*
4	*Möhren (etwa 400 g)*
1 kleines Bund	*Frühlingszwiebeln (etwa 150 g)*
1	*rote Chilischote*
1 EL	*Speiseöl, z.B. Soja-, Erdnuss- oder Sonnenblumenöl (10 g)*
250 g	*Mie-Nudeln (asiatische Instant-Nudeln ohne Ei)*
180 g	*abgetropfte Bambusschösslinge in Streifen (aus dem Glas)*
2–3 EL	*Gemüsebrühe*
1 Msp.	*gem. Ingwer*
	gem. Pfeffer
1–2 EL	*Zitronensaft*
3–4 Stängel	*Koriander*

Zubereitungszeit: 30 Minuten, ohne Marinierzeit

1. Tofu in etwa 1 ½ cm dicke Scheiben schneiden. 3 Esslöffel von der Sojasauce mit Essig, Honig und 1 Esslöffel von dem Sesamöl verrühren. Tofuscheiben darin etwa 20 Minuten marinieren, dabei zwischendurch 2–3-mal wenden.

2. In der Zwischenzeit Chinakohl putzen, halbieren und den Strunk herausschneiden. Chinakohl abspülen, abtropfen lassen und in feine Streifen schneiden. Die Möhren putzen, schälen, abspülen und abtropfen lassen. Möhren in schräge Scheiben schneiden.

3. Die Frühlingszwiebeln putzen, abspülen, abtropfen lassen und in etwa 3 cm lange Scheiben schneiden. Die Chilischote längs aufschneiden, entkernen und die Scheidewände herausschneiden. Schote abspülen, trocken tupfen und in schmale Streifen schneiden.

4. Das Speiseöl mit dem restlichen Sesamöl in einem Wok oder einer großen Pfanne erhitzen. Die Tofuscheiben aus der Marinade nehmen und abtropfen lassen. Die Marinade beiseitestellen. Die Tofuscheiben von jeder Seite bei mittlerer bis großer Hitze 3–4 Minuten goldbraun anbraten, herausnehmen und warm stellen.

5. In der Zwischenzeit die Nudeln nach Packungsanweisung zubereiten. Nudeln abtropfen lassen.

6. Chinakohlstreifen, Möhrenscheiben, Frühlingszwiebelscheiben und Chilistreifen in die Pfanne geben und in dem verbliebenen heißen Bratöl unter gelegentlichem Rühren bei mittlerer bis starker Hitze in etwa 4 Minuten bissfest garen.

7. Die Bambusstreifen hinzufügen und das Gemüse 2–3 Minuten unter gelegentlichem Rühren weitergaren lassen.

8. Die Gemüsebrühe mit der beiseitegestellten Marinade hinzugießen. Alles einmal aufkochen lassen und 3–4 Minuten garen, bis die Flüssigkeit fast vollständig verdampft ist. Das Asia-Gemüse mit Ingwer, Pfeffer, Zitronensaft und der restlichen Sojasauce abschmecken. Die Tofuscheiben zugeben und kurz darauf erwärmen.

9. Vor dem Servieren Koriander abspülen, trocken tupfen und die Blättchen von den Stängeln zupfen. Blättchen grob hacken und unter das Gemüse mischen. Tofuscheiben mit dem bunten Asia-Gemüse und den abgetropften Nudeln servieren.

Tipps: Den Zitronensaft können Sie durch etwas gemahlenes Zitronengras ersetzen. Statt Chinakohl können Sie auch die gleiche Menge Spitzkohl nehmen. Tofu gibt es auch geräuchert und aromatisiert im Kühlregal zu kaufen. Im Kühlschrank hält sich Tofu angebrochen bis zu 1 Woche, wenn Sie ihn mit Wasser bedecken und das Wasser täglich wechseln. Wenn Sie keinen Koriander mögen, können Sie stattdessen die gleiche Menge glatte Petersilie verwenden.

Bunte Dinkelsuppe mit Kohlrabi I

Vegetarisch

4 Portionen

Pro Portion: E: 5,1 g, F: 4,6 g, Kh: 17,7 g, kJ: 564, kcal: 133, BE: 1,0

60 g	*Dinkelkörner*
	Salz
500 g	*Kohlrabi*
1	*Zwiebel (etwa 65 g)*
1 Bund	*Suppengrün (Sellerie, Möhre, Porree – etwa 400 g)*
1–2 EL	*Speiseöl (10–20 g)*
600 ml	*Gemüsebrühe*
1 TL	*gem. Liebstöckel*
	gem. Pfeffer
etwas	*TK-Petersilie*

Zubereitungszeit: 30 Minuten

1. Die Dinkelkörner in Salzwasser nach Packungsanleitung in etwa 10 Minuten gar kochen.

2. In der Zwischenzeit Kohlrabi putzen, schälen, abspülen, abtropfen lassen und in Streifen schneiden. Die Zwiebel abziehen, halbieren und fein würfeln.

3. Die garen Dinkelkörner in ein Sieb geben, abtropfen lassen und beiseitestellen.

4. Das Suppengrün putzen, abspülen, abtropfen lassen und in kleine Stücke schneiden.

5. Das Speiseöl in einem Topf erhitzen. Die Zwiebelwürfel darin andünsten. Dann die Suppengrünwürfel hinzugeben und unter mehrmaligem Wenden mit andünsten.

6. Anschließend die Kohlrabistreifen dazugeben. Brühe hinzugießen und mit Liebstöckel, Salz und Pfeffer würzen.

7. Die Zutaten zum Kochen bringen und zugedeckt 10–12 Minuten leicht kochen lassen, bis das Gemüse gar ist.

8. Den abgetropften Dinkel in die Suppe geben. Die Suppe nochmals kurz erwärmen, mit Liebstöckel, Salz und Pfeffer abschmecken. Die Dinkelsuppe mit Petersilie bestreut anrichten.

Tipps: Die Suppe eignet sich auch gut zum Mitnehmen an den Arbeitsplatz. Aufgewärmt schmeckt sie noch intensiver nach Gemüse. Abhängig vom Geschäft und von der Jahreszeit enthält das Bund Suppengrün neben Knollensellerie, Porree und Möhren auch etwas Petersilie. Falls Sie ein Bund ohne Petersilie kaufen, nehmen Sie die im Rezept angegebene TK-Petersilie. Enthält das Bund frische Petersilie, können Sie natürlich das TK-Produkt durch frische Petersilie ersetzen. Dann diese abspülen, trocken tupfen und fein hacken. Die Suppe damit bestreuen.

Rezeptvariante: Für **Dinkelsuppe mit Blumenkohl** statt des Kohlrabis von 1/2 Blumenkohl (etwa 600 g) Blätter und dunkle Stellen entfernen und den Strunk abschneiden. Blumenkohl in kleine Röschen teilen, abspülen und abtropfen lassen. Die Blumenkohlröschen statt der Kohlrabistreifen in der Suppe garen (pro Portion: E: 5,8 g, F: 4,8 g, Kh: 16,9 g, kJ: 567, kcal: 134, BE: 1,0).

Bunte Linsenpfanne mit Tomaten I

Vegetarisch

4–5 Portionen

Pro Portion: E: 25,9 g, F: 7,5 g, Kh: 56,1 g, kJ: 1695, kcal: 403, BE: 4,5

2 Frühlingszwiebeln
400 g Tomaten
2 Bund glatte Petersilie
2–3 EL Olivenöl (20–30 g)
300 g gegarte, rote Linsen (etwa 150 g Rohgewicht)
300 g gegarte, gelbe Linsen (etwa 150 g Rohgewicht)
300 g gegarte, grüne Linsen (etwa 150 g Rohgewicht)
Salz
gem. Pfeffer
300 ml Gemüsebrühe

Zubereitungszeit: 30 Minuten

1. Die Frühlingszwiebeln putzen, abspülen, abtropfen lassen und in feine Scheiben schneiden. Tomaten abspülen, abtrocknen, halbieren und die Stängelansätze herausschneiden. Die Tomatenhälften grob würfeln.

2. Petersilie abspülen, trocken tupfen und die Blättchen von den Stängeln zupfen. Die Blättchen klein schneiden.

3. Das Olivenöl in einer großen Pfanne erhitzen. Frühlingszwiebelscheiben und Tomatenwürfel darin unter Rühren andünsten. Die roten, gelben und grünen Linsen mit der Petersilie hinzufügen. Das Gemüse mit Salz und Pfeffer kräftig würzen.

4. Die Gemüsebrühe hinzugießen. Die Zutaten zum Kochen bringen und etwa 5 Minuten bei schwacher Hitze kochen lassen.

Bunter Tunfisch-Kartoffel-Salat I

Für Gäste

4–6 Portionen

Pro Portion: E: 18,7 g, F: 4,9 g, Kh: 36,1 g, kJ: 1131, kcal: 270, BE: 3,0

2 rote Zwiebeln (etwa 130 g)
1 kg Baked Potatoes (Backkartoffeln, aus dem Kühlregal)
300 g abgetropfter Tunfisch (im eigenen Saft, aus der Dose)
200 g Staudensellerie
1 Bund glatte Petersilie
200 g Cocktailtomaten
1 rote Paprikaschote (etwa 200 g)
Weißweinessig
Salz, gem. Pfeffer
1 Prise Zucker
200 g Salatcreme (10 % Fett)

Zubereitungszeit: 30 Minuten

1. Die Zwiebeln abziehen, halbieren und in Würfel schneiden. Die Backkartoffeln pellen und in grobe Würfel schneiden. Tunfisch mit einer Gabel grob zerpflücken.

2. Sellerie putzen und die harten Außenfäden abziehen. Die Stangen mit dem Selleriegrün abspülen und abtropfen lassen. Das Selleriegrün beiseitelegen, die Selleriestangen in feine Scheiben schneiden.

3. Petersilie abspülen, trocken tupfen und die Blättchen von den Stängeln putzen. Einige Blättchen zum Garnieren beiseitelegen und restliche Blättchen fein hacken.

4. Cocktailtomaten abspülen, abtrocknen, evtl. halbieren und evtl. die Stängelansätze herausschneiden. Paprikaschote halbieren, entstielen, entkernen und die weißen Scheidewände entfernen. Die Schotenhälften abspülen, abtropfen lassen und in sehr feine Streifen schneiden.

5. Zwiebel-, Kartoffelwürfel, Tunfisch, Selleriescheiben und Selleriegrün, fein gehackte Petersilie, Cocktailtomaten und Paprikastreifen in einer großen Schüssel mischen. Den Salat mit Essig, Salz, Pfeffer und Zucker abschmecken und nach Möglichkeit noch ein wenig durchziehen lassen.

6. Den Salat in Portionen anrichten, mit der beiseitegelegten Petersilie garnieren und mit der Salatcreme beträufeln.

Buntes Tofu-Gemüse I

Vegetarisch

4 Portionen

Pro Portion: E: 20,9 g, F: 14,6 g, Kh: 21,1 g, kJ: 1266, kcal: 302, BE: 0,5

400 g	*Tofu natur (aus dem Kühlregal)*
1	*Knoblauchzehe*
15 g	*frischer Ingwer*
4–5 EL	*Sojasauce*
1 EL	*Weißweinessig*
1 Prise	*Zucker*
1 ½ EL	*Sesamöl (15 g)*
1 Bund	*Frühlingszwiebeln (etwa 200 g)*
750 g	*Möhren*
2	*Zucchini (je etwa 250 g)*
1 ½ EL	*Sojaöl (15 g)*
2–3 EL	*Gemüsebrühe*
1–2 Stängel	*Zitronengras*
1–2 EL	*Zitronensaft*
	Salz
	gem. Pfeffer

Zubereitungszeit: 30 Minuten, ohne Marinierzeit

1. Den Tofu in etwa 2 cm große Würfel schneiden. Knoblauch abziehen, Ingwer schälen und beides fein hacken. 3 Esslöffel von der Sojasauce mit dem Essig, dem Zucker und ½ Esslöffel von dem Sesamöl verrühren. Fein gehackten Knoblauch und Ingwer unterrühren. Die Tofuwürfel darin etwa 20 Minuten marinieren lassen, dabei zwischendurch 2–3-mal wenden.

2. In der Zwischenzeit Frühlingszwiebeln putzen, abspülen, abtropfen lassen und schräg in dünne Scheiben schneiden. Möhren putzen, schälen, abspülen und abtropfen lassen. Zucchini abspülen, abtrocknen und die Enden abschneiden. Möhren und Zucchini in schmale Streifen schneiden.

3. Das restliche Sesamöl in einem Wok oder einer großen Pfanne erhitzen. Die Tofuwürfel aus der Marinade nehmen und abtropfen lassen. Die Marinade beiseitestellen.

4. Die Tofuwürfel in den Wok oder die Pfanne geben und rundherum bei mittlerer bis starker Hitze in etwa 4 Minuten goldbraun anbraten, herausnehmen und warm stellen.

5. Frühlingszwiebelscheiben, Möhren- und Zucchinistreifen portionsweise in den Wok oder in die Pfanne geben und im verbliebenen Bratfett mit je ½ Esslöffel Sojaöl unter gelegentlichem Rühren bei mittlerer bis starker Hitze in 2–4 Minuten bissfest garen.

6. Das gesamte Gemüse zurück in die Pfanne geben. Die Gemüsebrühe mit der beiseitegestellten Marinade hinzugießen. Alles einmal aufkochen lassen und etwa 4 Minuten unter gelegentlichem Rühren garen, bis die Flüssigkeit fast verdampft ist.

7. In der Zwischenzeit das Zitronengras abspülen und trocken tupfen. Das untere Ende knapp abschneiden und dann das dickere Unterteil fein hacken.

8. Das Asia-Gemüse mit 1–2 Teelöffeln gehacktem Zitronengras, restlicher Sojasauce, Zitronensaft, Salz und Pfeffer abschmecken. Die Tofuwürfel unterrühren und kurz darin erwärmen. Das Tofu-Gemüse in der Pfanne anrichten und servieren.

Tipps: Das frische Zitronengras können Sie durch ½–1 Teelöffel gemahlenes Zitronengras ersetzen. Wenn Sie kein Sojaöl im Haus haben, können Sie auch Erdnuss- oder Sonnenblumenöl verwenden. Das Sesamöl sollten Sie nach Möglichkeit nicht ersetzen und für die Asiaküche immer griffbereit haben. Wer mag, gibt zum Schluss zusätzlich etwas Chinesischen Schnittlauch – auch unter dem Namen Schnitt-Knoblauch bekannt – zum Tofu-Gemüse. Der Chinesische Schnittlauch schmeckt leicht nach Knoblauch. Sein Geschmack ist jedoch etwas dezenter als der von purem Knoblauch. Chinesischen Schnittlauch bekommen Sie in gut sortierten Asialäden.

Rezeptvariante: Fleischliebhaber ersetzen den Tofu durch 2 Päckchen Hähnchenfilet-Streifen (je 150 g, aus dem Kühlregal). Die Hähnchenfilet-Streifen zuletzt zu dem Gemüse in die Pfanne geben und unter Rühren kurz darin erwärmen (dann pro Portion: E: 24,2 g, F: 10,1 g, Kh: 19,0 g, kJ: 1120, kcal: 268, BE: 0,2).

Champignongulasch mit Zuckerschoten

Vegetarisch

4 Portionen

Pro Portion: E: 9,4 g, F: 11,4 g, Kh: 10,1 g, kJ: 761, kcal: 182, BE: 0,5

200 g Zuckerschoten
Salz
2 mittelgroße Tomaten (etwa 225 g)
50 g getrocknete Tomaten
1 Zwiebel (etwa 65 g)
1 Knoblauchzehe
500 g Champignons
3 EL Olivenöl (30 g)
100 g Frischkäse mit Joghurt (13 % Fett)
50 ml Gemüsebrühe
gem. Pfeffer

Außerdem:

2–3 Stängel Petersilie

Zubereitungszeit: 30 Minuten

1. Von den Zuckerschoten die Enden abschneiden, evtl. abfädeln und je nach Größe evtl. halbieren. Die Zuckerschoten in kochendem Salzwasser 2–3 Minuten blanchieren.

2. Anschließend in ein Sieb geben, mit kaltem Wasser abschrecken und gut abtropfen lassen.

3. Die Tomaten kreuzweise einschneiden und mit kochendem Wasser übergießen. Nach 1–2 Minuten herausnehmen und mit kaltem Wasser abschrecken. Tomaten enthäuten, halbieren und die Stängelansätze herausschneiden. Tomatenhälften in Würfel schneiden.

4. Getrockneten Tomaten ebenfalls in Würfel schneiden. Zwiebel und Knoblauch abziehen und beides in kleine Würfel schneiden.

5. Die Champignons putzen, mit Küchenpapier abreiben, evtl. kurz abspülen und gut abtropfen lassen. Die Champignons je nach Größe evtl. halbieren oder vierteln.

6. Von dem Olivenöl 1 Esslöffel in einer großen Pfanne erhitzen. Die Zwiebel- und Knoblauchwürfel kurz darin andünsten, wieder aus der Pfanne nehmen und beiseitestellen.

7. Das restliche Olivenöl zu dem verbliebenen Bratfett in die Pfanne geben und erhitzen.

8. Die Champignons hinzufügen. Pilze darin bei mittlerer bis starker Hitze in 5–7 Minuten unter gelegentlichem Rühren portionsweise braun anbraten.

9. Die Zuckerschoten und Tomatenwürfel (frische und getrocknete) mit den beiseitegestellten Zwiebel- und Knoblauchwürfeln ebenfalls hinzufügen und unterheben.

10. Frischkäse zuerst mit Brühe und dann mit dem Gulasch verrühren.

11. Das Gulasch bei schwacher Hitze unter Rühren langsam erwärmen (nicht mehr kochen lassen) und mit Salz und Pfeffer abschmecken.

12. Das Champignongulasch mit abgespülten, trocken getupften Petersilienstängeln garniert servieren.

Beilage: Servieren Sie dazu 250 g knuspriges Baguette (zusätzlich pro Portion: E: 4,6 g, F: 0,8 g, Kh: 31,7 g, kJ: 649, kcal: 155, BE: 2,5) oder garen Sie 200 g Langkornreis dazu (zusätzlich pro Portion: E: 3,5 g, F: 1,1 g, Kh: 36,7 g, kJ: 727, kcal: 174, BE: 3,0).

Tipps: Statt frischer Zuckerschoten können Sie auch 200 g tiefgekühlte Zuckerschoten verwenden. Diese nach Packungsanleitung garen und wie unter Punkt 1 beschrieben abgießen, abschrecken und abtropfen lassen. Bleiben getrocknete Tomaten übrig, verpacken Sie diese luftdicht, beispielsweise in einer fest verschlossenen Plastikdose. Dann bleiben die Tomaten schön weich und trocknen nicht aus. Sind die getrockneten Tomaten sehr fest, weichen Sie sie kurz in kaltem Wasser ein.

Cheesecake mit Aprikosen I

Ohne zu backen

12 Stücke

Pro Stück: E: 4,2 g, F: 8,6 g, Kh: 31,2 g, kJ: 938, kcal: 223, BE: 2,5

Für den Boden:

140 g Amarettini (ital. Mandelmakronen)
100 g zerlassene Butter

Für die Creme:

230 g Aprikosenhälften (aus der Dose)
Aprikosensaft (aus der Dose)
2 Pck. Aranca Aprikose-Maracuja-Geschmack (Dessertpulver)
150 g Magerquark
150 g griechischer Sahnejoghurt (10 % Fett)

Für das Topping:

2 Blatt weiße Gelatine
200 g abgetropfte Aprikosenhälften (aus der Dose)

Zubereitungszeit: 30 Minuten, ohne Kühlzeit

1. Für den Boden Amarettini im Blitzhacker fein zerbröseln. Amarettinibrösel mit der Butter in eine Rührschüssel geben. Die Zutaten gut vermengen.

2. Einen Tortenring (Ø 22 cm) auf eine mit Tortenspitze oder Backpapier belegte Tortenplatte stellen. Die Bröselmasse in den Tortenring geben, gleichmäßig verteilen und mit einem Löffel fest zu einem Boden andrücken. Tortenboden für mindestens 15 Minuten in den Kühlschrank stellen.

3. Für die Creme in der Zwischenzeit die Aprikosen zusammen mit dem Saft mit einem Pürierstab fein pürieren. Das Aprikosenpüree in eine Schüssel geben. Dessertpulver, Quark und Joghurt hinzufügen. Die Zutaten mit einem Mixer (Rührstäbe) in etwa 4 Minuten schaumig schlagen. Die Aprikosencreme auf den Boden in den Tortenring geben und glatt streichen. Den Cheesecake zugedeckt in den Kühlschrank stellen.

4. Für das Topping in der Zwischenzeit Gelatine in kaltem Wasser nach Packungsanleitung einweichen. Die Aprikosen mit einem Pürierstab fein pürieren. 4 Esslöffel von dem Püree in einem kleinen Topf leicht erwärmen. Die eingeweichte Gelatine leicht ausdrücken und darin auflösen. Den Topf von der Kochstelle nehmen und das restliche Püree unterrühren.

5. Das erkaltete Aprikosenpüree auf dem Cheesecake verteilen. Den Cheesecake zugedeckt etwa 3 Stunden in den Kühlschrank stellen.

Tipp: Den Cheesecake mit 2–3 Aprikosenhälften (etwa 50 g) und 2 ungeschälten, ganzen Mandeln sowie einigen Minzeblättchen garnieren (zusätzlich für den gesamten Cheesecake: E: 1,0 g, F: 1,6 g, Kh: 7,7 g, kJ: 216, kcal: 52, BE: 0,5).

Chinakohlsalat mit Bündner Fleisch I

Zum Sattessen

2–3 Portionen

Pro Portion: E: 37,2 g, F: 11,0 g, Kh: 29,5 g, kJ: 1586, kcal: 379, BE: 2,4

Für den Salat:

350 g Chinakohl
200 g Bündner Fleisch
3 Orangen (etwa 450 g)
1 Grapefruit (etwa 150 g)
125 g blaue Weintrauben

Für die Salatsauce:

3 EL Salatcreme (10 % Fett)
150 g Joghurt (0,1 % Fett)
1 EL Zitronensaft
Salz
gem. Pfeffer
etwas Zucker

Zubereitungszeit: 30 Minuten

1. Für den Salat Chinakohl putzen, vierteln und den Strunk herausschneiden. Die Blätter waschen und gut abtropfen lassen oder trocken schleudern. Salatblätter in mundgerechte Stücke schneiden oder zupfen.

2. Das Bündner Fleisch in schmale Streifen schneiden. Orangen und Grapefruit so schälen, dass die weiße Haut mitentfernt wird. Orangen und Grapefruit filetieren, den Saft dabei auffangen.

3. Die Trauben abspülen, abtropfen lassen, halbieren und entkernen.

4. Für die Salatsauce die Salatcreme mit dem Joghurt, Zitronen-, Orangen- und Grapefruitsaft in einer Schüssel glatt rühren. Die Sauce mit Salz, Pfeffer und Zucker würzen.

5. Die Salatzutaten in einer Schüssel vorsichtig vermischen und mit der Sauce anrichten.

Couscous-Salat I

Afrikanisch inspiriert

4 Portionen

Pro Portion: E: 9,2 g, F: 8,4 g, Kh: 47,5 g, kJ: 1275, kcal: 305, BE: 3,0

200 g	*Couscous (Instant)*
etwa 800 ml	*Gemüsebrühe*
1	*Staudensellerie (etwa 350 g)*
250 g	*Cocktailtomaten*
4	*mittelgroße Möhren (etwa 400 g)*
1	*Knoblauchzehe*
1	*rote Zwiebel (etwa 65 g)*
2	*Bio-Limetten (unbehandelt, ungewachst)*
3 EL	*Olivenöl (30 g)*
	Salz
	gem. Pfeffer
	Cayennepfeffer
1 Bund	*Schnittlauch*

Zubereitungszeit: 25 Minuten, ohne Abkühl- und Durchziehzeit

1. Couscous mit der Gemüsebrühe nach Packungsanleitung zubereiten. Den gegarten Couscous in eine Salatschüssel geben und zum Abkühlen beiseitestellen.

2. In der Zwischenzeit Staudensellerie putzen und die harten Außenfäden abziehen. Sellerie abspülen und abtropfen lassen. Sellerie in dünne Scheiben schneiden

3. Die Cocktailtomaten abspülen, abtrocknen, vierteln und die Stängelansätze herausschneiden. Die Möhren putzen, schälen, abspülen und abtropfen lassen. Die Möhren grob raspeln. Knoblauch abziehen und durch eine Knoblauchpresse drücken oder sehr fein würfeln. Die Zwiebel abziehen und ebenfalls in feine Würfel schneiden.

4. Den beiseitegestellten Couscous mit 2 Gabeln etwas auflockern. 1 Limette heiß abwaschen, abtrocknen und die Schale fein abreiben. Beide Limetten halbieren und den Saft auspressen.

5. Etwa 1 Teelöffel abgeriebene Limettenschale und 3–4 Esslöffel Limettensaft zum Couscous geben und mit 2 Gabeln locker verrühren.

6. Die Selleriescheiben, Tomatenstücke, Möhrenraspel, Knoblauch- und Zwiebelwürfel zum Couscous in die Schüssel geben und unterheben.

7. Für die Salatsauce 3 Esslöffel Limettensaft mit dem Olivenöl verschlagen, mit Salz, Pfeffer und Cayennepfeffer würzen. Die Sauce mit den Salatzutaten vermengen und kalt gestellt etwa 30 Minuten durchziehen lassen.

8. Zum Servieren Schnittlauch abspülen und trocken tupfen. Schnittlauch in feine Röllchen schneiden und unter den Salat mischen. Den Salat nochmals mit Limettenschale, -saft und Gewürzen abschmecken und servieren.

Tipps: Den Couscous-Salat mit etwas Selleriegrün und heiß abgespülten, trocken getupften Bio-Limettenscheiben anrichten. Sie können den Sellerie durch 300 g TK-Erbsen ersetzen. Diese nach Packungsanleitung garen, abgießen und mit kaltem Wasser abspülen. Erbsen gut abtropfen lassen und wie unter Punkt 6 beschrieben mit dem Couscous mischen. Limettenschale können Sie auch durch 1 Teelöffel Dr. Oetker Finesse Geriebene Zitronenschale und den Limettensaft durch Zitronensaft ersetzen. Nehmen Sie dann zunächst nur 2–3 Esslöffel Zitronensaft (Punkt 5) und schmecken den Salat später noch einmal mit Zitronensaft ab. Mit Limettensaft können Sie großzügiger würzen, da er weniger sauer ist.

Dicke Bohnensuppe mit Schalotten I

Vegetarisch

4 Portionen

Pro Portion: E: 13,2 g, F: 3,2 g, Kh: 14,2 g, kJ: 589, kcal: 141, BE: 1,0

180 g Schalotten
1 Bund Schnittlauch
425 g abgetropfte, dicke Bohnen (aus dem Glas)
1 EL Butter oder Margarine (10 g)
750 ml Gemüsebrühe
Salz
gem. Pfeffer
1/2–1 EL Zitronensaft

Zubereitungszeit: 20 Minuten

1. Schalotten abziehen, in kleine Würfel schneiden. Schnittlauch abspülen, trocken tupfen und in feine Röllchen schneiden. Die Bohnen mit kaltem Wasser abspülen und gut abtropfen lassen.

2. Butter oder Margarine in einem Topf zerlassen. Die Schalottenwürfel hinzugeben und in dem heißen Fett andünsten. Zwei Drittel der Schnittlauchröllchen und die Bohnen hinzugeben und etwa 2 Minuten unter Rühren mitdünsten lassen.

3. Die Brühe hinzugießen und zum Kochen bringen. Die Bohnensuppe zugedeckt 6–8 Minuten bei schwacher Hitze leicht kochen lassen.

4. Vier Esslöffel der Bohnen mit einer Schaumkelle herausnehmen und beiseitelegen. Die Bohnensuppe mit den restlichen Bohnen mit einem Pürierstab fein pürieren.

5. Beiseitegelegte Bohnen wieder in die Suppe geben und darin erwärmen. Die Suppe mit Salz, Pfeffer und Zitronensaft abschmecken und in tiefen Tellern oder Suppentassen verteilen. Die Bohnensuppe mit den restlichen Schnittlauchröllchen bestreut servieren.

Beilage: Dazu können Sie 250 g frisches Baguette reichen (zusätzlich pro Portion: E: 4,6 g, F: 0,8 g, Kh: 31,7 g, kJ: 649, kcal: 155, BE: 2,5).

Dinkel-Rosinen-Brötchen

Zum Frühstück – für zwischendurch

12 Stück

Pro Stück: E: 6,1 g, F: 2,8 g, Kh: 27,4 g, kJ: 698, kcal: 165, BE: 2,5

30 g Butter oder Margarine (zimmerwarm)
150 ml lauwarmes Wasser
375 g Dinkelmehl
20 g Weizenkleie
1 Pck. Hefeteig Garant
1 gestr. TL Zucker
1 gestr. TL Salz
175 g Magerquark
75 g Rosinen

2 EL Wasser

Zubereitungszeit: 30 Minuten, ohne Teiggehzeit
Backzeit: etwa 25 Minuten

1. Die Butter oder Margarine in das lauwarme Wasser geben und zerlassen.

2. Mehl in eine Rührschüssel geben, mit Weizenkleie und Hefeteig Garant sorgfältig vermischen. Zucker, Salz, Quark und das Wasser-Fett-Gemisch hinzufügen. Die Zutaten mit einem Mixer (Knethaken) zunächst kurz auf niedrigster, dann auf höchster Stufe in etwa 5 Minuten zu einem glatten Teig verarbeiten. Die Rosinen kurz unterarbeiten.

3. Auf einer leicht bemehlten Arbeitsfläche aus dem Hefeteig eine Rolle formen. Die Teigrolle in 12 gleich große Scheiben teilen.

4. Aus den Scheiben Brötchen formen. Dafür eine Hand kuppelförmig über die Teigscheiben legen, den Teig darin kreisen lassen, bis aus dem Teig eine Kugel entstanden ist. Die Teigkugeln auf ein Backblech (mit Backpapier belegt) setzen. Die Kugeln zugedeckt an einem warmen Ort etwa 15 Minuten gehen lassen.

5. Den Backofen vorheizen.
Ober-/Unterhitze: etwa 200 °C
Heißluft: etwa 180 °C

6. Aus den Teigkugeln herausstehende Rosinen in den Teig drücken. Die Teigkugeln mit Wasser bestreichen. Das Backblech in den vorgeheizten Backofen schieben. Die Brötchen **etwa 25 Minuten backen.**

7. Die Brötchen vom Backpapier nehmen und auf einem Kuchenrost erkalten lassen.

Dinkelsuppe mit Minze

Vegetarisch – raffiniert

4 Portionen

Pro Portion: E: 7,0 g, F: 12,5 g, Kh: 13,3 g, kJ: 812, kcal: 193, BE: 1,0

Zum Vorbereiten am Vorabend:

60 g Dinkelkörner
250 ml Wasser

100 g weiße oder braune Champignons
20 g Butter oder Margarine
1 Zwiebel (etwa 65 g)
1 EL Speiseöl, z. B. Sonnenblumenöl (10 g)
2 EL Tomatenmark
1 EL Paprikamark
750 ml Gemüsebrühe
Salz
gem., schwarzer Pfeffer

Für das Minzpesto:

½–1 Knoblauchzehe
2 EL fein gehackte Minze
30 g frisch geriebener Parmesan
1 EL Olivenöl (10 g)

Zubereitungszeit: 30 Minuten, ohne Einweichzeit

1. Zum Vorbereiten die Dinkelkörner am Vorabend in einen kleinen Topf geben, mit Wasser bedecken und über Nacht quellen lassen.

2. Am nächsten Tag den gequollenen Dinkel mit dem Einweichwasser zum Kochen bringen und zugedeckt etwa 20 Minuten bei kleiner Hitze leicht kochen lassen, bis der Dinkel gar ist.

3. In der Zwischenzeit Champignons putzen, evtl. kurz abspülen und trocken tupfen. Die Champignons in dünne Scheiben schneiden. Butter oder Margarine in einer Pfanne erhitzen. Die Champignons darin rundum in 3–4 Minuten braun anbraten und beiseitestellen.

4. Die Zwiebel abziehen, halbieren und in feine Würfel schneiden. Das Speiseöl in einem Topf erhitzen und die Zwiebelwürfel darin andünsten. Tomaten- und Paprikamark unterrühren, die Gemüsebrühe hinzugießen, mit Salz und Pfeffer würzen. Die Zutaten zum Kochen bringen.

5. Den garen Dinkel in ein Sieb geben, gut abtropfen lassen und beiseitestellen.

6. Für das Pesto Knoblauch abziehen und durch eine Knoblauchpresse drücken oder sehr fein hacken. Die Minze mit Parmesan, Knoblauch und Olivenöl in einer kleinen Schüssel glatt rühren. Das Pesto mit Salz und Pfeffer würzen.

7. Den abgetropften Dinkel und die angebratenen Pilzscheiben in die Suppe geben. Die Suppe nochmals kurz erhitzen.

8. Das Minzpesto unter die Suppe rühren oder getrennt dazu servieren. Die Suppe in tiefen Teller oder Suppentassen verteilen.

Tipps: Diese Suppe eignet sich ausgezeichnet zum Mitnehmen an den Arbeitsplatz. Aufgewärmt schmeckt sie noch intensiver nach Champignons und Minze. Ohne Champignons und das Minzpesto lässt sich die Suppe prima einfrieren. Dafür am besten gleich die doppelte Menge zubereiten: Eine Hälfte einfrieren und eine Hälfte mit Pilzen und Minzpesto wie beschrieben weiter zubereiten. Nach Bedarf die unaufgetaute Dinkelsuppe langsam unter gelegentlichem Rühren erwärmen. Champignons und Minzpesto frisch zubereiten und nach dem Erwärmen unter die Suppe rühren.

Dorade aus der Folie I

Gut vorzubereiten

4 Portionen

Pro Portion: E: 26,0 g, F: 13,8 g, Kh: 3,9 g, kJ: 1030, kcal: 247, BE: 0,1

4 TK-Doradenfilets (je etwa 125 g)
Salz
gem. Pfeffer

1 Staudensellerie (etwa 500 g)
3 kleine Tomaten (etwa 200 g)
20 g frische Zitronenmelisse
2 EL abgetropfte Kapern (40 g)
1 Msp. Knoblauchpulver

Außerdem:
4 Bögen starke Alufolie
2 EL Olivenöl (20 g)
Saft von
1 Limette
einige Zitronenmelisseblättchen

Zubereitungszeit: 20 Minuten, ohne Auftau- und Marinierzeit
Garzeit: etwa 20 Minuten

1. Die Fischfilets nach Packungsanleitung auftauen lassen.

2. Die Filets unter fließendem kalten Wasser abspülen und trocken tupfen. Filets mit Salz und Pfeffer bestreuen.

3. Sellerie putzen und die harten Außenfäden abziehen. Sellerie abspülen und abtropfen lassen. Sellerie in dünne Scheiben schneiden und in kochendem Wasser etwa 1 Minute blanchieren. Die Selleriescheiben in ein Sieb geben, mit kaltem Wasser abspülen und gut abtropfen lassen.

4. Tomaten abspülen, abtrocknen, vierteln, entkernen und die Stängelansätze herausschneiden.

5. Melisse abspülen, trocken tupfen und die Blättchen von den Stängeln zupfen. Einige Blättchen zum Garnieren beiseitelegen. Restliche Blättchen fein hacken.

6. Selleriescheiben, Tomatenviertel, gehackte Melisseblättchen und abgetropfte Kapern in eine Schüssel geben und vermengen. Die Gemüsemischung mit Salz, Pfeffer und Knoblauch würzen.

7. Jeweils 1 Fischfilet auf einen Bogen Alufolie (dünn mit Olivenöl bestrichen) legen. Die Gemüsemischung auf den Filets verteilen. Jeweils knapp 1/2 Esslöffel Olivenöl daraufträufeln. Die Alufolie so zu einem Päckchen zusammenfalten, dass keine Flüssigkeit auslaufen kann. Die gefüllten Päckchen zum Marinieren etwa 2 Stunden in den Kühlschrank legen.

8. Den Backofengrill vorheizen.

9. Die vorbereiteten Päckchen auf einem Backblech unter dem vorgeheizten Backofengrill 20–30 Minuten garen. Dabei nach der Hälfte der Garzeit die Päckchen einmal wenden.

10. Die Päckchen herausnehmen und auf Teller legen. Die Päckchen öffnen, die Filets mit dem Limettensaft beträufeln und mit den beiseitegelegten Zitronenmelisseblättchen garniert servieren.

Tipps: Sie können auch fettärmere Viktoriabarschfilets verwenden. Diese müssen etwa 30 Minuten garen (dann pro Portion: E: 27,0 g, F: 7,8 g, Kh: 3,9 g, kJ: 827, kcal: 198, BE: 0,1). Für Familienmitglieder, die nicht so sehr auf ihre Figur achten, braten Sie dazu kleine, halbierte Pellkartoffeln in der Grillpfanne knusprig an.

Erbsensuppe mit Lachs I

Einfach

4 Portionen

Pro Portion: E: 23,1 g, F: 13,3 g, Kh: 12,1 g, kJ: 1099, kcal: 262, BE: 1,0

300 g TK-Erbsen
1 Prise Zucker
1 l Gemüsebrühe
320 g Lachsfilet
2–3 TL Zitronensaft
100 g Crème légère

1 Bund Dill

Zubereitungszeit: 25 Minuten

1. Die gefrorenen Erbsen mit dem Zucker in einen Topf geben. Die Brühe hinzugießen. Die Zutaten zum Kochen bringen und zugedeckt bei schwacher Hitze etwa 15 Minuten köcheln lassen, bis die Erbsen gar sind.

2. In der Zwischenzeit Lachsfilet kurz unter fließendem kalten Wasser abspülen und trocken tupfen. Das Fischfilet mit Zitronensaft beträufeln und in kleine Würfel schneiden.

3. Crème légère zu der Suppe geben. Die Suppe mit einem Pürierstab sehr fein pürieren.

4. Fischwürfel zuletzt hinzufügen und in der Suppe gar ziehen lassen.

5. In der Zwischenzeit den Dill abspülen und trocken tupfen. Die Spitzen von den Stängeln zupfen. 4 Dillspitzen zum Garnieren beiseitelegen. Restlichen Dill klein schneiden und auf die Suppe streuen.

6. Die Suppe in tiefen Tellern verteilen und mit den beiseitegelegten Dillspitzen garniert sofort servieren.

Erdbeer-Quarkspeise I

Klassisch – süßer Genuss

4 Portionen

Pro Portion: E: 17,9 g, F: 1,0 g, Kh: 11,0 g, kJ: 547, kcal: 131, BE: 1,0

250 g frische Erdbeeren
500 g Magerquark
100 ml Milch (1,5 % Fett)
10 g Zucker

Zubereitungszeit: 10 Minuten

1. Die Erdbeeren abspülen, gut abtropfen lassen, entstielen und in Viertel schneiden.

2. Den Quark mit der Milch und dem Zucker in eine Schüssel geben und geschmeidig rühren. Den Quark auf 4 Dessertschälchen verteilen. Die Erdbeeren dekorativ daraufgeben. Die Erdbeer-Quarkspeise zugedeckt in den Kühlschrank stellen.

Tipps: Sie können die Erdbeeren auch unter den Quark heben oder die Erdbeeren pürieren und dann mit dem Quark verrühren. Möchten Sie noch etwas mehr Fett und Kalorien einsparen, dann können Sie die Milch durch die gleiche Menge kohlensäurehaltiges Mineralwasser ersetzen. Durch die Kohlensäure wird die Quarkspeise wunderbar cremig und die Speise noch ein kleines bisschen leichter. Pro Portion sparen Sie: E: 0,8 g, F: 0,4 g, Kh: 1,2 g, kJ: 50, kcal: 12, BE: 0,0.

Erdbeerschnecken

Für Kinder

16 Stück

Pro Stück: E: 2,4 g, F: 5,3 g, Kh: 20,1 g, kJ: 576, kcal: 137, BE: 1,5

Für den Biskuitteig:

1 Ei (Größe M)
1 Eigelb (Größe M)
30 g Zucker
1 Pck. Dr. Oetker Bourbon-Vanille-Zucker
1 Prise Salz
50 g Weizenmehl
1 Msp. Dr. Oetker Backin

Zum Bestreuen und Bestreichen:

1 EL Zucker (10 g)
100 g Erdbeerkonfitüre

Zum Verzieren:

80 g Vollmilch-Schokolade (etwa 30 % Kakaoanteil)
16 runde, dünne Butterwaffeln oder Kekse (Ø etwa 6 cm)

Außerdem:

16 Holzspatel

Zubereitungszeit: 40 Minuten, ohne Abkühl- und Trockenzeit
Backzeit: etwa 8 Minuten

1. Den Backofen vorheizen.
Ober-/Unterhitze: etwa 200 °C
Heißluft: etwa 180 °C

2. Für den Teig Ei und Eigelb mit einem Mixer (Rührstäbe) auf höchster Stufe in 1 Minute schaumig schlagen. Zucker mit Vanille-Zucker und Salz mischen, in etwa 1 Minute einstreuen und dann noch etwa 2 Minuten schlagen.

3. Mehl mit Backpulver mischen, auf die Eiercreme geben und kurz auf niedrigster Stufe unterrühren. Einen Backrahmen (etwa 25 x 25 cm) auf ein Backblech (gefettet, mit Backpapier belegt) stellen. Den Teig hineingeben und glatt streichen. Das Backblech in den vorgeheizten Backofen schieben. Die Biskuitplatte **etwa 8 Minuten backen.**

4. Das Backblech auf einen Kuchenrost stellen. Sofort den Backrahmen vorsichtig lösen und entfernen. Dann die Biskuitplatte auf ein mit etwas Zucker bestreutes Backpapier stürzen. Das mitgebackene Backpapier abziehen. Die noch heiße Biskuitplatte mit Erdbeerkonfitüre bestreichen und mithilfe des Backpapiers aufrollen. Die Biskuitrolle erkalten lassen.

5. Zum Verzieren die Schokolade in kleine Stücke brechen. Zwei Drittel davon in einem Topf im Wasserbad bei schwacher Hitze unter Rühren schmelzen. Den Topf aus dem Wasserbad nehmen und die restliche Schokolade darin unter Rühren schmelzen. Sollte sich die zuletzt untergerührte Schokolade nicht vollständig auflösen, den Topf nochmals kurz ins Wasserbad halten, wieder herausnehmen und die Schokolade rühren, bis sie vollständig geschmolzen ist.

6. Gebäckrolle in 16 gleich große Scheiben schneiden. Die Waffeln oder Kekse auf einer Seite mit der Schokolade bestreichen. Auf jede Waffel oder jeden Keks 1 Gebäckscheibe legen und andrücken. 1 Holzspatel bis zur Mitte in jede Gebäckscheibe stecken (evtl. die erste Gebäckschicht mit einem Messer vorsichtig einschneiden).

7. Die restliche Schokoladenmasse in einen kleinen Gefrierbeutel füllen, eine kleine Ecke abschneiden und die Erdbeerschnecken damit verzieren. Schokolade fest werden lassen.

Erdbeer-Smoothies | Süßer Genuss

je 1 Portion

Erdbeer-Himbeer-Smoothie

(im Foto rechts)

Pro Portion: E: 5,6 g, F: 4,2 g, Kh: 13,7 g, kJ: 555, kcal: 133, BE: 1,0

50 g Erdbeeren
100 g Himbeeren
50 g Joghurt (3,5 % Fett)
50 ml Milch (3,5 % Fett)
50 ml Zitronensaft

evtl. 2–3 Himbeeren
etwas gem. Zimt

Zubereitungszeit: 15 Minuten

1. Erdbeeren abspülen, trocken tupfen und entstielen. Erdbeeren in Stücke schneiden. Die Himbeeren verlesen, evtl. kurz abspülen und gut abtropfen lassen.

2. Erdbeerstücke und Himbeeren mit Joghurt, Milch und Zitronensaft in einen hohen Rührbecher geben und mit einem Pürierstab pürieren. Smoothie nach Belieben einige Zeit zugedeckt in den Kühlschrank stellen.

3. Den Smoothie in ein Glas füllen, nach Belieben mit einigen Himbeeren garnieren und mit Zimt bestäuben.

Tipps: Wenn Sie es lieber süßer mögen, geben Sie noch 1 Teelöffel flüssigen Honig (zusätzlich pro Portion: E: 0,0 g, F: 0,0 g, Kh: 4,5, kJ: 77, kcal: 18, BE: 0,5) oder Ahornsirup (6 g) in den Smoothie (zusätzlich pro Portion: E: 0,0 g, F: 0,0 g, Kh: 4,0, kJ: 69, kcal: 16, BE: 0,5). Durch die Säure des Zitronensaftes kann es passieren, dass die Milch gerinnt. Achten Sie deshalb darauf, dass die Milch gut gekühlt ist oder verwenden Sie Sojamilch.

Erdbeer-Mint-Smoothie

(im Foto links)

Pro Portion: E: 2,6 g, F: 1,8 g, Kh: 14,6 g, kJ: 393, kcal: 93, BE: 1,0

4–5 Zweige Minze
150 g Erdbeeren
30 g Joghurt (3,5 % Fett)
1 TL flüssiger Honig (6 g)
20–30 ml Limettensaft

Zubereitungszeit: 15 Minuten

1. Die Minze abspülen, trocken tupfen und die Blättchen von den Stängeln zupfen. Minzeblättchen klein schneiden.

2. Erdbeeren abspülen, trocken tupfen und entstielen. Die Erdbeeren in Stücke schneiden.

3. Minze, Erdbeerstücke, Joghurt, Honig und Limettensaft in einen hohen Rührbecher geben und mit einem Pürierstab pürieren.

4. Den Erdbeer-Mint-Smoothie nach Belieben einige Zeit zugedeckt in den Kühlschrank stellen.

5. Smoothie in ein Glas füllen und servieren.

Tipp: Den Erdbeer-Mint-Smoothie mit einem abgespülten, trocken getupften Minzezweig garnieren.

Farfalle mit Paprikasauce

Pikant-scharf

3 Portionen

Pro Portion: E: 125 g, F: 4,9 g, Kh: 69,1 g, kJ: 1576, kcal: 377, BE: 5,2

Für die Paprikasauce:

1 kleine Zwiebel (etwa 50 g)
1 milde Peperoni
je ½ kleine rote, grüne und gelbe Paprikaschote (je etwa 100 g)
1 Bund Frühlingszwiebeln (etwa 200 g)
2 große Tomaten (etwa 120 g)
1 EL Olivenöl (10 g)
2–3 EL Gemüsebrühe

2½ l Wasser
2½ gestr. TL Salz
250 g Nudeln, z. B. Farfalle

Salz
gem. Pfeffer
½ Msp. Sambal Oelek

Zubereitungszeit: 30 Minuten

1. Für die Sauce Zwiebel abziehen, zuerst in Scheiben schneiden, dann in Ringe teilen. Peperoni und Paprikaschoten entstielen, entkernen und die weißen Scheidewände entfernen. Die Schotenhälften abspülen und abtropfen lassen.

2. Die Peperonihälften in kleine und Paprikahälften in etwas größere Würfel schneiden.

3. Die Frühlingszwiebeln putzen, abspülen, abtropfen lassen und in feine Scheiben schneiden. 1 Teelöffel von den Frühlingszwiebelscheiben zum Garnieren beiseitelegen. Tomaten abspülen, abtrocknen, vierteln und die Stängelansätze herausschneiden. Die Tomatenviertel in kleine Stücke schneiden.

4. Das Olivenöl in einer Pfanne erhitzen. Zwiebelringe, Peperoni-, Paprikawürfel und Tomatenstücke hinzugeben. Die Zutaten 2–3 Minuten unter Rühren andünsten. Die Gemüsebrühe unterrühren. Die Zutaten zum Kochen bringen und etwa 8 Minuten bei schwacher Hitze köcheln lassen.

5. In der Zwischenzeit das Wasser in einem großen Topf zugedeckt zum Kochen bringen. Dann Salz und Nudeln zugeben. Die Nudeln im geöffneten Topf bei mittlerer Hitze nach Packungsanleitung bissfest kochen, dabei gelegentlich umrühren.

6. Anschließend die Nudeln in ein Sieb geben, mit heißem Wasser abspülen und abtropfen lassen.

7. Die Frühlingszwiebelscheiben kurz vor dem Servieren in die Sauce geben. Die Sauce mit Salz, Pfeffer und Sambal Oelek abschmecken.

8. Die Nudeln mit der Paprikasauce anrichten. Farfalle mit den beiseitegelegten Frühlingszwiebelscheiben bestreuen.

Feine Fischsuppe

Für Gäste

6 Portionen

Pro Portion: E: 28,8 g, F: 4,8 g, Kh: 2,8 g, kJ: 772, kcal: 185, BE: 0,0

100 g Fenchelknolle
100 g Möhren
50 g Porree (Lauch)
2 Knoblauchzehen
2 EL Speiseöl (20 g)
1 l Fischbrühe
500 g Fischfilet, z. B. Kabeljau
Salz, gem. Pfeffer
etwas Cayennepfeffer
100 g Shrimps (geschält, vorgegart)

Zubereitungszeit: 30 Minuten

1. Den Fenchel putzen, abspülen, abtropfen lassen, halbieren und in feine Streifen schneiden. Möhren putzen, schälen, abspülen und abtropfen lassen. Die Möhren in feine Streifen schneiden. Porree putzen, die Stange längs halbieren, gründlich waschen und abtropfen lassen. Den Porree ebenfalls in feine Streifen schneiden. Knoblauch abziehen und durch eine Knoblauchpresse drücken oder sehr fein hacken.

2. Das Speiseöl in einem Topf erhitzen. Die Gemüsestreifen und den Knoblauch darin andünsten. Fischbrühe hinzugießen, zum Kochen bringen und die Gemüsestreifen darin etwa 10 Minuten garen.

3. In der Zwischenzeit das Fischfilet unter fließendem kalten Wasser abspülen und trocken tupfen, evtl. die Gräten entfernen. Das Fischfilet in Würfel schneiden, in die Brühe geben und bei schwacher Hitze etwa 10 Minuten gar ziehen lassen. Die Fischsuppe mit Salz, Pfeffer und Cayennepfeffer würzen.

4. Die Shrimps unter fließendem kalten Wasser abspülen, trocken tupfen, in die Suppe geben und kurz darin erhitzen.

Fenchel-Reis-Salat

Zum Mitnehmen

4 Portionen

Pro Portion: E: 7,5 g, F: 7,2 g, Kh: 74,4 g, kJ: 1687, kcal: 400, BE: 6,0

200 g 10-Minuten-Naturreis
Salz

Saft von
2 Zitronen (etwa 120 ml)
Saft von
2 Orangen (etwa 160 ml)
2 EL flüssiger Honig (20 g)
2 TL Fünf-Gewürze-Pulver
2 EL Speiseöl, z. B. Olivenöl (20 g)

4 Äpfel (je 150 g)
2 Fenchelknollen (je 250 g)
2 rote Paprikaschoten (je 200 g)

Zubereitungszeit: 30 Minuten, ohne Abkühl- und Durchziehzeit

1. Den Reis in Salzwasser nach Packungsanleitung in etwa 10 Minuten garen.

2. In der Zwischenzeit Zitronen- und Orangensaft mit Honig, Gewürze-Pulver und Salz verrühren. Zuletzt das Speiseöl unterschlagen.

3. Die Äpfel heiß abwaschen, abtrocknen, vierteln, entkernen und in dünne Spalten schneiden. Die Apfelspalten sofort mit der Saftmischung verrühren.

4. Den garen Reis in ein Sieb geben, abtropfen und abkühlen lassen.

5. Die Fenchelknollen putzen, abspülen, abtropfen lassen, halbieren und in Streifen schneiden.

6. Die Paprikaschoten halbieren, entstielen, entkernen und die weißen Scheidewände entfernen. Schotenhälften abspülen, abtropfen lassen, in Würfel schneiden.

7. Die Apfelmischung mit den Fenchelstreifen und den Paprikawürfeln unter den Reis mischen und etwas durchziehen lassen.

Fenchelsuppe mit Knoblauchbrot I

Mediterraner Genuss

4 Portionen

Pro Portion: E: 6,5 g, F: 6,2 g, Kh: 21,3 g, kJ: 699, kcal: 166, BE: 1,5

Für die Suppe:

100 g Schalotten
800 g Fenchelknollen
2 EL Olivenöl (20 g)
1 l heiße Gemüsebrühe
Salz
gem. Pfeffer

Für das Knoblauchbrot:

1 Knoblauchzehe
100 g Stangenweißbrot

Zum Garnieren:

1–2 EL gehackte Petersilie
1 TL Fenchelsamen

Zubereitungszeit: 30 Minuten

1. Für die Suppe die Schalotten abziehen und in feine Würfel schneiden. Von den Fenchelknollen die Stiele dicht oberhalb der Knollen abschneiden, dabei etwas Fenchelgrün abzupfen und beiseitelegen. Die Fenchelknollen putzen, abspülen, abtropfen lassen und vierteln. Die Fenchelviertel in Streifen schneiden.

2. Den Backofen vorheizen.
Ober-/Unterhitze: etwa 200 °C
Heißluft: etwa 180 °C

3. Das Olivenöl in einem Topf erhitzen. Die Schalottenwürfel darin unter gelegentlichem Rühren andünsten. Fenchelstreifen hinzugeben und unter Rühren 2–3 Minuten mit andünsten. Die Brühe hinzugießen, mit Salz und Pfeffer würzen. Die Zutaten zum Kochen bringen und zugedeckt etwa 15 Minuten bei schwacher Hitze kochen lassen.

4. In der Zwischenzeit für das Knoblauchbrot Knoblauch abziehen und halbieren. Das Brot in 8–12 dünne Scheiben schneiden.

5. Die Brotscheiben auf einen Rost legen, in den vorgeheizten Backofen schieben und von jeder Seite **2–3 Minuten leicht bräunen.**

6. Die Brotscheiben vom Rost nehmen und mit den Knoblauchhälften einreiben.

7. Die Suppe mit einem Pürierstab vorsichtig pürieren, sodass sie noch etwas stückig bleibt. Die Suppe mit Salz und Pfeffer abschmecken.

8. Fenchelsuppe in Suppentassen oder tiefen Tellern verteilen und mit dem beiseitegelegten Fenchelgrün, der Petersilie und dem Fenchelsamen garnieren. Das Knoblauchbrot dazu servieren.

Tipps: Zum Rösten eignet sich sehr gut Brot, das schon einen Tag alt ist. Es lässt sich besser in dünne Scheiben schneiden als frisches Brot. Durch das Rösten wird es wieder wunderbar knusprig. Anstatt der Schalotten können Sie auch 2 Zwiebeln (etwa 130 g) verwenden.

Fischfilet auf mediterranem Gemüse I

Zubereitung im Topf mit Dämpfeinsatz (Ø etwa 26 cm)

4 Portionen

Pro Portion: E: 31,3 g, F: 6,5 g, Kh: 5,0 g, kJ: 866, kcal: 207, BE: 0,0

600 g	*weißes Fischfilet, z. B. Kabeljau oder Seelachs*
	Salz
250 g	*Cocktailtomaten*
1	*Zucchini (etwa 375 g)*
180 g	*abgetropfte Artischockenherzen (aus der Dose)*
1–2 EL	*Olivenöl (10–20 g)*
25 g	*TK-Italienische Kräuter*
	gem. Pfeffer
½ TL	*geschrotete Chilischote*
einige Stängel	*Thymian*

Zubereitungszeit: 30 Minuten

1. Das Fischfilet unter fließendem kalten Wasser abspülen, trocken tupfen und in 4 gleich große Stücke schneiden. Die Fischstücke mit Salz bestreuen.

2. Einen Topf etwa 3 cm hoch mit Wasser füllen. Wasser zum Kochen bringen.

3. In der Zwischenzeit Cocktailtomaten und Zucchini abspülen und abtrocknen. Die Tomaten halbieren und nach Belieben die Stängelansätze herausschneiden. Von der Zucchini die Enden abschneiden. Zucchini halbieren und in kleine Würfel schneiden. Artischockenherzen vierteln.

4. Das Gemüse mit Olivenöl und den TK-Kräutern verrühren, mit Salz und Pfeffer würzen.

5. Zunächst die Gemüsemischung in den Dämpfeinsatz geben, dann die Fischstücke nebeneinander darauflegen und mit Chili bestreuen.

6. Den Einsatz in den Topf hängen und den Topf mit einem Deckel verschließen. Das Wasser nur leicht köcheln lassen. Das Fischfilet mit dem mediterranen Gemüse 10–15 Minuten dämpfen.

7. In der Zwischenzeit Thymian abspülen und trocken tupfen.

8. Fischfilets auf dem mediterranen Gemüse anrichten und mit den Thymianstängeln garnieren.

Fischragout mit Fenchel I

Mit Alkohol

4 Portionen

Pro Portion: E: 21,9 g, F: 7,6 g, Kh: 7,1 g, kJ: 807, kcal: 193, BE: 0,5

2	*kleine Fenchelknollen (etwa 350 g)*
1/2	*Salatgurke (etwa 175 g)*
1	*Zwiebel (etwa 65 g)*
1	*rote Paprikaschote (etwa 200 g)*
400 g	*weißes Fischfilet, z. B. Seelachs*
	Salz
1 EL	*Olivenöl (10 g)*
50 g	*abgetropfte, schwarze Olivenscheiben (aus dem Glas)*
100 ml	*Fischfond*
4 EL	*Weißwein (40 ml)*
1 Bund	*Dill*
	gem. Pfeffer

Zubereitungszeit: 30 Minuten

1. Die Fenchelknollen putzen, abspülen, abtropfen lassen, halbieren und in kleine Stücke schneiden.

2. Die Gurke abspülen, abtrocknen, schälen und längs halbieren. Die Gurkenhälfte mit einem Löffel entkernen, dann die Gurkenhälften in Stücke schneiden. Die Zwiebel abziehen, halbieren und fein würfeln.

3. Die Paprikaschote halbieren, entstielen, entkernen und die weißen Scheidewände entfernen. Schotenhälften abspülen, abtropfen lassen und in mundgerechte Stücke schneiden.

4. Das Fischfilet kurz unter fließendem kalten Wasser abspülen und trocken tupfen. Fischfilet in größere Stücke schneiden und mit Salz würzen.

5. Das Olivenöl in einem Wok oder in einer großen Pfanne erhitzen. Das vorbereitete Gemüse und die Olivenscheiben in den Wok oder die Pfanne geben und kurz in dem heißen Fett andünsten. Den Fischfond und den Weißwein hinzugießen. Die Fischstücke auf das Gemüse legen. Den Fisch und das Gemüse zugedeckt bei mittlerer Hitze etwa 10 Minuten garen.

6. In der Zwischenzeit Dill abspülen, trocken tupfen und die Spitzen von den Stängeln zupfen. Die Dillspitzen fein hacken. Das Fischragout mit Salz und Pfeffer abschmecken und mit den Dillspitzen bestreuen.

Fischrouladen I

Zubereitung im Bambusdämpfer (Ø etwa 26 cm)
4 Portionen

Pro Portion: E: 35,8 g, F: 6,0 g, Kh: 10,9 g, kJ: 1030, kcal: 247, BE: 1,0

4 große, runde Reispapierblätter (je Ø 30 cm, je etwa 10 g)
1 gelbe Paprikaschote (etwa 200 g)
2 Tomaten (etwa 200 g)
10 g Knoblauchbutter
450 g aufgetauter TK-Blattspinat
Salz
gem. Pfeffer
4 Seelachsfilets (je etwa 160 g)

Außerdem:
4 Stücke Backpapier in der Größe der Fischrouladen

Zubereitungszeit: 30 Minuten

1. Die Reispapierblätter einzeln zwischen feuchten Küchentüchern einweichen.

2. Die Paprikaschote halbieren, entstielen, entkernen und die weißen Scheidewände entfernen. Schotenhälften abspülen, abtropfen lassen und in kleine Würfel schneiden.

3. Die Tomaten abspülen, abtrocknen, vierteln und die Stängelansätze herausschneiden. Tomaten entkernen und ebenfalls in kleine Würfel schneiden.

4. Knoblauchbutter in einer Pfanne zerlassen. Den Blattspinat gut ausdrücken, in der Pfanne andünsten, mit Salz und Pfeffer abschmecken.

5. Die Fischfilets unter fließendem kalten Wasser abspülen, trocken tupfen und mit Salz und Pfeffer bestreuen. Paprika- und Tomatenwürfel mit dem Spinat verrühren.

6. Die Reispapierblätter nebeneinander auf nasse Küchentücher legen.

7. Etwa die Hälfte der Spinatmasse mittig auf den Reisblättern verteilen und je 1 Stück Fischfilet darauflegen. Die restliche Spinatmasse darauf verteilen. Die Reispapierblätter seitlich einschlagen, auf die Füllung klappen und zu Rouladen aufwickeln.

8. Die Fischrouladen mit der Naht nach unten und mit etwas Abstand auf die Backpapierstücke in den Dämpfeinsatz legen. Dabei darauf achten, dass nicht alle Dampfaustrittslöcher bedeckt sind.

9. In einer großen Pfanne oder einem Wok etwa 3 cm hoch Wasser zum Kochen bringen. Den Dämpfeinsatz mit dem Deckel verschließen und in die Pfanne oder den Wok setzen. Die Fischrouladen etwa 15 Minuten dämpfen.

Tipps: Rühren Sie nur zwei Drittel der Tomatenwürfel unter den Spinat und stellen Sie die restlichen Tomatenwürfel zum Garnieren beiseite. Servieren Sie dazu eine schaumige Sauce (Foto). Dafür 2 Eigelb (Größe M) in einer hitzebeständigen Schüssel im Wasserbad mit einem Schneebesen schaumig schlagen. 200 ml Gemüsebrühe in einem dünnen Stahl hinzugießen, dabei ständig weiterschlagen, bis eine cremig-schaumige Sauce entsteht. Die Sauce mit Salz, Pfeffer und 1 Esslöffel Sojasauce abschmecken (zusätzlich pro Portion: E: 2,0 g, F: 3,2 g, Kh: 0,4 g, kJ: 161, kcal: 38, BE: 0,0). Bestreuen Sie die Rouladen mit abgespülten, trocken getupften Kerbelblättchen.

Fischsuppe mit Linsen I

Für Gäste

4 Portionen

Pro Portion: E: 19,3 g, F: 7,7 g, Kh: 11,6 g, kJ: 813, kcal: 194, BE: 1,0

2 kleine Fenchelknollen (je etwa 150 g)
200 g Porree (Lauch)
800 ml Fischfond (aus dem Glas)
50 g rote Linsen
2 Lorbeerblätter
150 g Cocktailtomaten
250 g Lachsfilet
1 Bund Dill
Salz
gem. Pfeffer
1–2 EL Zitronensaft

evtl. einige Dillspitzen

Zubereitungszeit: 30 Minuten

1. Die Fenchelknollen putzen, abspülen, abtropfen lassen und in feine Streifen schneiden. Das Fenchelgrün beiseitelegen.

2. Porree putzen, die Stangen längs halbieren, gründlich waschen und abtropfen lassen. Porree in Streifen schneiden.

3. Den Fischfond in einem Wok zum Kochen bringen. Linsen hinzugeben und aufkochen lassen. Lorbeerblätter, Porree- und Fenchelstreifen hinzufügen. Die Zutaten bei mittlerer Hitze etwa 10 Minuten garen.

4. In der Zwischenzeit die Tomaten abspülen, abtrocknen, halbieren und evtl. die Stängelansätze herausschneiden. Lachsfilet unter fließendem kalten Wasser abspülen, trocken tupfen und in Würfel schneiden. Dill abspülen, trocken tupfen und die Spitzen von den Stängeln zupfen. Die Dillspitzen klein schneiden.

5. Beiseitegelegtes Fenchelgrün in Streifen schneiden. Tomatenhälften, Dill, Lachswürfel und Fenchelgrünstreifen in die Suppe geben und alles kurz aufkochen lassen. Die Zutaten etwa 4 Minuten gar ziehen lassen. Die Lorbeerblätter entfernen.

6. Suppe mit Salz, Pfeffer und Zitronensaft würzen und nach Belieben mit Dillspitzen bestreut servieren.

Tipp: Sie können auch TK-Lachsfilet verwenden. Dann das Lachsfilet etwa 1 Stunde vor der Zubereitung antauen lassen.

Forelle blau | Klassisch – mit Alkohol

4 Portionen

Pro Portion: E: 27,6 g, F: 6,5 g, Kh: 1,0 g, kJ: 747, kcal: 178, BE: 0,0

4 küchenfertige Forellen (je etwa 200 g)
1 Zwiebel (etwa 65 g)
375 ml Weißwein
750 ml Salzwasser
5 EL Speiseessig
1 Lorbeerblatt
5 Pfefferkörner
4–5 Wacholderbeeren

3–4 Stängel glatte Petersilie
1–2 Bio-Zitronen (unbehandelt, ungewachst)
1 EL Olivenöl (10 g)

Zubereitungszeit: 30 Minuten

1. Die Forellen von innen und außen unter fließendem kalten Wasser abspülen und trocken tupfen. Zwiebel abziehen und in Viertel schneiden.

2. Weißwein mit Salzwasser, Zwiebelvierteln, Essig, Lorbeerblatt, Pfefferkörnern und Wacholderbeeren in einem großen Topf zum Kochen bringen. Mischung 2–3 Minuten kochen lassen.

3. Die Forellen in den siedenden Sud geben, alles wieder zum Kochen bringen. Die Forellen bei mittlerer Hitze zugedeckt in 15–20 Minuten gar ziehen lassen.

4. In der Zwischenzeit die Petersilie abspülen, trocken tupfen und die Blättchen von den Stängeln zupfen. Die Zitrone bzw. Zitronen heiß abwaschen, abtrocknen und in dünne Scheiben schneiden.

5. Die garen Forellen aus dem Sud nehmen, abtropfen lassen und auf Tellern anrichten. Die Forellen mit etwas Olivenöl beträufeln und mit Petersilienblättchen und Zitronenscheiben garniert servieren.

Beilagen: Während die Forellen gar ziehen, haben Sie noch Zeit, einen leckeren **Schnittlauchjoghurt** als Beilage zuzubereiten. Dafür 1 Bund Schnittlauch abspülen, trocken tupfen und in feine Röllchen schneiden. 300 g Joghurt (1,5 % Fett) mit den Schnittlauchröllchen verrühren. Schnittlauchjoghurt mit gemahlenem Pfeffer und Salz abschmecken (zusätzlich pro Portion: E: 2,8 g, F: 1,2 g, Kh: 3,4 g, kJ: 160, kcal: 38, BE: 0,5). Als klassische Beilage bereiten Sie aus 750 g Kartoffeln (Rohgewicht, ungeschält) und 1 Teelöffel Salz Salzkartoffeln zu (zusätzlich pro Portion: E: 3,1 g, F: 0,2 g, Kh: 22,2 g, kJ: 447, kcal: 107, BE: 2,0).

Forellen aus dem Backofen I

Einfach – mit Alkohol

4 Portionen

Pro Portion: E: 42,1 g, F: 7,8 g, Kh: 2,4 g, kJ: 1290, kcal: 307, BE: 0,1

4 küchenfertige Bio-Forellen (je etwa 300 g)
Salz
gem. Pfeffer
2 Bio-Limetten (unbehandelt, ungewachst)
4 große Schalotten
je 1 Bund Dill, glatte Petersilie und Kerbel
300 ml trockener Weißwein, z. B. Riesling

Nach Belieben:

1–2 Bio-Limetten (unbehandelt, ungewachst)

Zubereitungszeit: 25 Minuten
Garzeit: etwa 30 Minuten

1. Den Backofen vorheizen.
Ober-/Unterhitze: etwa 200 °C
Heißluft: etwa 180 °C

2. Die Forellen innen und außen unter fließendem kalten Wasser abspülen und trocken tupfen. Forellen von innen und außen mit Salz und Pfeffer einreiben.

3. Die Limetten heiß abwaschen, abtrocknen und in Stücke schneiden. Schalotten abziehen, halbieren und in feine Ringe schneiden.

4. Die Schalottenringe in einem tiefen Backblech oder einer Fettpfanne (mit 1 Teelöffel Speiseöl [5 g] gefettet) verteilen.

5. Dill, Petersilie und Kerbel abspülen und tropfnass auf die Schalottenringe legen. Die Limettenstücke in die Bauchhöhlen der Forellen stecken. Die Forellen nebeneinander auf die Kräuter legen, den Weißwein hinzugießen.

6. Das Backblech oder die Fettpfanne in den vorgeheizten Backofen (mittlere Schiene) schieben. Die Forellen **etwa 30 Minuten garen,** dabei evtl. 1–2-mal mit dem Weinsud begießen.

7. Vor dem Servieren evtl. die Limetten heiß abwaschen, abtrocknen und in Scheiben schneiden.

8. Die Forellen vorsichtig auf Teller gleiten lassen und die Limettenscheiben dazu servieren.

Friséesalat mit Jakobsmuscheln und Himbeeren I

Etwas Besonderes

4 Portionen

Pro Portion: E: 7,1 g, F: 10,2 g, Kh: 7,9 g, kJ: 649, kcal: 155, BE: 0,5

1 kleiner Friséesalat (etwa 300 g)

Für die Marinade:

2 EL Himbeeressig (20 g)
1 EL flüssiger Honig (10 g)
3–4 EL mildes Olivenöl (30–40 g)
Salz
gem. Pfeffer
125 g Himbeeren

Für den Salat:

8 küchenfertige, große Jakobsmuschelkerne mit Rogen (je etwa 25 g)
1–2 EL Olivenöl (10–20 g)
1 EL Butter (10 g)
1 Bio-Zitrone (unbehandelt, ungewachst)

Zubereitungszeit: 30 Minuten

1. Den Salat putzen, abspülen, gut abtropfen lassen oder trocken schleudern.

2. Für die Marinade den Himbeeressig mit dem Honig gut verrühren, dann das Olivenöl unterschlagen. Die Marinade mit Salz und Pfeffer würzen.

3. Die Himbeeren verlesen, evtl. kurz abspülen und sehr gut abtropfen lassen. Die Hälfte der Himbeeren mit einem Schneebesen unter die Marinade rühren.

4. Für den Salat Rogen vorsichtig von den Muschelkernen separieren (absondern).

5. Das Olivenöl in einer Pfanne erhitzen. Die Jakobsmuschelkerne darin unter mehrmaligem Wenden etwa 3 Minuten scharf anbraten.

6. Anschließend die Butter und die Rogen hinzugeben und etwa 2 Minuten mitbraten lassen. Die Zutaten mit Salz und Pfeffer würzen.

7. Die Zitrone heiß abwaschen und abtrocknen. Die Schale fein abreiben.

8. Den Friséesalat mit der Marinade gut vermischen und auf einer großen Platte oder 4 Portionstellern anrichten. Muschelkerne und Rogen dekorativ um den Salat verteilen. Den Salat mit den restlichen Himbeeren und der abgeriebenen Zitronenschale garniert servieren.

Beilage: Reichen Sie 250 g Baguette dazu (zusätzlich pro Portion: E: 4,6 g, F: 0,8 g, Kh: 31,7 g, kJ: 649, kcal: 155, BE: 2,5).

Fruchtgrütze I

Süßer Genuss

4 Portionen

Pro Portion: E: 2,5 g, F: 0,4 g, Kh: 19,3 g, kJ: 440, kcal: 104, BE: 1,5

300 g Pfirsiche
250 g Himbeeren
15 g Speisestärke
400 ml schwarzer Johannisbeersaft
1/2 Zimtstange
1 Gewürznelke

Zubereitungszeit: 30 Minuten

1. Die Pfirsiche gut abspülen, halbieren, entsteinen und in kleine Stücke schneiden.

2. Frische Himbeeren verlesen, evtl. kurz abspülen und gut abtropfen lassen.

3. Die Speisestärke mit 2–3 Esslöffeln von dem Johannisbeersaft glatt rühren. Restlichen Saft mit den Gewürzen in einen Topf geben und zum Kochen bringen. Angerührte Speisestärke in den von der Kochstelle genommenen Saft rühren. Saft anschließend unter Rühren nochmals aufkochen lassen.

4. Topf von der Kochstelle nehmen, die Zimtstange und die Nelke entfernen. Die vorbereiteten Früchte unter den angedickten Saft rühren. Die Fruchtgrütze abkühlen lassen und bis zum Verzehr zugedeckt in den Kühlschrank stellen.

Tipps: Wenn Sie die Pfirsiche ohne Schale verarbeiten möchten, schneiden Sie diese kreuzweise ein und übergießen sie mit kochendem Wasser. Nach 1–2 Minuten mit kaltem Wasser abschrecken. Die Pfirsiche enthäuten und wie unter Punkt 1 beschrieben weiterverarbeiten. Verwenden Sie möglichst reife Früchte, sodass Sie keinen zusätzlichen Zucker benötigen. Falls Ihnen die Grütze nicht süß genug ist, schmecken Sie sie zusätzlich mit etwa 1–2 Teelöffeln (15 g) ab (zusätzlich pro Portion: E: 0,0 g, F: 0,0 g, Kh: 3,7 g, kJ: 63, kcal: 15, BE: 0,5). Je nach Geschmack und Jahreszeit können die Obstsorten nach Belieben variiert werden.

Fruchtige Knusperscheiben

Für zwischendurch

10 Stück

Pro Stück: E: 4,8 g, F: 1,1 g, Kh: 10,5 g, kJ: 307, kcal: 73, BE: 1,0

200 g körniger Frischkäse
125 g Magerquark
30 g flüssiger Honig
10 Erdbeeren (etwa 80 g)
10 grüne, kernlose Weinrauben (etwa 30 g)
10 blaue, kernlose Weintrauben (etwa 30 g)
10 Physalis (Kapstachelbeeren, etwa 50 g)
10 Maiswaffel-Scheiben

Zum Garnieren:
1 Stängel Zitronenmelisse

Zubereitungszeit: 20 Minuten

1. Den Frischkäse mit dem Quark und dem Honig in einer Schüssel gut verrühren. Erdbeeren und Weintrauben abspülen, gut abtropfen lassen, entstielen und halbieren. Physalis aus der Hülle lösen. Die Früchte vorsichtig abspülen und trocken tupfen.

2. Jeweils in die Mitte jeder Maiswaffel-Scheibe einen Klecks der Frischkäse-Quark-Masse geben. 1 Physalis auf jeden Klecks setzen. Jeweils 2 Erbeer- sowie grüne und blaue Weintraubenhälften dekorativ an den Frischkäse-Quark legen.

3. Zitronenmelisse abspülen, trocken tupfen und die Blättchen von den Stängeln zupfen. Die Blättchen fein schneiden. Die Maiswaffel-Scheiben mit den Zitronenmelissestreifen garniert servieren.

Tipp: Die belegten Maiswaffel-Scheiben bleiben bis zu 2 Stunden knusprig.

Fruchtige Sommertarte

Klassisch

16 Stücke

Pro Stück: E: 3,3 g, F: 8,8 g, Kh: 24,0 g, kJ: 798, kcal: 191, BE: 2,0

Für den Knetteig:

200 g	*Weizenmehl*
1 Msp.	*Dr. Oetker Backin*
100 g	*Butter oder Margarine*
1	*Ei (Größe M)*
50 g	*Zucker*
1 Prise	*Salz*

Für die Vanillecreme:

½	*Vanilleschote*
125 ml	*Milch (3,5 % Fett)*
100 g	*Crème fraîche*
2	*Eier (Größe M)*
60 g	*Zucker*
3–4 Tropfen	*Orangenblütenwasser (erhältlich in der Apotheke)*
einige	*getrocknete Hülsenfrüchte zum Blindbacken*

Für den Belag:

350 g	*abgetropfte Sauerkirschen (aus dem Glas)*
250 g	*abgetropfte Aprikosenhälften (aus der Dose)*

Zubereitungszeit: 40 Minuten, ohne Abkühlzeit
Backzeit: etwa 40 Minuten

1. Für den Teig Mehl mit Backpulver in einer Rührschüssel mischen. Restliche Zutaten hinzufügen und mit einem Mixer (Knethaken) zunächst kurz auf niedrigster, dann auf höchster Stufe gut durcharbeiten.

2. Anschließend auf einer leicht bemehlten Arbeitsfläche zu einem glatten Teig verkneten. Den Teig in Frischhaltefolie gewickelt in den Kühlschrank legen.

3. Für die Vanillecreme in der Zwischenzeit die Vanilleschote längs aufschneiden und das Mark herausschaben. Milch, Vanilleschote und -mark in einen Topf geben und zum Kochen bringen. Den Topf von der Kochstelle nehmen. Die Vanilleschote entfernen und die Crème fraîche unterrühren.

4. Eier und Zucker in einer Rührschüssel mit dem Mixer (Rührstäbe) kurz verrühren. Die heiße Crème-fraîche-Vanille-Milch unter Rühren hinzugeben.

5. Die Vanillecreme erkalten lassen, dabei ab und zu umrühren. Das Orangenblütenwasser unterrühren.

6. Den Backofen vorheizen.
Ober-/Unterhitze: etwa 200 °C
Heißluft: etwa 180 °C

7. Den Teig auf der leicht bemehlten Arbeitsfläche zu einer runden Platte (Ø etwa 30 cm) ausrollen.

8. Die Teigplatte in eine Tarte- oder Pieform (Ø 28 cm, gefettet) legen, den Rand andrücken.

9. Den Teigboden mit einer Gabel mehrmals einstechen, dann mit Backpapier belegen und mit Hülsenfrüchten bedecken.

10. Die Form auf dem Rost in den vorgeheizten Backofen schieben. Den Knetteigboden **etwa 10 Minuten vorbacken.**

11. Das Backpapier mit den Hülsenfrüchten entfernen und den Knetteigboden **bei gleicher Backofentemperatur weitere etwa 5 Minuten vorbacken.**

12. Die Form auf einen Kuchenrost stellen. Den Knetteigboden etwas abkühlen lassen.

13. Die Kirschen und die Aprikosenhälften auf den vorgebackenen Boden legen. Die Vanillecreme darauf verteilen.

14. Die Form wieder auf dem Rost in den heißen Backofen schieben. Die Tarte **bei gleicher Backofentemperatur in etwa 25 Minuten fertig backen.**

15. Die Form auf einen Kuchenrost stellen. Die Tarte erkalten lassen.

Fruchtmilch I

Für zwischendurch

2 Portionen

Pro Portion: E: 9,2 g, F: 4,1 g, Kh: 19,9 g, kJ: 662, kcal: 158, BE: 1,5

100 g Banane
50 g Himbeeren
500 ml kalte Milch (1,5 % Fett)

Zubereitungszeit: 10 Minuten

1. Die Banane schälen und in Stücke schneiden. Himbeeren verlesen, evtl. kurz abspülen und gut abtropfen lassen. Bananenstücke und Himbeeren in einen hohen Rührbecher geben und mit einem Pürierstab pürieren.

2. Nach und nach die gekühlte Milch hinzugießen. Die Zutaten kräftig durchschlagen.

3. Die Fruchtmilch in 2 Gläser füllen und gut gekühlt servieren.

Tipp: Wenn Sie es lieber etwas süßer mögen, geben Sie noch 1 Teelöffel Zucker (5 g) mit in die Milch.

Fruchtsülze | Mit Alkohol

6 Portionen

Pro Portion: E: 1,8 g, F: 0,1 g, Kh: 25,5 g, kJ: 617, kcal: 147, BE: 2,0

1 Apfel (150 g)
1 Orange (150 g)
1 Banane (150 g)
10 g Zucker
1 EL Kirschwasser
1 Pck. Götterspeise Zitronen-Geschmack
250 ml Wasser
100 g Zucker
250 ml Weißwein

Zubereitungszeit: 20 Minuten, ohne Kühlzeit

1. Apfel schälen, halbieren, entkernen und in dünne Scheiben schneiden. Die Orange so schälen, dass die weiße Haut mitentfernt wird. Orange filetieren und in Stücke schneiden. Banane schälen und in Scheiben schneiden. Das vorbereitete Obst mit Zucker und Kirschwasser mischen und in 6 Schälchen verteilen.

2. Die Götterspeise mit 250 ml Wasser und Zucker nach Packungsanleitung zubereiten. Götterspeise abkühlen lassen, dann den Wein unterrühren. Die Obstschälchen mit der Götterspeise füllen, sodass das Obst bedeckt ist.

3. Die Fruchtsülze mehrere Stunden – am besten über Nacht – zugedeckt in den Kühlschrank stellen, bis die Götterspeise fest geworden ist.

Tipps: Zum Servieren 1 Becher (250 ml) Bourbon-Vanille-Sauce (aus dem Kühlregal, 0,1 % Fett) in 6 Portionen teilen und diese auf den 6 Fruchtsülzen verteilen (zusätzlich pro Portion: E: 1,5 g, F: 0,0 g, Kh: 3,5 g, kJ: 93, kcal: 22, BE: 0,5). Die Fruchtsülzen mit abgespülten, trocken getupften Zitronenmelisseblättchen garnieren. Wenn Sie auf Alkohol verzichten möchten, ersetzen Sie den Weißwein durch Apfelsaft.

Gebratene Garnelen I

Einfach

4 Portionen

Pro Portion: E: 19,3 g, F: 9,1 g, Kh: 2,9 g, kJ: 715, kcal: 171, BE: 0,0

400 g	*TK-Garnelen (geschält, entdarmt)*
je 100 g	*rote und gelbe Cocktailtomaten*
1 Bund	*glatte Petersilie*
4	*Knoblauchzehen*
2–3 EL	*Olivenöl (30 g)*
	Salz
	gem. Pfeffer

Zubereitungszeit: 30 Minuten, ohne Auftauzeit

1. Die Garnelen nach Packungsanleitung auftauen lassen. Garnelen abspülen und gut abtropfen lassen.

2. Die Tomaten abspülen, abtrocknen, vierteln, entkernen und die Stängelansätze herausschneiden. Die Petersilie abspülen, trocken tupfen und die Blättchen von den Stängeln zupfen. Einige Blättchen zum Garnieren beiseitelegen. Die restlichen Blättchen fein hacken.

3. Den Knoblauch abziehen und durch eine Knoblauchpresse drücken oder sehr fein hacken. Das Olivenöl in einer Pfanne erhitzen. Die Knoblauchwürfel und die Garnelen hinzugeben und darin anbraten. Dann die Tomatenviertel und die fein gehackte Petersilie unterrühren. Die Garnelen mit Salz und Pfeffer würzen.

4. Die gebratenen Garnelen mit den beiseitegelegten Petersilienblättchen bestreut servieren.

Beilage: Servieren Sie dazu 250 g ofenfrisches Ciabatta (zusätzlich pro Portion: E: 6,3 g, F: 0,6 g, Kh: 32,5 g, kJ: 682, kcal: 161, BE: 2,5).

Gebratener Spargel mit Möhren I

Einfach – raffiniert

4 Portionen

Pro Portion: E: 5,9 g, F: 6,7 g, Kh: 10,7 g, kJ: 539, kcal: 128, BE: 0,5

etwa 700 g geschälter, weißer Spargel (dünne Stangen)
250 g Möhren
½ Bund glatte Petersilie
2 große Tomaten (etwa 240 g)
2 EL Speiseöl (20 g)
2 EL Sojasauce
2 EL süße Sojasauce
Salz, gem. Pfeffer
1 EL Sesamsamen, geschält (10 g)

Zubereitungszeit: 30 Minuten

1. Die Spargelstangen abspülen und gut abtropfen lassen. Spargelstangen schräg in etwa 4 cm längliche, dünne Scheiben schneiden.

2. Möhren putzen, schälen, abspülen und abtropfen lassen. Die Möhren genau wie den Spargel schräg in längliche, dünne Scheiben schneiden.

3. Die Petersilie abspülen, trocken tupfen und die Blättchen von den Stängeln zupfen. Petersilienblättchen in Streifen schneiden.

4. Die Tomaten kreuzweise einschneiden und mit kochendem Wasser übergießen. Nach 1–2 Minuten herausnehmen und mit kaltem Wasser abschrecken. Tomaten enthäuten, in Viertel schneiden und die Stängelansätze herausschneiden. Die Tomatenviertel entkernen. Das Fruchtfleisch in kleine Würfel schneiden.

5. Speiseöl in einem Wok oder in einer großen Pfanne erhitzen. Die Spargel- und Möhrenscheiben darin portionsweise in jeweils 5–6 Minuten unter Rühren bissfest braten.

6. Das gesamte Gemüse wieder in den Wok bzw. die Pfanne geben und mit beiden Sojasaucen, Salz und Pfeffer würzen.

7. Tomatenwürfel, Sesamsamen und Petersilienstreifen unterheben. Alles nochmals erhitzen, dann das Gemüse servieren.

Tipp: Rösten Sie die Sesamsamen in einer Pfanne ohne Fett unter Wenden an, bevor Sie sie unter das Gemüse rühren. So schmecken die Samen intensiver.

Gegrilltes Gemüse mit Schafskäse | Gut vorzubereiten

4 Portionen

Pro Portion: E: 5,7 g, F: 7,6 g, Kh: 4,6 g, kJ: 463, kcal: 111, BE: 0,5

1 rote Paprikaschote (etwa 200 g)
1 kleine Zucchini (etwa 150 g)
100 g Schafskäse (9 % Fett)
100 g Cocktailtomaten
1 Stängel Rosmarin
Saft von
1/2 Zitrone
2 EL Olivenöl (20 g)
etwa 4 Msp. Meersalz
gem. Pfeffer

Außerdem:

Alufolie

Zubereitungszeit: 15 Minuten
Grillzeit: 15–20 Minuten

1. Die Paprikaschote halbieren, entstielen, entkernen und die weißen Scheidewände entfernen. Schotenhälften abspülen, abtropfen lassen und in mundgerechte Stücke schneiden. Die Zucchini abspülen, abtrocknen und die Enden abschneiden. Zucchini halbieren und in kleine Würfel schneiden. Den Schafskäse ebenfalls in kleine Würfel schneiden.

2. Cocktailtomaten abspülen, abtrocknen, halbieren und evtl. die Stängelansätze herausschneiden.

3. Rosmarin abspülen, trocken tupfen und die Nadeln von den Stängeln zupfen. Die Nadeln fein hacken.

4. Die Paprikastücke, Zucchini- und Schafskäsewürfel mit den halbierten Tomaten und dem Rosmarin in eine Schüssel geben. Zitronensaft, Olivenöl und Meersalz hinzufügen. Die Zutaten gut vermischen und mit Pfeffer abschmecken.

5. Danach aus Alufolie 8 rechteckige Stücke (je etwa 20 x 15 cm) zurechtschneiden. Jeweils 2 Alufolien aufeinanderlegen und zu einem Aluförmchen formen. Die Gemüsemischung in 4 Portionen teilen und in die Aluförmchen geben.

6. Die Gemüsepäckchen auf den heißen Grill legen und am Rand des Grillrostes 15–20 Minuten grillen.

Beilage: Dazu einfach 250 g frisches Ciabatta (zusätzlich pro Portion: E: 6,3 g, F: 0,6 g, Kh: 32,5 g, kJ: 682, kcal: 161, BE: 2,5) oder 1/2 Fladenbrot (200 g, zusätzlich pro Portion: E: 3,5 g, F: 0,6 g, Kh: 24,0 g, kJ: 492, kcal: 118, BE: 2,0) reichen und der Genuss ist perfekt.

Tipps: Den frischen Rosmarin können Sie durch 1/2–1 Teelöffel getrockneten Rosmarin ersetzen. Statt Meersalz funktioniert natürlich auch „normales" Salz. Sie können die Gemüsepäckchen auch unter dem Backofengrill garen. Dafür den Backofengrill vorheizen und die mit der Gemüsemischung gefüllten Aluförmchen auf dem Rost unter den heißen Backofengrill schieben. Das Gemüse etwa 10 Minuten grillen. Wer es besonders scharf mag, serviert zusätzlich noch kleine Chilischoten zum Gemüse.

Gelbe Linsensuppe mit Joghurt I

Exotisch

2 Portionen

Pro Portion: E: 17,2 g, F: 7,7 g, Kh: 43,8 g, kJ: 1343, kcal: 320, BE: 3,5

½	*kleine Zwiebel (etwa 25 g)*
1	*Knoblauchzehe*
1 EL	*Speiseöl, z. B. Sonnenblumenöl (10 g)*
2 Prisen	*Kreuzkümmel (Cumin)*
2 Prisen	*gem. Koriander*
2 Prisen	*Cayennepfeffer*
100 g	*getrocknete, gelbe oder rote Linsen*
400 ml	*Gemüsebrühe*
140 g	*abgetropfter Gemüsemais (aus der Dose)*
15 g	*Rosinen*
	Salz
	gem. Pfeffer
½ TL	*Zitronen- oder Limettensaft*
75 g	*Joghurt (1,5 % Fett)*

Zubereitungszeit: 30 Minuten

1. Zwiebelhälfte und Knoblauchzehe abziehen und in feine Würfel schneiden. Das Speiseöl in einem Topf erhitzen. Die Zwiebelwürfel darin kurz andünsten. Den Knoblauch dazugeben und kurz mitdünsten. Kreuzkümmel, Koriander und Cayennepfeffer dazugeben und alles gut verrühren.

2. Linsen und Gemüsebrühe zugeben, verrühren und zum Kochen bringen. Die Linsen mit Deckel nach Packungsanleitung etwa 10 Minuten bei schwacher Hitze gar kochen, dabei gelegentlich umrühren.

3. Den Mais mit den Rosinen dazugeben. Die Zutaten gut verrühren. Die Suppe mit Salz, Pfeffer und Zitronen- oder Limettensaft abschmecken.

4. Den Joghurt glatt rühren und in einem Extraschälchen dazureichen.

Tipp: Die Suppe mit Petersilie bestreut servieren. Dazu 2–3 Stängel Petersilie abspülen und trocken tupfen. Die Blättchen von den Stängeln zupfen und fein hacken.

Gemüse-Linsen-Curry mit Dip

Exotisch

4–6 Portionen

Pro Portion: E: 15,9 g, F: 14,0 g, Kh: 38,1 g, kJ: 1447, kcal: 344, BE: 2,6

6 Frühlingszwiebeln (etwa 150 g)
4 Möhren (etwa 400 g)
2 Knoblauchzehen
1 EL Speiseöl, z. B. Sonnenblumenöl (10 g)
225 g TK-Erbsen
160 g rote Linsen
4 TL Currypulver
½–1 TL Cayennepfeffer
1 TL Kreuzkümmel (Cumin)
400 ml fettreduzierte, ungesüßte Kokosmilch (aus der Dose)
Salz
1–2 TL Zitronensaft

Für den Dip:

etwa 3 Stängel Minze
300 g Joghurt (1,5 % Fett)
1 Pck. Dr. Oetker Finesse Geriebene Zitronenschale

Zubereitungszeit: 25 Minuten
Garzeit: 10–15 Minuten

1. Die Frühlingszwiebeln putzen, abspülen, abtropfen lassen und in schräg in Scheiben schneiden. Evtl. einige Frühlingszwiebelscheiben in sehr dünne Scheiben schneiden und zum Garnieren beiseitelegen.

2. Die Möhren putzen, schälen, abspülen, abtropfen lassen und in dünne Scheiben schneiden. Knoblauchzehen abziehen und durch eine Knoblauchpresse drücken oder sehr fein hacken.

3. Speiseöl in einer Pfanne oder einem Topf erhitzen. Frühlingszwiebel- und Möhrenscheiben darin bei mittlerer Hitze unter gelegentlichem Rühren in 2–3 Minuten andünsten.

4. Gefrorene Erbsen mit den Linsen, dem Knoblauch, dem Currypulver, dem Cayennepfeffer und dem Kreuzkümmel hinzugeben und 2–3 Minuten mitdünsten.

5. Die Kokosmilch unterrühren und das Curry aufkochen lassen. Das Curry zugedeckt bei schwacher Hitze 10–15 Minuten garen, dabei gelegentlich umrühren.

6. Für den Dip in der Zwischenzeit die Minze abspülen und trocken tupfen. Die Blättchen von den Stängeln zupfen und in feine Streifen schneiden.

7. Den Joghurt mit der Zitronenschale und den Minzestreifen verrühren, evtl. mit Salz würzen.

8. Das Gemüsecurry mit etwas Salz und Zitronensaft und evtl. nochmals mit den Gewürzen abschmecken. Das Gemüsecurry mit den beiseitegelegten Frühlingszwiebelscheiben bestreut servieren. Den Joghurt-Dip dazureichen.

Tipps: Essen Personen mit, die nicht auf ihre Figur achten, können Sie zusätzlich pro Portion 1 angebratenes Hähnchenbrustfilet (je etwa 150 g) zu dem Curry reichen. Je nach Hersteller variieren die Garzeiten von Linsen leicht. Damit die Linsen nicht zerfallen, beachten Sie bitte auch die Packungsanleitung.

Gemüsepfanne mit Sesam

Vegetarisch

4 Portionen

Pro Portion: E: 11,9 g, F: 13,3 g, Kh: 13,8 g, kJ: 936, kcal: 225, BE: 1,0

50 g Sesamsamen, geschält
400 g Möhren
300 g Porree (Lauch)
200 g Staudensellerie
1 l Wasser
Salz
700 g TK-Brokkoli
2–3 EL Speiseöl, z. B. Olivenöl (20–30 g)
gem. Pfeffer

Zubereitungszeit: 30 Minuten

1. Sesamsamen in einer Pfanne ohne Fett bei schwacher Hitze unter Wenden goldbraun rösten und auf einen Teller geben.

2. Die Möhren putzen, schälen, abspülen, abtropfen lassen und in Stifte schneiden. Porree putzen, die Stangen längs halbieren, gründlich waschen und abtropfen lassen. Porree in Streifen schneiden.

3. Staudensellerie putzen und die harten Außenfäden abziehen. Staudensellerie abspülen, abtropfen lassen und in dünne Scheiben schneiden.

4. Wasser in einem Topf zum Kochen bringen. 1 Teelöffel Salz zufügen und wieder zum Kochen bringen. Die Möhrenstifte, Selleriescheiben und Brokkoliröschen in dem kochenden Salzwasser etwa 5 Minuten blanchieren.

5. Das Gemüse in ein Sieb geben, mit kaltem Wasser abspülen und gut abtropfen lassen.

6. Das Speiseöl in einer großen Pfanne erhitzen. Das gesamte Gemüse zugeben und bei mittlerer Hitze unter ständigem Rühren darin etwa 5 Minuten braten. Gemüse mit Salz und Pfeffer würzen. Die Gemüsepfanne mit Sesam bestreut servieren.

Tipps: Servieren Sie noch Naturreis zu der Gemüsepfanne. Dafür 200 g Reis nach Packungsanleitung zubereiten (zusätzlich pro Portion: E: 3,6 g, F: 1,1 g, Kh: 37,0 g, kJ: 732, kcal: 173, BE: 3,0).

Glasnudelsuppe mit Porree

Asiatisch inspiriert

4 Portionen

Pro Portion: E: 2,4 g, F: 4,5 g, Kh: 34,0 g, kJ: 795, kcal: 190, BE: 2,5

2 Stangen Porree (Lauch, etwa 300 g)
150 g Glasnudeln
20 g Butter
750 ml Gemüsebrühe
½ Bund Zitronenmelisse
3 EL Sojasauce
Saft von
½ Zitrone
Salz, gem., weißer Pfeffer
Cayennepfeffer

Zubereitungszeit: 30 Minuten, ohne Quellzeit

1. Porree putzen, die Stangen längs halbieren, gründlich waschen und abtropfen lassen. Porree in feine Streifen schneiden.

2. Glasnudeln in eine Schüssel geben, mit kochendem Wasser übergießen und 1–2 Minuten ziehen lassen. Die Glasnudeln gut abtropfen lassen und mit einer Küchenschere zerschneiden.

3. Die Butter in einem Wok erhitzen. Die Porreestreifen darin andünsten, dann die Brühe hinzugießen und den Deckel auflegen. Den Porree etwa 5 Minuten bei mittlerer Hitze garen.

4. In der Zwischenzeit die Zitronenmelisse abspülen, trocken tupfen und die Blättchen von den Stängeln zupfen. Einige Blättchen zum Garnieren beiseitelegen. Restliche Blättchen klein schneiden.

5. Glasnudeln, Sojasauce und Zitronensaft zu den Porreestreifen in den Wok geben. Die Suppe aufkochen lassen, mit Salz, Pfeffer und Cayennepfeffer abschmecken.

6. Kurz vor dem Servieren die gehackte Zitronenmelisse unterrühren. Die Suppe mit den beiseitegelegten Zitronenmelisseblättchen garnieren.

Gnocchi mit Tomatensauce I

Klassisch – vegetarisch

6 Portionen

Pro Portion: E: 9,6 g, F: 6,4 g, Kh: 77,4 g, kJ: 1710, kcal: 408, BE: 6,0

1,1 kg frische Gnocchi (aus dem Kühlregal)

Für die Tomatensauce:

2 Zwiebeln (etwa 130 g)
8 Fleischtomaten (etwa 1 kg)
3 EL Olivenöl (30 g)
50 g TK-Italienische Kräuter
400 ml Gemüsebrühe
8 EL Tomatenketchup (etwa 90 g)
Salz
gem. Pfeffer

Zubereitungszeit: 25 Minuten

1. Die Gnocchi nach Packungsanleitung zubereiten. Anschließend die Gnocchi in ein Sieb geben, mit heißem Wasser abspülen, abtropfen lassen und zugedeckt warm stellen.

2. In der Zwischenzeit für die Tomatensauce Zwiebeln abziehen, halbieren und in kleine Würfel schneiden. Fleischtomaten abspülen, abtropfen lassen, halbieren und die Stängelansätze herausschneiden. Die Tomaten in Würfel schneiden.

3. Olivenöl in einer Pfanne erhitzen. Die Zwiebelwürfel darin glasig dünsten. Tomatenwürfel und TK-Kräuter hinzufügen, kurz mitdünsten. Gemüsebrühe hinzugießen und Tomatenketchup unterrühren.

4. Die Tomatensauce unter gelegentlichem Rühren aufkochen, dann 3–4 Minuten bei mittlerer Hitze einkochen lassen. Zum Schluss die Tomatensauce mit Salz und Pfeffer würzen. Gnocchi mit der Tomatensauce servieren.

Grießpudding I

Gut vorzubereiten – für Kinder

4 Portionen

Pro Portion: E: 7,3 g, F: 3,7 g, Kh: 33,9 g, kJ: 838, kcal: 200, BE: 3,0

½ Vanilleschote
500 ml Milch (1,5 % Fett)
75 g Zucker
abgeriebene Schale von
½ Bio-Zitrone (unbehandelt, ungewachst)
50 g Weichweizengrieß
1 Eigelb (Größe M)
1 Eiweiß (Größe M)

Zubereitungszeit: 20 Minuten, ohne Kühlzeit

1. Die Vanilleschote längs aufschneiden und das Mark herausschaben. Die Milch mit Zucker, Zitronenschale, Vanilleschote und -mark in einem Topf zum Kochen bringen. Grieß unter Rühren einstreuen, wieder zum Kochen bringen und etwa 1 Minute unter Rühren kochen lassen.

2. Den Topf von der Kochstelle nehmen und die Vanilleschote entfernen. Das Eigelb zügig unterrühren.

3. Das Eiweiß steif schlagen und unter den heißen Pudding rühren.

4. Den Grießpudding in eine mit kaltem Wasser ausgespülte Puddingform, Schale oder in Portionsförmchen füllen. Den Grießpudding abkühlen lassen und etwa 3 Stunden in den Kühlschrank stellen.

5. Vor dem Servieren den Pudding mit einem Messer vorsichtig vom Rand lösen und auf einen Teller stürzen.

Hinweis: Nur ganz frische Eier verwenden, die nicht älter als 5 Tage sind (Legedatum beachten!). Die fertige Speise im Kühlschrank aufbewahren und innerhalb von 24 Stunden verzehren.

Tipp: Der Grießpudding wird zu einer kleinen Mahlzeit, wenn Sie pro Portion etwa 125 g abgetropfte Aprikosenhälften (aus der Dose) dazu servieren (zusätzlich pro Portion: E: 0,6 g, F: 0,1 g, Kh: 18,9 g, kJ: 354, kcal: 85, BE: 1,5).

Grüner Kartoffelsalat mit Schafskäsesauce I

Zum Sattessen

4 Portionen

Pro Portion: E: 15,6 g, F: 6,5 g, Kh: 45,0 g, kJ: 1292, kcal: 310, BE: 3,0

200 g TK-Brechbohnen
Salz

Für die Schafskäsesauce:

180 g Schafskäse (9 % Fett)
200–225 ml Milch (3,5 % Fett)
1–1 ½ TL mittelscharfer Senf
2–3 EL Zitronensaft
gem. Pfeffer

750 g gegarte, mittelgroße Pellkartoffeln, z. B. vom Vortag
1 kleine Zucchini (etwa 200 g)
1 großes Bund Frühlingszwiebeln (etwa 300 g)
je 1 Bund Petersilie und Schnittlauch

Zubereitungszeit: 30 Minuten, ohne Durchziehzeit

1. Die Bohnen nach Packungsanleitung in Salzwasser garen, in ein Sieb geben, kurz mit kaltem Wasser abschrecken und gut abtropfen lassen. Die Bohnen zum Abkühlen beiseitestellen.

2. Für die Sauce in der Zwischenzeit Schafskäse mit 200 ml Milch in einen hohen Rührbecher geben und mit einem Pürierstab cremig pürieren. Senf, Zitronensaft und evtl. die restliche Milch unterrühren. Das Schafskäse-Dressing mit Pfeffer und evtl. etwas Salz abschmecken.

3. Die Pellkartoffeln pellen, in Scheiben schneiden und unter die Sauce rühren. Den Salat etwa 5 Minuten durchziehen lassen, dabei gelegentlich umrühren.

4. In der Zwischenzeit Zucchini abspülen, abtrocknen und die Enden abschneiden. Zucchini in kleine Würfel schneiden. Frühlingszwiebeln putzen, abspülen, abtropfen lassen und in feine Scheiben schneiden.

5. Abgekühlte Bohnen, Zucchiniwürfel und Frühlingszwiebelscheiben unter den Salat rühren. Den Salat zugedeckt etwa 30 Minuten durchziehen lassen.

6. Petersilie und Schnittlauch abspülen und trocken tupfen. Petersilienblättchen von den Stängeln zupfen und fein hacken. Schnittlauch in kleine Röllchen schneiden. Die Kräuter unter den Salat rühren. Den Salat erneut mit den Gewürzen abschmecken und servieren.

Tipps: Wenn Sie die Bohnen etwas bissfester mögen, gießen Sie sie 1–2 Minuten vor der auf der Packung angegebenen Garzeit ab. Petersilie und Schnittlauch können Sie durch Basilikum ersetzen. Im Sommer schmeckt der Salat mit frischen Bohnen noch mal so gut. Dafür von etwa 250 g Bohnen die Enden abschneiden. Die Bohnen abfädeln, waschen und in Stücke schneiden. Die Bohnenstücke mit 2 Stängeln Bohnenkraut oder ½ Teelöffel gemahlenem Bohnenkraut in kochendem Salzwasser 15–20 Minuten garen. Bohnen abgießen und die Bohnenkrautstängel entfernen. Sonnenblumenkerne passen und schmecken toll zu diesem Salat. Dafür 4 Esslöffel (etwa 40 g) Sonnenblumenkerne in einer Pfanne ohne Fett unter Wenden goldbraun rösten, auf einen Teller geben und abkühlen lassen. Vor dem Servieren die Kerne über dem Salat verteilen (zusätzlich pro Portion: E: 2,6 g, F: 2,6 g, Kh: 3,5 g, kJ: 201, kcal: 48, BE: 0,5).

Rezeptvariante: Für einen **grünen Kartoffelsalat mit Gurke oder Paprika** (4 Portionen) können Sie statt Zucchini auch ½ Salatgurke (etwa 175 g) oder 1 grüne Paprikaschote (etwa 200 g) nehmen. Beides jeweils gewürfelt unterheben.

Gurken-Apfel-Salat I

Mit fruchtiger Note

4 Portionen

Pro Portion: E: 3,1 g, F: 4,5 g, Kh: 16,8 g, kJ: 520, kcal: 124, BE: 1,5

1 Salatgurke (etwa 400 g)
1–2 rote Paprikaschoten (etwa 300 g)
400 g Äpfel, z. B. Jonagold
einige Stängel Dill

Für die Sauce:

3 EL Rotweinessig
3 EL Schlagsahne (30 % Fett, 30 g)
150 g Joghurt (3,5 % Fett)
etwas Zucker
Salz
gem. Pfeffer

Zubereitungszeit: 25 Minuten, ohne Durchziehzeit

1. Die Gurke schälen und die Enden abschneiden. Die Gurke der Länge nach halbieren, vierteln und in Stücke schneiden.

2. Paprikaschoten halbieren, entstielen, entkernen und die weißen Scheidewände entfernen. Schotenhälften abspülen, abtropfen lassen und würfeln.

3. Die Äpfel schälen, vierteln, entkernen und in grobe Würfel schneiden. Dill abspülen, trocken tupfen und die Spitzen von den Stängeln zupfen. Dillspitzen fein hacken.

4. Für die Sauce den Rotweinessig mit Schlagsahne, Joghurt, Zucker, Salz und Pfeffer verrühren.

5. Die vorbereiteten Salatzutaten in einer Schüssel mit der Sauce vermischen. Den Salat zugedeckt kurz durchziehen lassen.

Gurkengemüse

Sommerliche Beilage
4 Portionen

Pro Portion: E: 1,1 g, F: 4,1 g, Kh: 3,3 g, kJ: 233, kcal: 56, BE: 0,0

1 kg Salatgurken
1 1/2 EL Speiseöl, z. B. Sonnenblumenöl (15 g)
Salz
gem. Pfeffer
1 EL gehackte TK-Kräuter, z. B. Dill, Petersilie oder Koriander

Zubereitungszeit: 20 Minuten
Garzeit: etwa 5 Minuten

1. Die Gurken schälen und die Enden abschneiden. Gurken längs halbieren, die Kerne mit einem Löffel herausschaben. Gurkenhälften in etwa 1 cm breite Streifen schneiden.

2. Das Speiseöl in einem Topf erhitzen. Die Gurkenstreifen darin bei schwacher Hitze mit Deckel etwa 5 Minuten gar dünsten, dabei ab und zu umrühren. Das Gurkengemüse mit Salz und Pfeffer würzen. Die Kräuter hinzufügen und unterrühren.

Tipps: Das Gurkengemüse ist eine ideale Beilage für die leichten Frikadellen (Seite 123). Es passt auch gut zu leichten Fischgerichten. Wenn es mal etwas mehr sein darf, rühren Sie zum Schluss noch 2 Esslöffel Crème légère unter die Gurken (zusätzlich pro Portion: E: 0,4 g, F: 1,9 g, Kh: 0,6 g, kJ: 88, kcal: 21, BE: 0,0). Verwenden Sie im Spätsommer Schmorgurken anstelle von Salatgurken, ihr Aroma ist noch intensiver. Schneiden Sie vor dem Schälen die Gurkenenden ab und probieren Sie sie, denn manche Gurken schmecken bitter.

Gyros im Pita-Brot | Gut gefüllt

6 Stück

Pro Stück: E: 28,7 g, F: 8,0 g, Kh: 42,7 g, kJ: 1508, kcal: 360, BE: 3,5

***400 g** magere Schweineschnitzel (etwa 3 dünne Schnitzel)*
***3 EL** Olivenöl (30 g)*
***1 ½ EL** Gyros-Gewürzmischung*
***2** Zwiebeln (etwa 130 g)*
***4** kleine Tomaten (etwa 250 g)*
***250 g** Weißkohl*

Für die Knoblauchsauce:
***250 g** Magerquark*
***250 g** Joghurt (1,5 % Fett)*
***2–3** Knoblauchzehen*
Salz
gem. Pfeffer

***6** Pita-Brottaschen (400 g)*

Zubereitungszeit: 25 Minuten, ohne Marinierzeit

1. Die Schweineschnitzel mit Küchenpapier trocken tupfen. Das Fleisch in dünne Streifen schneiden.

2. Das Olivenöl mit der Gyros-Gewürzmischung verrühren und die Fleischstreifen darin etwa 20 Minuten marinieren lassen. Dabei die Fleischstreifen zwischendurch 2–3-mal wenden.

3. In der Zwischenzeit die Zwiebeln abziehen und in dünne Ringe schneiden. Tomaten abspülen, abtrocknen, halbieren und die Stängelansätze entfernen. Die Tomaten in dünne Scheiben schneiden.

4. Vom Weißkohl die äußeren Blätter entfernen. Den Kohl vierteln und in feine Streifen schneiden. Die Kohlstreifen waschen, gut abtropfen lassen oder trocken schleudern. Kohlstreifen mit Zwiebelringen und Tomatenscheiben mischen.

5. Eine große Pfanne erhitzen. Das marinierte Gyrosfleisch mit dem Würzöl in die Pfanne geben und darin unter gelegentlichem Wenden bei mittlerer bis starker Hitze in 8–10 Minuten braun anbraten.

6. Für die Knoblauchsauce in der Zwischenzeit den Quark mit dem Joghurt in einer Schüssel glatt rühren. Den Knoblauch abziehen und durch eine Knoblauchpresse drücken oder sehr fein hacken. Den Knoblauch unter den Joghurtquark rühren. Die Knoblauchsauce mit Salz und Pfeffer abschmecken.

7. Die Pita-Brottaschen im Toaster nach Packungsanleitung toasten.

8. Die Brottaschen mit dem Gyros, dem vorbereiteten Gemüse und der Knoblauchsauce füllen. Die gefüllten Brottaschen sofort servieren.

Tipps: Wenn Sie die gefüllten Brottaschen mit zur Arbeit nehmen möchten, dann die Füllung getrennt vom Brot verpacken und nach Möglichkeit das Brot frisch toasten. Sie können den Weißkohl durch die gleiche Menge Eisbergsalat ersetzen. Weißkohl ist für einige Menschen besser bekömmlich, wenn Sie die Kohlstreifen mit gut ½ Teelöffel Salz gut verkneten und etwa 1 Stunde durchziehen lassen. Anschließend die entstandene Flüssigkeit abgießen und den Kohl weiter verarbeiten. Wenn Sie es nicht ganz so knoblauchlastig mögen, nehmen Sie nur 1 Knoblauchzehe für die Sauce.

Rezeptvariante: Für **vegetarische Pita-Brottaschen** (6 Stück, im Foto hinten) das Schweinefleisch komplett weglassen. Dafür zusätzlich je 1 grüne und gelbe Paprikaschote (je etwa 200 g) halbieren, entstielen, entkernen und die weißen Scheidewände entfernen. Schotenhälften abspülen, abtropfen lassen und in dünne Streifen schneiden. In einer großen Pfanne 1 ½ Esslöffel Olivenöl erhitzen. Die Paprikastreifen und die Hälfte der Zwiebelringe mit etwa ½ Esslöffel Gyros-Gewürzmischung darin unter gelegentlichem Rühren bei mittlerer bis großer Hitze in 3–4 Minuten bissfest garen. Die Zutaten kurz abkühlen lassen und mit dem vorbereiteten Gemüse (restliche Zwiebelringe, Tomatenscheiben und Salatstreifen) vermischen. Die getoasteten Pita-Brottaschen mit Gemüse und der Knoblauchsauce füllen (dann pro Stück: E: 14,3 g, F: 4,4 g, Kh: 43,5 g, kJ: 1145, kcal: 274, BE: 3,5).

Haferbrei | Klassisch

4 Portionen

Pro Portion: E: 13,3 g, F: 2,4 g, Kh: 36,8 g, kJ: 947, kcal: 226, BE: 3,0

1 l Milch (0,3 % Fett)
1 Stück Bio-Zitronenschale (unbehandelt, ungewachst, etwa 8 cm lang)
100 g zarte oder kernige Haferflocken
1 Prise Salz
30 g Zucker
1 Pck. Dr. Oetker Vanillin-Zucker

Zubereitungszeit: 15 Minuten

1. Die Milch mit dem heiß abgewaschenen und trocken getupften Stück Zitronenschale in einen Kochtopf geben. Die Milch zum Kochen bringen.

2. Die Haferflocken und 1 Prise Salz unter die Milch rühren.

3. Die Zutaten einmal kurz aufkochen lassen und ohne Deckel etwa 10 Minuten bei schwacher Hitze quellen lassen, dabei gelegentlich umrühren.

4. Die Zitronenschale entfernen und den Zucker und den Vanillin-Zucker unter den Haferbrei rühren.

Tipps: Wer es weniger süß mag, kann gern auf den Zucker verzichten und den Haferbrei nur mit dem Vanillin-Zucker abschmecken. Statt der frischen Zitronenschale können Sie auch 1/2 Päckchen Dr. Oetker Finesse Geriebene Zitronenschale in die Milch geben. Wenn Sie lieber Milch mit 1,5 % Fettgehalt verwenden möchten, ergeben sich folgende Nährwerte pro Portion: E: 11,6 g, F: 5,7 g, Kh: 36,3 g, kJ: 1029, kcal: 246, BE: 3,0.

Beilagen: Sie können den Haferbrei mit insgesamt 300 g frischem, vorbereitetem Obst (z. B. Ananas, Bananen, Birnen, Erdbeeren, Himbeeren, Pflaumen oder Weintrauben) aufpeppen. Lecker schmeckt der Brei auch, wenn Sie 300 g Äpfel abspülen, abtrocknen, vierteln, entkernen und in kleine Würfel schneiden. Danach die Apfelwürfel unter den Haferbrei rühren (zusätzlich pro Portion: E: 0,2 g, F: 0,0 g, Kh: 9,9 g, kJ: 176, kcal: 42, BE: 1,0). Sie können auch Trockenobst klein schneiden und unter den Brei rühren. Da getrocknetes Obst kalorienreicher ist, sollten Sie hier jedoch nur etwa 75 g für 4 Portionen verwenden (zusätzlich pro Portion bei getrockneten Aprikosen: E: 0,9 g, F: 0,1 g, Kh: 9,0 g, kJ: 187, kcal: 45, BE: 0,5).

Hähnchenbrust mit Wirsinggemüse I

Einfach

4 Portionen

Pro Portion: E: 34,8 g, F: 8,4 g, Kh: 7,7 g, kJ: 1045, kcal: 250, BE: 0,0

½ Kopf Wirsing (etwa 500 g)
1 Zwiebel (etwa 65 g)
1 gelbe Zucchini (etwa 375 g)
4 Tomaten (etwa 400 g)
2 EL Olivenöl (20 g)
500 g Hähnchenbrustfilet
Salz
gem. Pfeffer
2 EL Olivenöl (20 g)
1 TL gekörnte Gemüsebrühe
1 EL TK-Kräutermischung

Zubereitungszeit: 30 Minuten

1. Von der Wirsinghälfte die welken Blätter entfernen. Den Strunk abschneiden. Wirsing abspülen, abtropfen lassen und in feine Streifen schneiden. Die Zwiebel abziehen, halbieren und in kleine Würfel schneiden. Die Zucchini abspülen, abtrocknen und die Enden abschneiden. Die Zucchini in dünne Scheiben schneiden.

2. Tomaten kreuzweise einschneiden und mit kochendem Wasser übergießen. Nach 1–2 Minuten herausnehmen und mit kaltem Wasser abschrecken. Tomaten enthäuten, halbieren und die Stängelansätze herausschneiden. Tomatenhälften in Streifen schneiden.

3. Olivenöl in einem großen Topf erhitzen, Zwiebelwürfel darin andünsten. Wirsingstreifen hinzufügen und unter gelegentlichem Rühren 10–12 Minuten dünsten lassen.

4. In der Zwischenzeit Hähnchenbrustfilets unter fließendem kalten Wasser abspülen, trocken tupfen, mit Salz und Pfeffer würzen. Das Olivenöl in einer Pfanne erhitzen. Die Hähnchenbrustfilets darin 8–10 Minuten von beiden Seiten braten. Hähnchenbrustfilets herausnehmen und etwas ruhen lassen.

5. Das Wirsinggemüse mit Salz, Pfeffer und Brühe würzen. Die Kräuter unterrühren. Zucchinischeiben und Tomatenstreifen hinzufügen, kurz mitdünsten.

6. Hähnchenbrustfilets in Scheiben schneiden und mit dem Gemüse auf Tellern anrichten.

Beilage: Bereiten Sie dazu aus 750 g Kartoffeln (Rohgewicht, ungeschält) und 1 Teelöffel Salz Salzkartoffeln zu (zusätzlich pro Portion: E: 3,1 g, F: 0,2 g, Kh: 22,2 g, kJ: 447, kcal: 107, BE: 2,0).

Hähnchenbrustfilet in Joghurt-Marinade I

Vom Grill – mit Alkohol

8 Portionen

Pro Portion: E: 23,8 g, F: 0,8 g, Kh: 0,5 g, kJ: 446, kcal: 107, BE: 0,0

8 kleine Hähnchenbrustfilets (je etwa 100 g)

Für die Joghurt-Marinade:

150 g Joghurt (1,5 % Fett)
Salz
gem. Pfeffer
gem. Koriander
1 TL Currypulver
2 Knoblauchzehen
2 rote Chilischoten
1 EL Reiswein

Außerdem:

1 große Alu-Grillschale

Zubereitungszeit: 10 Minuten, ohne Marinierzeit
Grillzeit: 15–20 Minuten

1. Die Hähnchenbrustfilets unter fließendem kalten Wasser abspülen und trocken tupfen. Hähnchenbrustfilets in eine flache Schale oder Auflaufform legen.

2. Für die Marinade Joghurt in eine Schüssel geben und mit Salz, Pfeffer, Koriander und Currypulver glatt rühren.

3. Den Knoblauch abziehen und durch eine Knoblauchpresse drücken oder sehr fein hacken. Die Chilischoten halbieren, entstielen, entkernen und die weißen Scheidewände entfernen. Schoten abspülen, abtropfen lassen und in feine Streifen schneiden.

4. Knoblauch, Chilistreifen und Reiswein unter den Joghurt rühren.

5. Die Hähnchenbrustfilets mit der Marinade bestreichen und zugedeckt mindestens 1 Stunde in den Kühlschrank stellen.

6. Die Hähnchenbrustfilets in eine Grillschale legen. Die Grillschale auf den heißen Grill stellen und die Hähnchenbrustfilets unter mehrmaligem Wenden 15–20 Minuten grillen.

Tipps: Das Gericht ist sehr schnell zubereitet, benötigt für einen intensiven Geschmack aber eine längere Marinierzeit. Sie können die Hähnchenbrustfilets auch schon am Abend vor einer Grill-Party zubereiten und über Nacht im Kühlschrank marinieren lassen. Wenn Sie es nicht ganz so scharf mögen, dann nehmen Sie lediglich 1 Chilischote oder lassen die Chilistreifen ganz weg. Statt Hähnchenbrustfilet können Sie die gleiche Menge Putenbrustfilet verwenden. Wenn Sie keinen Reiswein im Haus haben, nehmen Sie stattdessen einen trocknen Weißwein (z. B. Riesling). Noch schneller geht es, wenn Sie den Joghurt anstatt mit Salz, Pfeffer Koriander, Currypulver und Knoblauch nur mit einer fertigen Gewürzmischung für Geflügel (aus dem Gewürzregal) abschmecken. Eine indische Note bekommen die Hähnchen, wenn Sie den Joghurt mit einer Tandoori-Gewürzmischung verrühren. Außerhalb der Grillsaison bereiten Sie das Gericht einfach im Backofen zu. Dafür die Hähnchenbrustfilets dann wie beschrieben marinieren und den Backofengrill gut vorheizen. Die Hähnchenbrustfilets auf ein großes Stück Alufolie (leicht gefettet) oder in eine hitze- bzw. grillbeständige Auflaufform legen (leicht gefettet) und danach auf dem Rost unter dem heißen Backofengrill 15–20 Minuten grillen. Dabei nach der Hälfte der Grillzeit einmal wenden.

Hähnchenspieße mit Pflaumen-Sesam-Dip I

Thailändisch inspiriert

4 Portionen

Pro Portion: E: 38,0 g, F: 5,3 g, Kh: 13,3 g, kJ: 1068, kcal: 255, BE: 1,0

12	*Hähnchen-Innenbrustfilet-Streifen (etwa 600 g)*
	Salz
	gem. Pfeffer
7 EL	*Sojasauce*
2 Stangen	*Porree (Lauch, je etwa 200 g)*
30 g	*frischer Ingwer*
3 EL	*Sesamöl (30 g)*
4–5 EL	*Orangensaft*
2 EL	*Pflaumenmus (75 g)*
2 gestr. TL	*Sesamsamen (etwa 5 g)*

Außerdem:

16	*Schaschlikspieße*

Zubereitungszeit: 25 Minuten, ohne Marinierzeit

1. Das Hähnchenfleisch unter fließendem kaltem Wasser abspülen, trocken tupfen und mit etwas Salz und Pfeffer würzen. Jeden Hähnchenstreifen in 4 Stücke teilen und in einer Schüssel mit 6 Esslöffeln von der Sojasauce verrühren. Das Hähnchenfleisch darin etwa 20 Minuten marinieren lassen, dabei zwischendurch 2–3-mal wenden.

2. Porree putzen, die Stangen längs halbieren, gründlich waschen und abtropfen lassen. Den Porree in etwa 5 cm breite Stücke schneiden. Die Porreestücke in die einzelnen Schichten teilen. Den Ingwer schälen und in dünne Scheiben schneiden.

3. Die Hähnchenstücke aus der Marinade nehmen und abwechselnd mit den Porreestücken und den Ingwerscheiben auf 16 Schaschlikspieße stecken.

4. Das Sesamöl in einer großen Pfanne erhitzen. Die Hähnchenspieße portionsweise darin von allen Seiten in etwa 8 Minuten bei mittlerer bis starker Hitze goldbraun braten. Die gegarten Hähnchenspieße warm halten.

5. In der Zwischenzeit den Orangensaft mit der restlichen Sojasauce und dem Pflaumenmus glatt rühren. Den Sesamsamen unterrühren.

6. Die Hähnchenspieße auf Tellern anrichten. Etwas von dem Pflaumen-Sesam-Dip über die Spieße geben, den restlichen Dip getrennt dazureichen.

Harzer-Schnittchen

Deftig

10 Stück

Pro Stück: E: 14,5 g, F: 3,1 g, Kh: 16,6 g, kJ: 654, kcal: 156, BE: 1,5

4 rote Zwiebeln (200 g)
6 EL milder Essig, z. B. Weißweinessig
80 g Joghurt-Salatcreme (30 % Fett)
1 TL Kümmelsamen
Salz
gem. Pfeffer
5 große Scheiben Bauernbrot oder Mischbrot (etwa 300 g)
400 g Harzer Käse

Zum Garnieren:

1 TL Kümmelsamen

Zubereitungszeit: 25 Minuten, ohne Abkühlzeit

1. Die Zwiebeln abziehen und halbieren. 1 Zwiebel zunächst in Scheiben schneiden, dann in Ringe teilen und zum Garnieren beiseitelegen. Restliche Zwiebeln in feine Würfel schneiden.

2. Den Essig mit den Zwiebelwürfeln in einem Topf zum Kochen bringen und etwa 3 Minuten köcheln lassen. Den Topf von der Kochstelle nehmen. Die Zwiebel-Essig-Mischung abkühlen lassen.

3. Die Salatcreme mit der Zwiebel-Essig-Mischung verrühren, mit Kümmel, Salz und Pfeffer würzen.

4. Die Brotscheiben halbieren und mit der Zwiebel-Masse bestreichen. Den Käse in 20 dünne Scheiben schneiden. Die Schnittchen mit je 2 Käsescheiben belegen.

5. Zum Garnieren die Schnittchen mit den beiseitegelegten Zwiebelringen belegen und mit dem Kümmelsamen bestreuen.

Heidelbeer-Mohn-Muffins I

Süßer Genuss

12 Stück

Pro Stück: E: 4,2 g, F: 8,9 g, Kh: 34,5 g, kJ: 991, kcal: 237, BE: 3,0

260 g Weizenmehl
150 g brauner Zucker
1 1/2 TL Dr. Oetker Backin
1/2 TL Natron
1 Bio-Orange (unbehandelt, ungewachst – etwa 150 g)
1 Ei (Größe M)
80 ml Speiseöl, z. B. Sonnenblumenöl
200 g Buttermilch
125 g Mohn-Back (backfertige Mohnfüllung)
250 g Heidelbeeren

Außerdem:

12 Muffin-Papierbackförmchen

Zubereitungszeit: 25 Minuten
Backzeit: etwa 25 Minuten

1. Eine Muffinform für 12 Muffins mit Papierbackförmchen auslegen.

2. Den Backofen vorheizen.
Ober-/Unterhitze: etwa 180 °C
Heißluft: etwa 160 °C

3. Das Mehl mit dem braunen Zucker, dem Backpulver und dem Natron in eine Rührschüssel geben und vermischen. Die Orange heiß abwaschen, abtrocknen und die Schale über der Schüssel fein abreiben.

4. In einer anderen Schüssel das Ei, mit dem Speiseöl und der Buttermilch mit einem Schneebesen verquirlen. Die Eiermilch auf die Mehlmischung gießen und mit einem Mixer (Knethaken) gut verkneten. Die Mohnzubereitung unterrühren.

5. Die Heidelbeeren abspülen und sehr gut abtropfen lassen, evtl. mit Küchenpapier trocken tupfen. Heidelbeeren vorsichtig unter den Teig heben.

6. Den Teig in die vorbereiteten Muffinförmchen füllen. Die Muffinform auf dem Rost in den vorgeheizten Backofen schieben. Die Heidelbeer-Mohn-Muffins **etwa 25 Minuten backen.**

7. Die Muffinform auf einen Kuchenrost stellen. Die Muffins etwas abkühlen lassen, dann aus der Form lösen und auf dem Kuchenrost erkalten lassen.

Heidelbeertarte | Einfach

16 Stücke

Pro Stück: E: 3,1 g, F: 8,1 g, Kh: 23,9 g, kJ: 765, kcal: 183, BE: 2,0

Für den All-in-Teig:

250 g Weizenmehl
2 gestr. TL Dr. Oetker Backin
120 g brauner Zucker
1 Pck. Dr. Oetker Bourbon-Vanille-Zucker
1 Prise Salz
1 Pck. Dr. Oetker Finesse Orangenschalen-Aroma
125 g Butter oder Margarine (zimmerwarm)
3 Eier (Größe M)
50 ml Milch (3,5 % Fett)

Für den Belag:

300 g TK-Heidelbeeren oder 250 g abgetropfte Heidelbeeren (aus dem Glas)

Zum Bestreichen:

60 g bittere Orangenmarmelade
1 EL Wasser

Zubereitungszeit: 25 Minuten, ohne Abkühlzeit
Backzeit: etwa 35 Minuten

1. Den Backofen vorheizen.
Ober-/Unterhitze: etwa 180 °C
Heißluft: etwa 160 °C

2. Für den Teig Mehl mit Backpulver in einer Rührschüssel mischen. Restliche Zutaten hinzufügen und mit einem Mixer (Rührstäbe) zunächst kurz auf niedrigster, dann auf höchster Stufe in etwa 2 Minuten zu einem glatten Teig verarbeiten.

3. Den Teig in eine Tarteform (Ø 26–28 cm, gefettet) geben und glatt streichen. Die gefrorenen Heidelbeeren oder die gut abgetropften Heidelbeeren darauf verteilen.

4. Die Form auf dem Rost in den vorgeheizten Backofen schieben. Die Tarte **etwa 35 Minuten backen.**

5. Die Form auf einen Kuchenrost stellen und die Tarte erkalten lassen.

6. Zum Bestreichen die Orangenmarmelade mit dem Wasser unter Rühren kräftig aufkochen lassen. Die Marmelade auf die Beeren streichen und abkühlen lassen.

Himbeer-Dressing | Fruchtig-pikant

4 Portionen

Pro Portion: E: 0,4 g, F: 5,1 g, Kh: 3,2 g, kJ: 261, kcal: 62, BE: 0,5

100 g Himbeeren
½ TL Zucker (etwa 2½ g)
2 EL Balsam-Essig (20 g)
1 TL milder Senf (3 g)
½ TL Dr. Oetker Finesse Orangenschalen-Aroma
Salz
gem. Pfeffer
2 EL Oliven- oder Distelöl (20 g)

Zubereitungszeit: 10 Minuten

1. Die Himbeeren verlesen, evtl. kurz abspülen und vorsichtig trocken tupfen. Die Beeren in einen hohen Rührbecher geben und mit einem Pürierstab pürieren. Oder die Beeren fein zerdrücken und durch ein feines Sieb streichen.

2. Den Zucker mit dem Essig verrühren und so lange rühren, bis der Zucker gelöst ist. Das Himbeerpüree mit Senf und Orangenschalen-Aroma glatt rühren. Das Himbeer-Dressing mit Salz und Pfeffer würzen. Zuletzt das Öl unterschlagen.

Tipps: Dieses Dressing passt zu Blattsalaten, wie z. B. Radicchio, Eichblattsalat, Feldsalat, Chicorée, Lollo rosso oder Batavia. Balsam-Essig ist eine Mischung aus Weinessig und Aceto Balsamico. Das Dressing ist gut verschlossen im Kühlschrank 1–2 Tage haltbar.

Extra-Tipp: Noch aromatischer und feiner wird das Dressing, wenn Sie 1 Esslöffel Himbeergelee statt Zucker verwenden. Das Gelee in einem kleinen Topf kurz erwärmen, Himbeeren untermischen und alles durch ein Sieb streichen (dann pro Portion: E: 0,4 g, F: 5,1 g, Kh: 7,2 g, kJ: 328, kcal: 78, BE: 0,5).

Himbeer-Zitrus-Tarteletts

Sommerlich erfrischend

6 Stück

Pro Stück: E: 3,2 g, F: 5,3 g, Kh: 33,4 g, kJ: 830, kcal: 198, BE: 3,0

Für den Knetteig:

100 g Weizenmehl
1/2 TL Dr. Oetker Backin
40 g Zucker
1 Pck. Dr. Oetker Vanillin-Zucker
1/2 TL Dr. Oetker Finesse Geriebene Zitronenschale
40 g zerlassene, etwas abgekühlte Halbfett-Butter (39 % Fett)
1 1/2 EL kaltes Wasser

einige Hülsenfrüchte zum Blindbacken

Für die Füllung:

25 ml Zitronensaft
175 ml Apfelsaft
20 g Zucker
1 Pck. ungezuckerter Tortenguss, klar
100 g saure Sahne

150 g frische Himbeeren
einige Zitronenmelisseblättchen
1 TL Puderzucker (3 g)

Zubereitungszeit: 30 Minuten, ohne Abkühlzeit
Backzeit: etwa 20 Minuten

1. Für den Teig Mehl mit Backpulver in einer Rührschüssel mischen. Restliche Zutaten hinzufügen und mit einem Mixer (Knethaken) zunächst kurz auf niedrigster, dann auf höchster Stufe gut durcharbeiten. Auf einer leicht bemehlten Arbeitsfläche kurz verkneten.

2. Den Backofen vorheizen.
Ober-/Unterhitze: etwa 200 °C
Heißluft: etwa 180 °C

3. Teig in 6 gleich große Portionen teilen, zu 6 runden Platten (Ø etwa 14 cm) ausrollen. Die Teigplatten in 6 Tartelettförmchen (Ø 8–10 cm, gefettet, bemehlt) legen, dabei den Rand festdrücken. Die Teigböden mehrmals mit einer Gabel einstechen. Je ein Stück Backpapier auf den Teig legen, mit Hülsenfrüchten zum Blindbacken füllen. Die Förmchen auf dem Rost in den vorgeheizten Backofen schieben. Die Tarteletts **etwa 15 Minuten vorbacken.**

4. Die Hülsenfrüchte mit dem Backpapier entfernen und die Förmchen wieder auf dem Rost in den Backofen schieben. Die Tarteletts **bei gleicher Backofentemperatur in etwa 5 Minuten fertig backen.**

5. Die Tarteletts kurz auf einem Kuchenrost abkühlen lassen, dann vorsichtig aus den Förmchen lösen, auf den Kuchenrost stürzen und erkalten lassen.

6. Für die Füllung Zitronensaft mit Apfelsaft, Zucker und Tortengusspulver in einem kleinen Topf verrühren, unter Rühren zum Kochen bringen und etwa 1/2 Minute kochen lassen. Die Creme etwa 1 Minute abkühlen lassen, dann die saure Sahne unterrühren. Die Creme in die Tarteletts geben und erkalten lassen.

7. Zum Garnieren Himbeeren verlesen, evtl. kurz abspülen und trocken tupfen. Die Himbeeren auf die Tarteletts legen. Tarteletts nach Belieben mit abgespülten und trocken getupften Zitronenmelisseblättchen und mit Puderzucker bestäubt servieren.

Hirsesalat, indisch

Zum Sattessen

4 Portionen

Pro Portion: E: 9,2 g, F: 10,0 g, Kh: 42,6 g, kJ: 1266, kcal: 302, BE: 3,5

1	*Schalotte (etwa 25 g)*
1 EL	*Speiseöl, z.B. Sonnenblumenöl (10 g)*
200 g	*Hirse*
etwa 500 ml	*Gemüsebrühe*
200 g	*Zuckerschoten*
	Salz
½	*kleiner Chinakohl (etwa 300 g)*
1	*Kohlrabi (etwa 200 g)*
50 ml	*aufgebrühter, abgekühlter grüner Tee*
2 EL	*Weizenkeimöl (20 g)*
1 ½–2 EL	*Obstessig*
4–5 EL	*Zitronensaft*
etwa ½ TL	*Currypulver*
etwa 1 TL	*gem. Ingwer*
	gem., schwarzer Pfeffer

Zubereitungszeit: 30 Minuten, ohne Abkühl- und Durchziehzeit

1. Die Schalotte abziehen, halbieren und fein hacken. Speiseöl in einem Topf erhitzen. Die Schalottenwürfel darin andünsten. Die Hirse mit etwa 450 ml Gemüsebrühe hinzugeben und nach Packungsanleitung garen. Die gegarte Hirse in eine Salatschüssel geben und zum Abkühlen beiseitestellen.

2. Von den Zuckerschoten die Enden abschneiden, die Schoten evtl. abfädeln. Zuckerschoten abspülen und abtropfen lassen. Zuckerschoten in kochendem Salzwasser in etwa 2 Minuten bissfest garen, abgießen, mit kaltem Wasser abschrecken und abtropfen lassen. Die Zuckerschoten nach Belieben schräg in Stücke schneiden.

3. Chinakohl putzen, halbieren und den Strunk herausschneiden. Chinakohl abspülen, abtropfen lassen und in feine Streifen schneiden. Kohlrabi schälen, abspülen und abtropfen lassen. Den Kohlrabi auf der Haushaltsreibe grob raspeln.

4. Die beiseitegestellte Hirse mit 2 Gabeln etwas auflockern. Zuckerschoten, Chinakohlstreifen und Kohlrabiraspel unterheben.

5. Den Tee mit der restlichen Gemüsebrühe, dem Weizenkeimöl, dem Obstessig, 3 Esslöffeln Zitronensaft, Currypulver und Ingwer verrühren. Sauce mit Salz und Pfeffer würzen.

6. Die Sauce zu den Salatzutaten geben und alles gut vermischen. Den Hirsesalat zugedeckt und kalt gestellt etwa 30 Minuten durchziehen lassen.

7. Vor dem Servieren den Salat nochmals mit Zitronensaft, Currypulver und Ingwer frisch-säuerlich abschmecken.

Tipps: Statt frischer Zuckerschoten können Sie auch TK-Zuckerschoten oder TK-Erbsen verwenden. Diese nach Packungsanleitung in kochendem Salzwasser garen, abgießen, mit kaltem Wasser abspülen und gut abtropfen lassen. Sie können den Salat auch mit der gleichen Menge Amaranth oder Bulgur zubereiten. Beides bekommen Sie im Reformhaus oder in gut sortierten Supermärkten.

Ernährungstipp: Hirse ist fettarm und sorgt für einen optimalen Eiweißgehalt mit vielen Ballaststoffen.

Hirsetopf mit Rosenkohl I

Wintergenuss

4 Portionen

Pro Portion: E: 11,0 g, F: 12,0 g, Kh: 26,2 g, kJ: 1087, kcal: 260, BE: 2,0

3 mittelgroße Möhren (etwa 300 g)
1 mittelgroßer Knollensellerie (350–400 g)
2 EL Butter oder Margarine (20 g)
300 g TK-Rosenkohl
100 g Hirse
750 ml Gemüsebrühe
Salz
gem. Pfeffer

Für das Kräuterpesto:

1 kleines Bund Petersilie
30 g frischer Parmesan
½–1 Knoblauchzehe
1 ½ EL Olivenöl (15 g)

Zubereitungszeit: 25 Minuten

1. Die Möhren putzen, schälen, abspülen und abtropfen lassen. Die Möhren in dünne Scheiben schneiden. Den Sellerie schälen, abspülen und abtropfen lassen. Sellerie in kleine Würfel schneiden.

2. Die Butter oder Margarine in einem Topf erhitzen. Möhrenscheiben und Selleriewürfel darin unter gelegentlichem Rühren bei mittlerer Hitze in etwa 2 Minuten kurz andünsten.

3. Rosenkohl mit Hirse hinzufügen. Die Gemüsebrühe dazugießen, mit etwas Salz und Pfeffer würzen.

4. Die Zutaten zum Kochen bringen und zugedeckt 7–10 Minuten bei schwacher Hitze leicht kochen lassen, bis das Gemüse und die Hirse gar sind.

5. Für das Pesto in der Zwischenzeit Petersilie abspülen, trocken tupfen und die Blättchen von den Stängeln zupfen. Die Blättchen grob hacken.

6. Parmesan grob raspeln. Knoblauch abziehen, durch eine Knoblauchpresse drücken oder sehr fein hacken.

7. Petersilie, Parmesan und Knoblauch mit dem Pürierstab fein pürieren.

8. Das Petersilienpüree in eine kleine Schüssel geben. Das Olivenöl darunterschlagen. Das Kräuterpesto nach Belieben mit Salz und Pfeffer würzen.

9. Den Hirsetopf mit Salz und Pfeffer abschmecken. Das Kräuterpesto in den Hirsetopf rühren oder getrennt dazureichen.

Tipps: Im Herbst/Winter hat frischer Rosenkohl Hochsaison. Dann nehmen Sie statt 300 g TK-Rosenkohl 350–400 g frischen Rosenkohl. Den Rosenkohl von den schlechten äußeren Blättern befreien, etwas vom Strunk abschneiden, die Rosenkohlröschen am Strunk kreuzförmig einschneiden, abspülen und abtropfen lassen. Rosenkohl evtl. halbieren und wie unter Punkt 4 beschrieben in der Gemüsebrühe garen. Wenn Sie den Rosenkohl lieber etwas bissfester mögen, geben Sie den TK-Rosenkohl etwa 5 Minuten vor Garzeitende in die Gemüsebrühe.

Rezeptvariante: Die Hirse können Sie durch die gleiche Menge Amaranth ersetzen.

Hot Pot | Feurig – thailändisch inspiriert

4 Portionen

Pro Portion: E: 25,5 g, F: 7,1 g, Kh: 22,5 g, kJ: 1070, kcal: 255, BE: 1,5

2 l kräftige Hühnerbrühe
2 EL rote Currypaste
1 walnussgroßes Stück frischer Ingwer (etwa 20 g)
100 g Zuckerschoten
100 g abgetropfte Maiskölbchen (aus dem Glas)
100 g Thai-Spargel
100 g Shiitakepilze
4 Frühlingszwiebeln
500 g Möhren
2 Hähnchenbrustfilets (etwa 300 g)
1–2 EL Sesamöl (10–20 g)
100 g Sojasprossen

Zum Bestreuen:

4 rote Chilischoten
1 Bund Koriander oder Thai-Basilikum

Zubereitungszeit: 30 Minuten

1. Die Brühe in einem Topf zum Kochen bringen, dann die Currypaste unterrühren. Ingwer schälen, abspülen, trocken tupfen, fein reiben und in die Brühe geben. Den Topf von der Kochstelle nehmen, die Brühe umfüllen und beiseitestellen.

2. Von den Zuckerschoten die Enden abschneiden. Zuckerschoten evtl. abfädeln. Maiskölbchen abspülen und gut abtropfen lassen. Spargel abspülen und abtropfen lassen.

3. Shiitakepilze putzen, evtl. kurz abspülen und trocken tupfen. Frühlingszwiebeln putzen, abspülen und abtropfen lassen.

4. Die Möhren putzen, schälen, abspülen und abtropfen lassen. Das vorbereitete Gemüse in mundgerechte Stücke schneiden.

5. Die Hähnchenbrustfilets unter fließendem kalten Wasser abspülen, trocken tupfen und in Scheiben schneiden. Das Sesamöl in dem Topf erhitzen. Die Hähnchenfleischscheiben darin kurz von beiden Seiten anbraten, dann wieder herausnehmen.

6. Die vorbereiteten Gemüsestücke in 2 Portionen in dem verbliebenen Bratfett unter Wenden andünsten.

7. Anschließend die Hähnchenfleischscheiben mit dem angedünsteten Gemüse wieder in den Topf geben, die beiseitegestellte Brühe hinzugießen.

8. Die Zutaten zum Kochen bringen und bei mittlerer Hitze etwa 10 Minuten kochen lassen.

9. In der Zwischenzeit Sojasprossen verlesen, abspülen und gut abtropfen lassen. Chilischoten abspülen, abtrocknen und in Ringe schneiden.

10. Den Koriander oder das Thai-Basilikum abspülen, trocken tupfen und die Blättchen von den Stängeln zupfen.

11. Die Sojasprossen zu der Suppe geben und darin kurz erwärmen.

12. Hot Pot in großen Suppenschalen anrichten, mit Chiliringen und Koriander- oder Basilikumblättchen bestreut servieren.

Italienischer Gemüse-Pilz-Eintopf | Vegetarisch

4 Portionen

Pro Portion: E: 15,1 g, F: 6,8 g, Kh: 48,2 g, kJ: 1327, kcal: 316, BE: 4,0

1	*Fenchelknolle (etwa 250 g)*
1	*Zwiebel (etwa 65 g)*
500 g	*Möhren*
250 g	*grüne Bohnen*
300 g	*gemischte Pilze, z. B. Champignons, Pfifferlinge, Austernpilze*
2 EL	*Olivenöl (20 g)*
je etwas	*gerebelter Thymian und Rosmarin*
1 l	*Gemüsebrühe*
	Salz, gem. Pfeffer
425 g	*geschälte Tomaten (aus der Dose)*
1 1/2 l	*Wasser*
1 1/2 gestr. TL	*Salz*
150 g	*Orecchiette (ital. Öhrchennudeln)*
2	*Knoblauchzehen*
150 g	*TK-Erbsen*

Zubereitungszeit: 30 Minuten

1. Fenchelknolle putzen, abspülen, abtropfen lassen und in feine Streifen schneiden. Die Zwiebel abziehen, halbieren und in kleine Würfel schneiden. Die Möhren putzen, schälen, abspülen und abtropfen lassen. Die Möhren in Stifte schneiden.

2. Von den Bohnen die Enden abschneiden. Die Bohnen evtl. abfädeln, abspülen, abtropfen lassen und in Stücke schneiden. Die Pilze putzen, evtl. kurz abspülen und trocken tupfen. Große Pilze halbieren.

3. Einen Esslöffel von dem Olivenöl in einem großen Topf erhitzen. Die Zwiebelwürfel in den Topf geben und in dem heißen Fett andünsten. Fenchelstreifen, Möhrenstifte und Bohnenstücke portionsweise mit andünsten. Dann den Thymian und den Rosmarin hinzugeben.

4. Die Brühe hinzugießen und zum Kochen bringen. Den Eintopf mit Salz und Pfeffer würzen. Die Zutaten etwa 10 Minuten bei schwacher Hitze kochen lassen. Anschließend die Tomaten mit der Flüssigkeit hinzugeben und alles wieder zum Kochen bringen. Den Eintopf weitere etwa 10 Minuten kochen lassen.

5. In der Zwischenzeit das Wasser in einem großen Topf zugedeckt zum Kochen bringen. Dann Salz und Nudeln zugeben. Die Nudeln im geöffneten Topf bei mittlerer Hitze nach Packungsanleitung bissfest kochen, dabei gelegentlich umrühren.

6. Anschließend die Nudeln in ein Sieb geben, mit heißem Wasser abspülen und abtropfen lassen.

7. Das restliche Olivenöl in einer Pfanne erhitzen. Knoblauch abziehen, durch die Knoblauchpresse in die Pfanne drücken und kurz in dem heißen Fett andünsten. Die Pilze hinzugeben und unter mehrmaligem Wenden etwa 4 Minuten leicht anbraten. Die Pilze mit Salz und Pfeffer würzen.

8. Erbsen, Pilze und Nudeln in den Eintopf geben, nochmals mit Salz und Pfeffer abschmecken. Den Eintopf weitere 3–5 Minuten bei schwacher Hitze kochen lassen.

Jakobsmuscheln mit Brokkoli I

Raffiniert

2 Portionen

Pro Portion: E: 18,0 g, F: 11,5 g, Kh: 18,8 g, kJ: 1039, kcal: 248, BE: 1,5

4 getrocknete Mu-err-Pilze
250 g Jakobsmuscheln (ohne Schale)
Salz
1 TL Speisestärke (5 g)
1 kleine Möhre (etwa 80 g)
2 Knoblauchzehen
250 g Brokkoli
2 EL Speiseöl (20 g)
1 Msp. gem. Ingwer
6 EL Wasser
3–4 EL Tomatensaft
gem. Pfeffer
Cayennepfeffer

Zubereitungszeit: 25 Minuten, ohne Einweichzeit

1. Pilze nach Packungsanleitung in Wasser einweichen, evtl. unter fließendem kalten Wasser abspülen.

2. Jakobsmuscheln unter fließendem kalten Wasser abspülen, größere Muscheln klein schneiden, und mit Salz und Speisestärke verrühren.

3. Die Möhre putzen, schälen, abspülen und abtropfen lassen. Möhre in Scheiben schneiden. Den Knoblauch abziehen und ebenfalls in Scheiben schneiden.

4. Brokkoli putzen, in kleine Röschen teilen, abspülen und abtropfen lassen. Die Brokkoliröschen in kochendem Salzwasser etwa 2 Minuten kochen, in kaltem Wasser abschrecken und abtropfen lassen. Eingeweichte Pilze abtropfen lassen und klein schneiden.

5. Das Speiseöl in einem Wok erhitzen. Pilze, Ingwer, Möhren und Knoblauch hineingeben und unter Rühren etwa 3 Minuten garen. Wasser und Brokkoli hinzufügen und alles weitere 3 Minuten garen.

6. Jakobsmuscheln und Tomatensaft hinzufügen und aufkochen lassen. Die Zutaten mit Salz, Pfeffer und Cayennepfeffer abschmecken.

Tipp: Die beste Zeit für Jakobsmuscheln liegt zwischen Oktober und März.

Kabeljaustücke auf Tomaten-Lauch-Gemüse I

In der Hülle gegart – mit Alkohol

4 Portionen

Pro Portion: E: 29,9 g, F: 6,4 g, Kh: 3,5 g, kJ: 883, kcal: 211, BE: 0,0

640 g TK-Kabeljaufilet
1 Stange Porree (Lauch, etwa 200 g)
400 g Cocktailtomaten
Salz
gem. Pfeffer
100 ml Weißwein
2 EL Speiseöl (20 g)

Zum Garnieren:
einige Schnittlauchhalme

Außerdem:
1 Stück Bratfolie oder
1 Bratfolienschlauch

Zubereitungszeit: 20 Minuten, ohne Auftauzeit
Garzeit: 25–30 Minuten

1. Die Kabeljaufilets nach Packungsanleitung auftauen lassen. Kabeljaufilets unter fließendem kalten Wasser abspülen und trocken tupfen.

2. Den Backofen vorheizen.
Ober-/Unterhitze: etwa 200 °C
Heißluft: etwa 180 °C

3. Den Porree putzen, die Stange längs halbieren, gründlich waschen, abtropfen lassen und in kleine Stücke schneiden. Tomaten abspülen, abtrocknen, halbieren, entkernen und die Stängelansätze herausschneiden. Die Tomaten in große Würfel schneiden.

4. Die Kabeljaufilets in mundgerechte Stücke schneiden und in eine Schüssel geben. Porreestücke und Tomatenwürfel untermengen. Die Zutaten mit Salz und Pfeffer würzen, Weißwein und Speiseöl hinzufügen.

5. Die Fisch-Gemüse-Mischung auf ein großes Stück Bratfolie oder in den Bratfolienschlauch geben, nach Packungsanleitung gut verschließen und auf ein Backblech legen. Das Backblech in den vorgeheizten Backofen (unteres Drittel) schieben. Fisch mit dem Gemüse **25–30 Minuten garen.**

6. Die Folie aufschneiden. Die Kabeljaustücke mit dem Gemüse herausnehmen, auf einer vorgewärmten Platte anrichten, mit abgespülten, trocken getupften Schnittlauchhalmen garnieren und sofort servieren.

Beilage: Servieren Sie dazu Kartoffelstifte mit gehackten Kräutern. Dafür 750 g Kartoffeln (Rohgewicht) schälen, in schmale Spalten schneiden und wie Salzkartoffeln garen. Die garen Kartoffeln in 20–30 g zerlassener Butter und 3 Esslöffeln gehackten Kräutern (z. B. Petersilie) schwenken (zusätzlich pro Portion: E: 5,2 g, F: 5,2 g, Kh: 29,5 g, kJ: 779, kcal: 185, BE: 2,5).

Kalte Spargel-Melonen-Suppe

Erfrischend – mit Alkohol

4 Portionen

Pro Portion: E: 5,7 g, F: 0,6 g, Kh: 50,1 g, kJ: 984, kcal: 235, BE: 4,0

500 g grüner Spargel
375 ml Wasser
1 gestr. TL Salz
2 reife Galia-Melonen (etwa 1900 g)
2 cl weißer Portwein (20 ml)
1–2 TL Limettensaft
Salz, gem. Pfeffer
einige Stängel Kerbel
grob gem. Pfeffer

Zubereitung: 30 Minuten, ohne Kühlzeit

1. Vom grünen Spargel das untere Drittel schälen und die unteren Enden abschneiden. Den Spargel abspülen, abtropfen lassen und knapp mit Salzwasser bedeckt in einem Topf zum Kochen bringen. Den Spargel zugedeckt in etwa 5 Minuten bissfest garen. Spargelstangen in ein Sieb geben, mit kaltem Wasser abschrecken und abtropfen lassen.

2. Die Spargelspitzen abschneiden und beiseitelegen. Die Spargelstangen in kleine Stücke schneiden.

3. Die Melonen halbieren und die Kerne entfernen. Das Fruchtfleisch mit einem Esslöffel herauslösen. Die Melonenhälften zugedeckt kalt stellen.

4. Melonenfruchtfleisch und Spargelstücke mit Portwein und Limettensaft in einer hohen Rührschüssel fein pürieren. Die Suppe etwa 1 Stunde zugedeckt in den Kühlschrank stellen.

5. Die gut gekühlte Suppe mit Salz und Pfeffer abschmecken und in die Melonenhälften füllen.

6. Kerbel abspülen, trocken tupfen und in kleinere Stängel zupfen. Die Spargelspitzen auf der Suppe verteilen. Die Spargel-Melonen-Suppe mit grob gemahlenem Pfeffer bestreuen und mit Kerbel garnieren.

Kardamom-Muffins mit Birnen I

Fruchtig-pikant

12 Stück

Pro Stück: E: 3,3 g, F: 7,7 g, Kh: 24,3 g, kJ: 755, kcal: 180, BE: 2,0

Für den Teig:

100 g Weizenmehl
50 g nicht abgezogene, gem. Mandeln
20 g gesiebtes Kakaopulver
½ TL gem. Kardamom
2 gestr. TL Dr. Oetker Backin
1 Prise Salz
90 g Zucker
175 g Schlagsahne (30 % Fett)
1 Ei (Größe M)
460 g abgetropfte Birnenhälften (aus der Dose)

Zum Bestreichen:

70 g Apfel- oder Quittengelee

Außerdem:

12 Muffin-Papierbackförmchen

Zubereitungszeit: 20 Minuten, ohne Abkühlzeit
Backzeit: etwa 30 Minuten

1. Den Backofen vorheizen.
Ober-/Unterhitze: etwa 180 °C
Heißluft: etwa 160 °C

2. Für den Teig Mehl, Mandeln, Kakao, Kardamom, Backpulver, Salz und Zucker in einer Rührschüssel mit einem Schneebesen verrühren.

3. Sahne und Ei in einem Rührbecher mit dem Schneebesen glatt rühren. Die flüssigen Zutaten zu der Mehl-Kakao-Mischung in die Rührschüssel geben und zu einem glatten Teig verrühren.

4. Sechs Birnenhälften quer in Scheiben schneiden. Restliche Birnenhälften in sehr kleine Würfel schneiden. Birnenwürfel mit einem Löffel unter den Teig heben.

5. Den Teig in eine Muffinform (für 12 Muffins, mit Papierbackförmchen ausgelegt) geben. Die Birnenscheiben darauf verteilen. Die Form auf dem Rost in den vorgeheizten Backofen schieben. Kardamom-Muffins **etwa 30 Minuten backen.**

6. Die Form auf einen Kuchenrost stellen. Die Muffins etwa 5 Minuten in der Form abkühlen lassen, dann aus der Form heben und auf dem Kuchenrost erkalten lassen.

7. Zum Bestreichen Gelee in einem kleinen Topf unter Rühren aufkochen. Die Muffins damit bestreichen und trocknen lassen.

Tipp: Die Muffins können auch, anstelle von Kardamom, mit gemahlenem Zimt oder Lebkuchengewürz zubereitet werden.

Kartoffelgulasch mit Paprika und Zwiebeln | Vegetarisch

4 Portionen

Pro Portion: E: 6,9 g, F: 5,5 g, Kh: 46,7 g, kJ: 1139, kcal: 273, BE: 3,5

800 g gegarte, kleine bis mittelgroße Pellkartoffeln, z. B. vom Vortag, möglichst festkochende
4 rote Zwiebeln (175–200 g)
1 rote Chilischote
je 1 rote und gelbe Paprikaschote (je etwa 200 g)
6 Tomaten (etwa 600 g)
1 EL Speiseöl, z. B. Sonnenblumenöl (10 g)
Salz, gem. Pfeffer

Für die Paste:

1 TL Kümmelsamen
1–2 Knoblauchzehen
1 EL weiche Butter (10 g)
1 1/2–2 TL Dr. Oetker Finesse Geriebene Zitronenschale
3 EL TK-Petersilie

Zubereitungszeit: 30 Minuten

1. Die Pellkartoffeln pellen und in Viertel schneiden. Die Zwiebeln abziehen, halbieren und in kleine Würfel schneiden.

2. Die Chilischote längs aufschneiden, entkernen und die Scheidewände herausschneiden. Die Schote abspülen, trocken tupfen und ebenso in kleine Würfel schneiden.

3. Die Paprikaschoten halbieren, entstielen, entkernen und die weißen Scheidewände entfernen. Die Schoten abspülen, abtropfen lassen und in Stücke schneiden.

4. Die Tomaten abspülen, abtrocknen, halbieren und die Stängelansätze entfernen. Die Tomaten in Würfel schneiden.

5. Das Speiseöl in einer großen, hohen Pfanne erhitzen. Zwiebel- und Chiliwürfel darin kurz andünsten. Die Paprikastücke und die Tomatenwürfel hinzugeben und 2–3 Minuten bei mittlerer Hitze ebenfalls andünsten. Anschließend die Kartoffelviertel hinzugeben, mit Salz und Pfeffer würzen. Zutaten zugedeckt 8–10 Minuten bei mittlerer bis starker Hitze garen, dabei gelegentlich umrühren.

6. Für die Paste in der Zwischenzeit den Kümmelsamen fein hacken. Knoblauchzehen abziehen und durch eine Knoblauchpresse drücken oder sehr fein hacken. Die Butter mit dem Kümmel, dem fein gehackten Knoblauch, der Zitronenschale und der Petersilie in eine Schüssel geben. Die Zutaten zu einer Paste vermengen.

7. Die Butterpaste zu dem Kartoffelgulasch geben und darin 2–3 Minuten unter gelegentlichem Rühren auflösen. Das Kartoffelgulasch evtl. nochmals mit Salz und Pfeffer abschmecken.

Tipps: Kümmelsamen lassen sich relativ schlecht hacken, da sie dabei gerne vom Brettchen „springen". Um das zu verhindern, vermischen Sie die Samen einfach mit einem kleinen Tröpfchen Speiseöl und hacken sie dann. Statt TK-Petersilie schmecken auch TK-Italienische Kräuter.

Kartoffel-Knoblauch-Pfanne I

Einfach – preiswert
2 Portionen

Pro Portion: E: 6,1 g, F: 10,3 g, Kh: 48,3 g, kJ: 1328, kcal: 317, BE: 3,5

500 g	*kleine, neue Kartoffeln*
1 Bund	*Frühlingszwiebeln (etwa 200 g)*
1–2 EL	*Olivenöl (20 g)*
etwa 8	*junge Knoblauchzehen*
	Salz
	gem. Pfeffer
1 EL	*gehackter Thymian*
etwas	*Wasser*

Zubereitungszeit: 30 Minuten

1. Die Kartoffeln unter fließendem Wasser gründlich abbürsten.

2. Die Frühlingszwiebeln putzen, abspülen, abtropfen lassen und in etwa 2 cm breite Scheiben schneiden.

3. Olivenöl in einer Pfanne erhitzen. Die Kartoffeln hineingeben und von allen Seiten gut anbraten. Die Frühlingszwiebeln und die ungeschälten Knoblauchzehen hinzufügen und etwa 5 Minuten mitbraten lassen.

4. Die Kartoffel-Knoblauch-Pfanne mit Salz, Pfeffer und den vorbereiteten Thymianblättchen bestreuen. Etwas Wasser hinzugießen und die Kartoffel-Knoblauch-Pfanne 10–15 Minuten garen. Dabei ab und zu umrühren.

Kartoffel-Möhren-Suppe mit Erdnusscreme | Für Gäste

4 Portionen

Pro Portion: E: 18,7 g, F: 6,6 g, Kh: 28,3 g, kJ: 1270, kcal: 304, BE: 2,0

Für die Suppe:

1 Zwiebel (etwa 65 g)
1 Knoblauchzehe
500 g Möhren
500 g mehligkochende Kartoffeln
1–2 EL Speiseöl, z. B. Rapsöl (10–20 g)
2 EL Erdnusscreme (aus dem Glas)
Salz, gem. Pfeffer
grob geschrotete Chiliflocken oder Cayennepfeffer
1 l heiße Gemüsebrühe
350 g Porree (Lauch)
1 Bund frischer Koriander oder 4–5 Stängel glatte Petersilie
200 g geräucherter Putenbrustaufschnitt

Zubereitungszeit: 20 Minuten

1. Für die Suppe die Zwiebel abziehen, halbieren und grob würfeln. Knoblauch abziehen und in feine Würfel schneiden. Möhren putzen, schälen, abspülen und abtropfen lassen. Die Möhren in Scheiben schneiden.

2. Die Kartoffeln schälen, abspülen, abtropfen lassen und in etwa 2 cm große Würfel schneiden.

3. Das Speiseöl in einem Topf erhitzen. Zwiebel- und Knoblauchwürfel darin glasig dünsten. Die Möhrenscheiben hinzugeben und mit andünsten. Anschließend die Erdnusscreme hinzufügen und unterrühren. Das Erdnussgemüse mit Salz, Pfeffer und Chiliflocken und Cayennepfeffer würzen. Die heiße Gemüsebrühe hinzugießen, zum Kochen bringen und bei schwacher Hitze etwa 5 Minuten kochen lassen.

4. In der Zwischenzeit den Porree putzen, die Stangen längs halbieren, gründlich waschen und abtropfen lassen. Porree in Streifen schneiden. Die Kartoffelwürfel und die Porreestreifen in die Suppe geben, wieder

zum Kochen bringen. Die Suppe weitere etwa 12 Minuten unter gelegentlichem Rühren kochen lassen.

5. Koriander oder Petersilie abspülen, trocken tupfen und die Blättchen von den Stängeln zupfen. Einige Blättchen zum Garnieren beiseitelegen. Den Putenbrustaufschnitt in Streifen schneiden. Die Suppe mit Salz und Pfeffer abschmecken. Putenbruststreifen und Koriander oder Petersilie hinzugeben.

6. Die Kartoffel-Möhren-Suppe in tiefen Tellern oder Suppentassen verteilen und mit den beiseitegelegten Koriander- oder Petersilienblättchen bestreut servieren.

Tipps: Erdnusscreme und Chili geben der Suppe ein ganz besonderes Aroma. Möchten Sie die Suppe mit etwas mehr „Biss“ servieren, bestreuen Sie jede Portion vor dem Servieren mit 1 Teelöffel (5 g) gerösteten Erdnusskernen (zusätzlich pro Portion: E: 1,3 g, F: 2,6 g, Kh: 0,5 g, kJ: 129, kcal: 31, BE: 0,0). Oder möchten Sie die Suppe ohne Erdnusscreme zubereiten, ersetzen Sie diese durch 2 Esslöffel (50 g) Doppelrahm-Frischkäse (dann pro Portion: E: 18,0 g, F: 9,1 g, Kh: 26,5 g, kJ: 1108, kcal: 265, BE: 2,0).

Kartoffeln mit Paprikakraut I

Raffiniert

4 Portionen

Pro Portion: E: 12,7 g, F: 12,7 g, Kh: 49,9 g, kJ: 1586, kcal: 378, BE: 4,0

8 gegarte, festkochende Kartoffeln mit Schale (je 200 g)

Für die Füllung:

1 Zwiebel (etwa 65 g)
2 EL Speiseöl (20 g)
430 g Sauerkraut (aus der Dose)
1 TL Paprikapulver edelsüß
Salz
gem. Pfeffer
120 g Schafskäse

1 Bund Schnittlauch

Zubereitungszeit: 30 Minuten
Garzeit: etwa 30 Minuten

1. Von den Kartoffeln einen länglichen Deckel abschneiden. Die Kartoffeln mit einem Kugelausstecher oder einem Teelöffel so aushöhlen, dass ein etwa 1/2 cm breiter Rand stehen bleibt. Die ausgehöhlte Kartoffelmasse und die Deckel der Kartoffeln grob zerkleinern.

2. Den Backofen vorheizen.
Ober-/Unterhitze: etwa 180 °C
Heißluft: etwa 160 °C

3. Für die Füllung die Zwiebel abziehen, halbieren und in kleine Würfel schneiden. Das Speiseöl in einer Pfanne erhitzen. Die Zwiebelwürfel in die Pfanne geben und in dem heißen Fett glasig dünsten.

4. Die Kartoffelmasse ebenfalls in die Pfanne geben und mit andünsten, dann das Sauerkraut untermischen. Die Kartoffel-Sauerkraut-Füllung mit Paprikapulver, Salz und Pfeffer würzen.

5. Den Schafskäse in sehr kleine Würfel schneiden oder fein zerbröseln. Die ausgehöhlten Kartoffeln in eine große, flache Auflaufform (evtl. leicht gefettet) setzen und mit der Kartoffel-Sauerkraut-Masse füllen. Die Schafskäsewürfel oder -brösel auf den Kartoffeln verteilen. Die Form auf dem Rost in den vorgeheizten Backofen schieben. Die Kartoffeln **etwa 30 Minuten garen.**

6. In der Zwischenzeit Schnittlauch abspülen, trocken tupfen und in feine Röllchen schneiden.

7. Die garen Kartoffeln auf Tellern anrichten und mit Schnittlauchröllchen bestreut servieren.

Tipp: Sie können die Kartoffeln als Baked Potatoes im Supermarkt (im Kühlregal) bereits gegart kaufen.

Kartoffelsalat mit Senfdressing und Käse | Zum Sattessen

4 Portionen

Pro Portion: E: 28,7 g, F: 11,2 g, Kh: 36,7 g, kJ: 1555, kcal: 372, BE: 3,0

Für das Senfdressing:

150 g Schmand (Sauerrahm)
100 g Joghurt (1,5 % Fett)
50 g körniger Senf
Salz, gem. Pfeffer
1 Prise Zucker

750 g gegarte Pellkartoffeln
1 TL TK-Schnittlauchröllchen
1 Bund Radieschen
300 g Harzer Käse

Zubereitungszeit: 25 Minuten

1. Für das Dressing Schmand mit Joghurt und Senf in einer großen Salatschüssel verrühren. Das Dressing mit Salz, Pfeffer und Zucker abschmecken.

2. Die Pellkartoffeln pellen, in Würfel schneiden und mit den Schnittlauchröllchen unter das Dressing mischen. Den Salat etwa 5 Minuten durchziehen lassen, dabei gelegentlich umrühren.

3. In der Zwischenzeit Radieschen putzen, entstielen, waschen, abtrocknen und in dünne Scheiben schneiden. Den Harzer Käse in grobe Würfel schneiden.

4. Radieschenscheiben und Käsewürfel unter den Kartoffelsalat heben. Den Salat nochmals mit Salz, Pfeffer und Senf abschmecken.

Kartoffelschaumsuppe mit Buttermilch I

Etwas Besonderes – vegetarisch

4 Portionen

Pro Portion: E: 6,7 g, F: 5,7 g, Kh: 29,3 g, kJ: 843, kcal: 201, BE: 2,5

2 Zwiebeln (etwa 130 g)
750 g mehligkochende Kartoffeln
2 EL Butter oder Margarine (20 g)
200 g Buttermilch
750 ml Gemüsebrühe
Salz, gem. Pfeffer
1 TL gerebelter Rosmarin
1 TL gerebelter Thymian
½ TL gerebeltes Basilikum
100 ml Milch (3,5 % Fett)

Zubereitungszeit: 30 Minuten

1. Die Zwiebeln abziehen, halbieren und fein würfeln. Kartoffeln schälen, abspülen, abtropfen lassen und in kleine Würfel schneiden.

2. Die Butter oder Margarine in einem Topf erhitzen. Zwiebel- und Kartoffelwürfel darin in etwa 5 Minuten bei mittlerer Hitze andünsten, dabei gelegentlich umrühren.

3. Die Buttermilch mit der Brühe hinzugießen und alles mit Salz und Pfeffer würzen. Die Zutaten zum Kochen bringen und zugedeckt etwa 15 Minuten leicht köcheln lassen.

4. Etwa 5 Minuten vor Ende der Garzeit Rosmarin, Thymian und Basilikum in die Suppe geben und mitgaren.

5. Die Suppeneinlage (Kartoffeln) in der Suppe mit dem Kartoffelstampfer etwas zerdrücken, bis die Suppe sämig wird (ein Teil der Kartoffelwürfel kann erhalten bleiben). Die Milch unter die Suppe rühren und die Suppe evtl. nochmals mit Salz und Pfeffer abschmecken.

Tipps: Die Kartoffelsuppe nicht mit dem Pürierstab pürieren, sondern die Einlage nur mit dem Kartoffelstampfer oder mit einer Gabel zerdrücken. Nur so wird sie richtig schön sämig. Statt der einzelnen getrockneten Kräuter können Sie auch 2–3 Teelöffel der Fertigmischungen „Kräuter der Provence“ oder „Italienische Kräuter“ verwenden. Nach Belieben die Suppe mit frischen Kräutern garniert servieren.

Katalanisches Tomatengrillbrot I

Mediterraner Genuss

4 Portionen

Pro Portion: E: 4,7 g, F: 10,8 g, Kh: 24,3 g, kJ: 896, kcal: 214, BE: 2,0

4 Knoblauchzehen
220 g Tomaten
4 EL Olivenöl (40 g)
8 Scheiben Baguette, schön lang geschnitten (je etwa 20 g)
etwas grobes Meersalz
gem. Pfeffer

Zubereitungszeit: 15 Minuten

1. Den Knoblauch abziehen. Tomaten abspülen, abtrocknen, halbieren und die Stängelansätze herausschneiden.

2. Eine Grillpfanne mit etwa 1/2 Teelöffel von dem Olivenöl auspinseln und erhitzen. Baguettescheiben in der heißen Grillpfanne von jeder Seite kurz goldgelb rösten.

3. Die Baguettescheiben aus der Pfanne nehmen und sofort mit dem abgezogenen Knoblauch einreiben. So lange reiben, bis nichts mehr von dem Knoblauch übrig ist.

4. Anschließend die Baguettescheiben mit den angeschnittenen Seiten der Tomatenhälften einreiben und mit dem restlichen Olivenöl beträufeln.

5. Das katalanische Tomatengrillbrot mit Meersalz und Pfeffer bestreuen und sofort servieren.

Tipps: Die Brotscheiben zusätzlich mit 20 g frisch gehobeltem Parmesan-Käse und 50 g vorbereitetem Rucola (Rauke, Foto) bestreuen (zusätzlich pro Portion: E: 1,8 g, F: 1,6 g, Kh: 0,3 g, kJ: 97, kcal: 23, BE: 0,0). Sie können die Baguettescheiben auch auf dem Grillrost grillen. Die Tomatenhälften nach dem Abreiben auf den heißen Grillrost (leicht gefettet) legen, mit Salz und Pfeffer würzen und genießen.

Kichererbsencurry mit Mango I

Fruchtig – exotisch

4 Portionen

Pro Portion: E: 14,0 g, F: 10,1 g, Kh: 41,2 g, kJ: 1331, kcal: 319, BE: 3,0

250g	*500 g*	*abgetropfte Kichererbsen (aus der Dose)*
1	*2 EL*	*Sesamsamen (20 g)*
15g	*30 g*	*frischer Ingwer*
200g	*350–400 g*	*Knollensellerie*
1B.	*2 Bund*	*Frühlingszwiebeln (etwa 250 g)*
½	*1 EL*	*Speiseöl, z. B. Sonnenblumenöl (10 g)*
½	*1 EL*	*Currypulver*
25	*50 ml*	*Gemüsebrühe*
200	*1*	*reife Mango (etwa 400 g)*
75g	*150 g*	*Joghurt (1,5 % Fett)*
	1 TL	*gem. Kreuzkümmel (Cumin)*
	½ TL	*gem. Zimt*
	etwas	*gem. Koriander*
		Salz, gem. Pfeffer

Zum Garnieren:

einige Kerbelblättchen

Zubereitungszeit: 30 Minuten

1. Die Kichererbsen mit kaltem Wasser abspülen und gut abtropfen lassen. Sesam in einer Pfanne ohne Fett unter Wenden goldbraun rösten, auf einen Teller geben.

2. Den Ingwer schälen und in kleine Würfel schneiden. Den Sellerie schälen, abspülen und abtropfen lassen. Sellerie in kleine Würfel schneiden. Die Frühlingszwiebeln putzen, abspülen, abtropfen lassen und in längere Stücke schneiden.

3. Das Speiseöl in einem großen Topf erhitzen. Ingwer- und Selleriewürfel darin bei mittlerer Hitze in 2–3 Minuten unter gelegentlichem Rühren andünsten. Die Kichererbsen mit den Frühlingszwiebeln, dem Currypulver und der Gemüsebrühe hinzugeben. Die Zutaten kurz aufkochen lassen. Anschließend bei schwacher Hitze zugedeckt etwa 5 Minuten garen, dabei ab und zu umrühren.

4. In der Zwischenzeit die Mango schälen, das Fruchtfleisch vom Stein lösen und in Stücke schneiden.

5. Nach dem Ende der Garzeit den Joghurt unter das Curry rühren. Kichererbsencurry mit Kreuzkümmel, Zimt, Koriander, Salz und Pfeffer pikant abschmecken.

6. Zuletzt Mangostücke vorsichtig unter das Kichererbsencurry rühren und darin bei schwacher Hitze 2–3 Minuten erwärmen, dabei gelegentlich umrühren.

7. Das Kichererbsencurry mit abgespülten, trocken getupften Kerbelblättchen und Sesamsamen bestreut servieren.

Tipps: Dekorativ sieht es aus, Wenn Sie die Mango in Spalten schneiden. Garnieren Sie das Gericht zusätzlich mit Frühlingszwiebeln.

Rezeptvariante: Statt Mango können Sie das Gericht auch mit etwa 250 g abgetropften Aprikosen oder Pfirsichen (aus der Dose) zubereiten (dann pro Portion: E: 13,9 g, F: 9,8 g, Kh: 42,0 g, kJ: 1333, kcal: 319, BE: 3,0).

Kichererbseneintopf mit Gemüse

Zum Sattessen

4 Portionen

Pro Portion: E: 13,9 g, F: 6,8 g, Kh: 33,0 g, kJ: 1064, kcal: 254, BE: 2,5

200 g grüne TK-Bohnen
1 Zwiebel (etwa 65 g)
10 g frischer Ingwer (etwa 2 cm)
100 g Knollensellerie
150 g Möhren
1 kleine Zucchini (etwa 150 g)
530 g abgetropfte Kichererbsen (aus der Dose)
1 EL Speiseöl (10 g)
1 geh. EL Currypulver
750 ml Gemüsebrühe
Salz
gem. Pfeffer
200 g Tomaten
1 EL Zitronensaft
2 TL Sojasauce

Zubereitungszeit: 30 Minuten

1. Für den Eintopf die Bohnen antauen lassen.

2. In der Zwischenzeit die Zwiebel abziehen, halbieren und in kleine Würfel schneiden. Ingwer schälen, abspülen, trocken tupfen und sehr fein würfeln.

3. Sellerie putzen, schälen, abspülen, abtropfen lassen und in dünne Streifen schneiden. Die Möhren putzen, schälen, abspülen und abtropfen lassen. Möhren ebenfalls in dünne Streifen schneiden.

4. Die angetauten Bohnen etwas kleiner schneiden.

5. Zucchini abspülen, abtrocknen und die Enden abschneiden. Die Zucchini längs halbieren und in dünne Scheiben schneiden.

6. Die Kichererbsen mit kaltem Wasser abspülen und gut abtropfen lassen.

7. Das Speiseöl in einem Topf erhitzen. Die Zwiebel-, Ingwerwürfel, Sellerie- und Möhrenstreifen mit Curry darin etwa 3 Minuten unter gelegentlichem Rühren andünsten.

8. Bohnenstücke, Zucchinischeiben und Kichererbsen hinzugeben. Brühe hinzugießen, mit Salz und Pfeffer würzen.

9. Die Zutaten zum Kochen bringen. Den Eintopf zugedeckt bei schwacher Hitze etwa 8 Minuten leicht köcheln lassen.

10. In der Zwischenzeit die Tomaten kreuzweise einschneiden und mit kochendem Wasser übergießen. Nach 1–2 Minuten herausnehmen und mit kaltem Wasser abschrecken. Tomaten enthäuten, halbieren und die Stängelansätze herausschneiden. Die Tomaten achteln, in den Eintopf geben und weitere etwa 2 Minuten köcheln lassen. Den Eintopf mit Zitronensaft, Sojasauce, Salz und Pfeffer abschmecken.

Beilage: Reichen Sie einen **Joghurt-Dip** zu dem Eintopf. Dafür 150 g Joghurt (1,5 % Fett) mit 150 g saurer Sahne und 2 Esslöffeln Schnittlauchröllchen in einer kleinen Schüssel glatt rühren und mit Salz und Pfeffer abschmecken (zusätzlich pro Portion: E: 2,6 g, F: 4,4 g, Kh: 3,0 g, kJ: 265, kcal: 63, BE: 0,0).

Kichererbsengemüse I

Vegetarisch

4 Portionen

Pro Portion: E: 6,4 g, F: 6,1 g, Kh: 16,3 g, kJ: 622, kcal: 149, BE: 1,5

2–3 Möhren (etwa 250 g)
200 g Knollensellerie
1 Stange Porree (Lauch, etwa 200 g)
250 g abgetropfte Kichererbsen (aus der Dose)
20 g Butter
250 ml Gemüsebrühe
Salz, gem. Pfeffer

evtl. 2 EL vorbereitete Schnittlauchröllchen

Zubereitungszeit: 30 Minuten

1. Die Möhren putzen, schälen, abspülen und abtropfen lassen. Möhren in Würfel schneiden. Knollensellerie putzen, waschen und schälen. Sellerie abspülen, trocken tupfen und in Würfel schneiden.

2. Porree putzen, die Stange längs halbieren, gründlich waschen und abtropfen lassen. Porree in Streifen schneiden. Die Kichererbsen kurz unter fließendem kalten Wasser abspülen und gut abtropfen lassen.

3. Die Butter in einem Topf zerlassen. Kichererbsen, Möhren-, Selleriewürfel und Porreestreifen hinzufügen und in der Butter andünsten.

4. Die Brühe hinzugießen, zum Kochen bringen, mit Salz und Pfeffer würzen. Das Gemüse etwa 25 Minuten dünsten lassen.

5. Von dem gegarten Gemüse die Hälfte abnehmen und in einer Schüssel beiseitestellen. Das restliche Gemüse mit einem Pürierstab pürieren. Dann die beiseitegestellte Gemüseportion zurück in den Topf geben und mit dem Rest vermengen. Das Gemüse nach Belieben mit den vorbereiteten Schnittlauchröllchen bestreut servieren.

Kichererbsensuppe mit Porreestreifen | Einfach

2 Portionen

Pro Portion: E: 14,4 g, F: 4,0 g, Kh: 43,1 g, kJ: 1146, kcal: 274, BE: 3,5

250 g mehligkochende Kartoffeln
500 ml Gemüsebrühe
265 g abgetropfte Kichererbsen (aus der Dose)
1 Stange Porree (Lauch, 200 g)
150 g Cocktailtomaten
Salz, gem. Pfeffer

Zubereitungszeit: 30 Minuten

1. Kartoffeln schälen, abspülen, abtropfen lassen und in Würfel schneiden.

2. Die Kartoffelwürfel mit der Brühe in einen Topf geben und zum Kochen bringen. Alles etwa 10 Minuten bei schwacher Hitze kochen lassen.

3. In der Zwischenzeit die Kichererbsen mit kaltem Wasser abspülen und gut abtropfen lassen.

4. Porree putzen, die Stange längs halbieren, gründlich waschen und abtropfen lassen. Den Porree in etwa 2 cm lange Streifen schneiden.

5. Die Kichererbsen und die Porreestreifen ebenfalls zu den Kartoffeln in den Topf geben. Die Zutaten etwa 5 Minuten bei schwacher Hitze kochen lassen.

6. Die Tomaten abspülen, abtrocknen und evtl. die Stängelansätze herausschneiden. Die Tomaten in die Suppe geben und darin erwärmen.

7. Kichererbsensuppe mit Salz und Pfeffer würzen.

Tipps: Die Kichererbsensuppe zusätzlich mit etwas Currypulver würzen. Wenn es etwas cremiger sein darf, verfeinern Sie die Suppe zusätzlich noch mit 1–2 Esslöffeln Crème légère (zusätzlich pro Portion: E: 0,7 g, F: 2,8 g, Kh: 0,9 g, kJ: 133, kcal: 32, BE: 0,0).

Kirsch-Honig-Kuchen

Fruchtig

10 Stücke

Pro Stück: E: 4,0 g, F: 6,9 g, Kh: 55,0 g, kJ: 1263, kcal: 302, BE: 4,5

Für den Teig:

200 g flüssiger Honig
80 g Zucker
70 g Butter oder Margarine
1 Ei (Größe M)
270 g Weizenmehl
1 gestr. TL Dr. Oetker Backin
2 gestr. TL gem. Zimt
1 gestr. TL gem. Anis
3 EL Milch (1,5 % Fett)
350 g abgetropfte Sauerkirschen (aus dem Glas)
1 gestr. TL Dr. Oetker Finesse Geriebene Zitronenschale

Für den Guss:

50 g Puderzucker
½–1 EL Kirschsaft (aus dem Glas)

Zubereitungszeit: 40 Minuten, ohne Abkühl- und Trockenzeit
Backzeit: 25–30 Minuten

1. Für den Teig Honig, Zucker und Butter oder Margarine in einem Topf unter Rühren erwärmen, bis der Zucker gelöst ist. Die Masse in eine Rührschüssel geben und abkühlen lassen.

2. In der Zwischenzeit den Backofen vorheizen.
Ober-/Unterhitze: etwa 180 °C
Heißluft: etwa 160 °C

3. Das Ei unter die fast erkaltete Honig-Butter-Masse rühren.

4. Mehl mit Backpulver, Zimt und Anis mischen, auf die Honigmasse geben und unterrühren. Dann die Milch kurz unterrühren. Den Teig etwa 5 Minuten stehen lassen.

5. In der Zwischenzeit von den Kirschen 1 Esslöffel Saft für den Guss auffangen und beiseitestellen.

6. Die Kirschen und die Zitronenschale unter den Honigteig heben.

7. Einen Backrahmen (etwa 20 x 25 cm) auf ein Backblech (gefettet, mit Backpapier belegt) stellen, den Teig hineingeben und glatt streichen. Das Backblech in den vorgeheizten Backofen schieben. Kirsch-Honig-Kuchen **25–30 Minuten backen.**

8. Das Backblech auf einen Kuchenrost stellen. Den Kuchen erkalten lassen.

9. Den Backrahmen vorsichtig lösen und entfernen. Den Kuchen mit einem Sägemesser in 10 Stücke (etwa 5 x 10 cm) schneiden.

10. Für den Guss Puderzucker mit so viel Kirschsaft verrühren, dass eine dickflüssige Masse entsteht. Den Guss in einen kleinen Gefrierbeutel füllen, eine kleine Ecke abschneiden.

11. Die Kirsch-Honig-Kuchen mit dem Guss verzieren. Guss trocknen lassen.

Tipp: Für Kinder in die Kuchenstücke an der kurzen Seite bis mindestens zur Mitte jeweils einen Holzspatel stecken und fertig ist der Kirsch-Honig-Kuchen am Stiel.

Kiwi-Apfel-Refresher | Erfrischend

4 Portionen

Pro Portion: E: 0,7 g, F: 0,5 g, Kh: 15,4 g, kJ: 307, kcal: 73, BE: 1,5

4 Kiwis (etwa 180 g)
4 säuerliche Äpfel (etwa 380 g)
1 EL flüssiger Honig (15 g)
2 EL gehackte Pfefferminzblättchen (etwa 10 g)

Zubereitungszeit: 10 Minuten

1. Die Kiwis schälen und in kleine Würfel schneiden. Äpfel ebenfalls schälen, vierteln und die Kerngehäuse entfernen. Die Apfelviertel klein würfeln.

2. Kiwi- und Apfelwürfel mit Honig und Pfefferminzblättchen verrühren. Kiwi-Apfel-Refresher in 4 Trinkgläsern anrichten.

Tipps: Sie können das Obst 3–4 Stunden vor dem Verzehr zubereiten und zugedeckt im Kühlschrank aufbewahren. Die Pfefferminzblättchen allerdings erst kurz vor dem Servieren in Streifen schneiden und mit dem Obst mischen.

Kokoskuchen I

Raffiniert

20 Stücke

Pro Stück: E: 3,3 g, F: 10,3 g, Kh: 28,4 g, kJ: 919, kcal: 220, BE: 2,5

Für den All-in-Teig:

300 g Weizenmehl
3 gestr. TL Dr. Oetker Backin
225 g Zucker
2 Eier (Größe M)
225 g Buttermilch Zitronen-Geschmack

Für den Belag:

100 g Kokosraspel
75 g Zucker
400 g Schlagsahne

Zubereitungszeit: 20 Minuten, ohne Abkühlzeit
Backzeit: etwa 20 Minuten

1. Den Backofen vorheizen.
Ober-/Unterhitze: etwa 200 °C
Heißluft: etwa 180 °C

2. Für den Teig Mehl mit Backpulver in einer Rührschüssel mischen. Restliche Zutaten hinzufügen und mit einem Mixer (Rührstäbe) zunächst kurz auf niedrigster, dann auf höchster Stufe in etwa 2 Minuten zu einem glatten Teig verarbeiten.

3. Den Teig auf ein Backblech (30 x 40 cm, gefettet, mit Backpapier belegt) geben und glatt streichen.

4. Für den Belag Kokosraspel mit Zucker mischen. Die Kokos-Zucker-Mischung gleichmäßig auf den Teig streuen. Das Backblech in den vorgeheizten Backofen schieben. Kokoskuchen **etwa 20 Minuten backen.** Das Backblech auf einen Kuchenrost stellen.

5. Die Sahne esslöffelweise auf den heißen Kuchen träufeln. Den Kokoskuchen erkalten lassen und in Stücke schneiden.

Kräutersuppe | Etwas Besonderes

4 Portionen

Pro Portion: E: 4,8 g, F: 7,3 g, Kh: 16,7 g, kJ: 648, kcal: 155, BE: 1,0

4 Bund	*verschiedene Kräuter, z. B. Kerbel, Dill, Petersilie*
100 g	*Blattspinat oder 50 g gehackter TK-Spinat*
1 Kästchen	*Kresse*
300 g	*Kartoffeln*
1 Bund	*Frühlingszwiebeln (etwa 200 g)*
10 g	*Butter*
	Salz
	gem. Pfeffer
800 ml	*Gemüsebrühe*
125 g	*Crème légère*
	ger. Muskatnuss

Zubereitungszeit: 25 Minuten
Garzeit: etwa 15 Minuten

1. Die Kräuter abspülen, trocken tupfen und die Blättchen von den Stängeln zupfen. Kräuterstängel fein hacken. Spinat abspülen und trocken tupfen (TK-Spinat auftauen lassen).

2. Kresse bis auf einen kleinen Rest zum Garnieren mit einer Schere abschneiden, abspülen und trocken tupfen. Kartoffeln schälen, abspülen, abtropfen lassen und in kleine Würfel schneiden. Frühlingszwiebeln putzen, abspülen, abtropfen lassen und in sehr feine Scheiben schneiden.

3. Butter in einem Topf zerlassen. Gehackte Kräuterstängel, die Frühlingszwiebelscheiben und die Kartoffelwürfel darin dünsten, mit Salz und Pfeffer würzen. Die Brühe hinzugießen. Die Zutaten etwa 15 Minuten bei schwacher Hitze leicht kochen lassen.

4. In der Zwischenzeit die abgezupften Kräuterblättchen, -spitzen und den Spinat fein hacken. Kräuter und Spinat zur Suppe geben. Die Suppe mit einem Pürierstab gut pürieren. Crème légère in die Suppe geben und kurz erwärmen, aber nicht mehr kochen lassen.

5. Die Suppe mit Salz, Pfeffer und Muskat abschmecken und mit Kresse garniert servieren.

Krautsalat, verfeinerter | Einfach

4 Portionen

Pro Portion: E: 4,1 g, F: 6,1 g, Kh: 28,9 g, kJ: 943, kcal: 224, BE: 2,5

30 g Sonnenblumenkerne
2 Äpfel, z. B. Elstar (etwa 300 g)
400 g frischer Krautsalat (mit Paprika und Zwiebeln, aus dem Kühlregal)
1 Bund Schnittlauch
Salz, gem. Pfeffer
1 Prise Zucker

Zubereitungszeit: 15 Minuten

1. Die Sonnenblumenkerne in einer Pfanne ohne Fett unter Wenden goldbraun rösten und auf einen Teller geben.

2. Äpfel abspülen und abtrocknen. Von den Äpfeln rundherum schmale Scheiben abschneiden, sodass nur noch das Kerngehäuse als Block übrig bleibt.

3. Die Apfelscheiben in schmale Streifen schneiden und sofort unter den Krautsalat heben.

4. Schnittlauch abspülen, trocken tupfen und in feine Röllchen schneiden. Die Schnittlauchröllchen unter den Salat heben. Den Krautsalat mit Salz, Pfeffer und Zucker abschmecken.

Tipps: Zusätzlich noch 200 g geraspelte Möhren unter den Salat heben (zusätzlich pro Portion: E: 0,4 g, F: 0,1 g, Kh: 3,4 g, kJ: 69, kcal: 17, BE: 0,5). Der frische Schnittlauch kann durch 25 g TK-Schnittlauch ersetzt werden. Für einen asiatisch verfeinerten Krautsalat ein daumengroßes Stück frischen Ingwer schälen, fein reiben oder hacken und unter den Salat heben.

Lamm und Pilze | Für Gäste

4 Portionen

Pro Portion: E: 21,1 g, F: 9,3 g, Kh: 12,6 g, kJ: 881, kcal: 210, BE: 1,0

1 kleines Stück frischer Ingwer (10 g)
1 Knoblauchzehe
1 Stange Porree (Lauch, etwa 200 g)
150 g Möhren
200 g Shiitakepilze
200 g Champignons
100 g Austernpilze
100 g Zuckerschoten
300 g Lammfilet (ausgelöster Rücken)
1 EL Speiseöl, z. B. Sonnenblumen- oder Sojaöl (10 g)
etwas Sojasauce
1–2 EL dunkles Sesamöl (10–20 g)
2–3 EL Limettensaft
½–1 TL Sambal Oelek

Zubereitungszeit: 30 Minuten

1. Den Ingwer schälen und fein reiben. Den Knoblauch abziehen und durch eine Knoblauchpresse drücken oder sehr fein hacken. Den Porree putzen, die Stange längs einschneiden, gründlich waschen und abtropfen lassen. Porree in feine Streifen schneiden.

2. Möhren putzen, schälen, abspülen und abtropfen lassen. Möhren in mundgerechte Stücke schneiden.

3. Alle Pilzsorten putzen, evtl. kurz abspülen und trocken tupfen. Pilze in Streifen oder Scheiben schneiden. Von den Zuckerschoten die Enden abschneiden. Die Schoten evtl. abfädeln, dann abspülen und gut abtropfen lassen.

4. Das Lammfilet mit Küchenpapier trocken tupfen und in feine Scheiben schneiden.

5. Speiseöl in einem Wok oder in einer großen Pfanne erhitzen. Die Fleischscheiben darin kurz und kräftig anbraten und dann wieder herausnehmen. Ingwer mit Knoblauch, Porreestreifen, Möhrenstücken, Zuckerschoten und Pilzen im verblieben Bratfett bei starker Hitze unter Wenden etwa 5 Minuten braten und anschließend mit etwas Sojasauce würzen.

6. Das Pilz-Gemüse mit Sesamöl, Limettensaft und Sambal Oelek würzig abschmecken. Das Fleisch wieder dazugeben und kurz erhitzen.

Leichte Frikadellen | Für Gäste

4 Portionen

Pro Portion: E: 35,5 g, F: 10,6 g, Kh: 1,5 g, kJ: 1024, kcal: 245, BE: 0,0

2 Schalotten (etwa 50 g)
Salz
1 kleine Gewürzgurke (etwa 50 g)
2 abgetropfte, abgespülte Sardellenfilets (etwa 10 g)
600 g Rindertatar
1 TL Tomatenketchup (etwa 7 g)
1 TL mittelscharfer Senf (etwa 7 g)
2 Eigelb (Größe M)
ger. Muskatnuss
gem. Pfeffer

1 EL Sonnenblumenöl (10 g)

Zubereitungszeit: 30 Minuten

1. Schalotten abziehen und in kleine Würfel schneiden. Salzwasser in einem Topf zum Kochen bringen. Die Schalottenwürfel darin kurz blanchieren, in ein Sieb gießen und mit kaltem Wasser abschrecken. Gewürzgurke ebenfalls in kleine Würfel schneiden. Die Sardellenfilets klein hacken.

2. Rindertatar in eine große Schüssel geben. Die vorbereiteten Zutaten mit Ketchup, Senf und Eigelb zum Tatar in die Schüssel geben und gut vermengen. Die Tatarmasse mit Salz, Muskat und Pfeffer gut würzen.

3. Aus der Tatarmasse mit angefeuchteten Händen 4 gleich große Frikadellen formen. Von beiden Seiten mit einem Messer ein Gittermuster in den Fleischteig drücken.

4. Das Sonnenblumenöl in einer Pfanne erhitzen. Die Frikadellen von jeder Seite etwa 2 Minuten anbraten, herausnehmen und sofort servieren.

Tipp: Richten Sie die Frikadellen auf einem Kartoffel-Gurken-Salat mit Radieschen an. Dazu den Pellkartoffelsalat von Seite 158 zubereiten (das halbe Rezept reicht dann für 4 Personen) und statt der Tomaten 3–4 Radieschen putzen, entstielen, waschen, abtrocknen und in Stifte schneiden.

Leichte Muffins mit Quark I

Einfach

12 Stück

Pro Stück: E: 4,0 g, F: 7,7 g, Kh: 23,7 g, kJ: 766, kcal: 183, BE: 2,0

Zum Vorbereiten:

75 g getrocknete Aprikosen
2 EL Wasser

Für den Rührteig:

65 g Butter oder Margarine (zimmerwarm)
3 EL Speiseöl, z. B. Sonnenblumenöl (30 g)
70 g Zucker
1 Pck. Dr. Oetker Vanillin-Zucker
1 Prise Salz
1 Ei (Größe M)
125 g Magerquark
175 g Weizenmehl
3 gestr. TL Dr. Oetker Backin
5 EL Milch (1,5 % Fett)
50 g Rosinen

Außerdem:

12 Muffin-Papierbackförmchen

Zubereitungszeit: 25 Minuten
Backzeit: 25–30 Minuten

1. Zum Vorbereiten eine Muffinform für 12 Muffins mit Papierbackförmchen auslegen. Aprikosen in kleine Stücke schneiden und in einer Schüssel mit 2 Esslöffeln Wasser vermischen. Aprikosenstücke etwa 10 Minuten einweichen lassen.

2. In der Zwischenzeit den Backofen vorheizen.
Ober-/Unterhitze: etwa 180 °C
Heißluft: etwa 160 °C

3. Für den Teig Butter oder Margarine mit einem Mixer (Rührstäbe) auf höchster Stufe geschmeidig rühren. Nach und nach Speiseöl, Zucker, Vanillin-Zucker und Salz unterrühren. So lange rühren, bis eine gebundene Masse entstanden ist.

4. Das Ei etwa ½ Minute unterrühren. Dann den Quark kurz unterrühren.

5. Mehl mit Backpulver mischen und abwechselnd mit der Milch kurz auf mittlerer Stufe unterrühren. Rosinen und Aprikosenstücke vorsichtig auf niedrigster Stufe unter den Teig rühren.

6. Den Teig in der Muffinform verteilen und glatt streichen. Die Form auf dem Rost in den vorgeheizten Backofen schieben. Die Muffins **25–30 Minuten backen.**

7. Die Muffinform auf einen Kuchenrost stellen. Die Muffins nach etwa 5 Minuten aus der Form lösen und auf dem Kuchenrost erkalten lassen.

Tipps: Die Muffins mit insgesamt 1 Esslöffel Puderzucker (etwa 5 g) bestäuben (zusätzlich pro Stück: E: 0,0 g, F: 0,0 g, Kh: 0,4 g, kJ: 7, kcal: 2, BE: 0,0). Wenn Sie die Zutaten verdoppeln, können Sie aus dem gleichen Teig auch einen **Gugelhupf mit Quark** backen. Dafür den Teig wie beschrieben zubereiten, in eine Gugelhupfform füllen (Ø 22 cm, leicht gefettet) und glatt streichen. Dann die Form auf dem Rost im unteren Drittel in den vorgeheizten Backofen schieben. Die Backzeit des Gugelhupfs erhöht sich auf etwa 60 Minuten. Die Backtemperatur ändert sich allerdings nicht. Damit sich die Rosinen und Aprikosen gleichmäßig im Kuchen verteilen, sie in etwas Mehl wälzen, bevor sie in den Teig kommen.

Lollo rosso mit gedünstetem Gemüse I

Einfach – raffiniert

4 Portionen

Pro Portion: E: 3,1, F: 11,8 g, Kh: 7,4 g, kJ: 627, kcal: 150, BE: 0,2

1 Gemüsezwiebel (etwa 250 g)
1 Zucchini (etwa 250 g)
1 Aubergine (etwa 300 g)
4 1/2 EL Olivenöl (45 g)
1 Lollo rosso (etwa 200 g)
2 EL kalte Gemüsebrühe
1 1/2 EL Zitronensaft
1/2–1 EL Apfelessig (ersatzweise Weißweinessig)
1 TL Dijon-Senf (3 g)
2–3 TL abgetropfte, rote Pfefferkörner (in Lake)
Salz
evtl. gem., schwarzer Pfeffer
1 Prise Zucker

Zubereitungszeit: 30 Minuten, ohne Abkühlzeit

1. Die Gemüsezwiebel abziehen, halbieren und in dünne Ringe schneiden.

2. Zucchini und Aubergine abspülen, abtrocknen, und die beiden Enden abschneiden. Zucchini und Aubergine in dünne Scheiben schneiden.

3. In einer großen Pfanne 1 Esslöffel von dem Olivenöl erhitzen. Die Hälfte der Zwiebelringe und der Zucchinischeiben darin bei mittlerer bis großer Hitze in etwa 5 Minuten unter gelegentlichem Rühren goldbraun anbraten und herausnehmen.

4. Einen weiteren Esslöffel Olivenöl in der Pfanne erhitzen. Die restlichen Zwiebelringe und Zucchinischeiben darin ebenso anbraten und herausnehmen.

5. Je die Hälfte der Auberginenscheiben in je 1 Esslöffel Olivenöl bei mittlerer bis starker Hitze in je 5 Minuten braun anbraten, dabei die Auberginenscheiben einmal wenden. Das Gemüse herausnehmen und zum Abkühlen beiseitestellen.

6. In der Zwischenzeit Lollo rosso putzen, abspülen und abtropfen lassen oder trocken schleudern. Den Salat in mundgerechte Stücke zupfen.

7. Das restliche Olivenöl mit der Gemüsebrühe, dem Zitronensaft und dem Essig in einer Schüssel verrühren. Den Senf und die abgetropften Pfefferkörner unterrühren. Die Marinade mit Salz, nach Belieben mit etwas Pfeffer sowie mit Zucker abschmecken.

8. Den Lollo rosso auf 4 Tellern verteilen. Das angedünstete, etwas abgekühlte Gemüse darauf verteilen.

9. Die Marinade über den Salat träufeln. Den Salat sofort servieren.

Beilage: Reichen Sie dazu 250 g ofenfrisches Baguette (zusätzlich pro Portion: E: 4,6 g, F: 0,8 g, Kh: 31,7 g, kJ: 649, kcal: 155, BE: 2,5).

Tipps: Die roten Pfefferkörner sind schärfer im Geschmack als die grünen. Dosieren Sie deshalb vorsichtig. Das italienische Gemüse passt auch zu anderen Blattsalaten wie Lollo bionda oder Kopfsalat. Den Lollo rosso erst kurz vor dem Servieren marinieren, dann bleiben die Salatblätter knackig-frisch. Ab Mai beginnt die Saison für Freilandsalat. Der schmeckt nicht nur intensiver, der Salat ist dann auch nährstoffreicher.

Maiskolben vom Grill | Feurig

4 Stück

Pro Stück: E: 3,7 g, F: 6,3 g, Kh: 19,1 g, kJ: 635, kcal: 151, BE: 1,5

4 Maiskolben (je etwa 200 g)
1 kleine Zwiebel (etwa 50 g)
2 Knoblauchzehen
1 walnussgroßes Stück frischer Ingwer (etwa 5 g)
2 Chilischoten (je etwa 20 g)
1 Bio-Limette (unbehandelt, ungewachst)
2 EL flüssiger Honig (etwa 20 g)
3 EL Sojasauce (etwa 30 g)
2 EL Sesam- oder Erdnussöl (20 g)
1 EL Fünf-Gewürze-Pulver
1 Prise Salz

Außerdem:
Alufolie

Zubereitungszeit: 30 Minuten

1. Die Maiskolben von den Blättern befreien, abspülen und trocken tupfen.

2. Zwiebel und Knoblauchzehen abziehen, halbieren und in kleine Würfel schneiden. Ingwer schälen und fein reiben. Die Chilischoten kurz abspülen, abtrocknen, quer halbieren und entkernen. Chilischoten in feine Ringe schneiden.

3. Die Limette heiß abwaschen, abtrocknen und die Schale fein abreiben. Limette halbieren und den Saft auspressen.

4. Den Honig in eine Schüssel geben. Zwiebel- und Knoblauchwürfel, Chilischotenringe, Limettenschale und -saft, Sojasauce, Sesam- oder Erdnussöl und Fünf-Gewürze-Pulver hinzufügen. Die Zutaten gut verrühren und mit Salz abschmecken.

5. Die Maiskolben auf jeweils ein Stück Alufolie legen und vollständig mit der Sauce einpinseln. Restliche Sauce auf den Maiskolben verteilen. Die Maiskolben in die Alufolie einwickeln. Die Folie gut festdrücken.

6. Die Maiskolben auf den heißen Grillrost legen und am Rand des Grillrostes etwa 20 Minuten grillen, dabei die Kolben ab und zu wenden.

Tipps: Das Sesam- oder Erdnussöl kann durch Sonnenblumen- oder Olivenöl ersetzt werden. Die Maiskolben passen gut zu Salat.

Mandarinen-Vanille-Muffins

Fruchtig

12 Stück

Pro Stück: E: 2,6 g, F: 7,5 g, Kh: 29,1 g, kJ: 818, kcal: 195, BE: 2,5

Für den Teig:

170 g Weizenmehl
1 Pck. Gala Bourbon-Vanille-Pudding-Pulver
3 gestr. TL Dr. Oetker Backin
1 Prise Salz
120 g Zucker
150 ml Milch (1,5 % Fett)
80 ml neutrales Speiseöl, z. B. Sonnenblumenöl
1 Ei (Größe M)
350 g abgetropfte Mandarinen (aus der Dose)

Außerdem:

12 Muffin-Papierbackförmchen

Zubereitungszeit: 25 Minuten, ohne Abkühlzeit
Backzeit: etwa 25 Minuten

1. Den Backofen vorheizen.
Ober-/Unterhitze: etwa 180 °C
Heißluft: etwa 160 °C

2. Für den Teig Mehl, Pudding-Pulver, Backpulver, Salz und Zucker in einer Rührschüssel mit einem Schneebesen verrühren.

3. Milch, Speiseöl und Ei in einem Rührbecher mit dem Schneebesen verrühren.

4. Die flüssigen Zutaten zu der Mehl-Pudding-Pulver-Mischung in die Rührschüssel geben und zu einem glatten Teig verrühren. Die Hälfte der Mandarinen unterheben.

5. Den Teig in eine Muffinform (für 12 Muffins, mit Papierbackförmchen ausgelegt) geben und mit den restlichen Mandarinen belegen.

6. Die Form auf dem Rost in den vorgeheizten Backofen schieben. Mandarinen-Vanille-Muffins **etwa 25 Minuten backen.**

7. Die Form auf einen Kuchenrost stellen. Die Mandarinen-Vanille-Muffins etwa 5 Minuten in der Form abkühlen lassen, dann aus der Form lösen und auf dem Kuchenrost erkalten lassen.

Tipps: Halbieren Sie sehr große Mandarinenstücke. Die Muffins glänzen, wenn sie mit Aprikosenkonfitüre bestrichen werden. Dafür 80 g Aprikosenkonfitüre pürieren oder durch ein Sieb streichen, mit 1 Esslöffel Wasser verrühren und aufkochen lassen. Die heißen Muffins damit bestreichen und erkalten lassen (zusätzlich pro Stück: E: 0,0 g, F: 0,0 g, Kh: 4,0 g, kJ: 70, kcal: 17, BE: 0,5).

Mangold-Hirse-Gemüse | Raffiniert

4 Portionen

Pro Portion: E: 10,0 g, F: 6,4 g, Kh: 50,6 g, kJ: 1310, kcal: 311, BE: 4,0

70 g getrocknete Aprikosen
150 g Zwiebeln
2–3 Knoblauchzehen
1 Zimtstange
1–2 EL Speiseöl (10–20 g)
1–2 TL gem. Kreuzkümmel (Cumin)
150 g Hirse
70 g Rosinen
650 ml Gemüsebrühe
800 g Mangold
2 EL Zitronensaft
Salz, Cayennepfeffer

Zubereitungszeit: 30 Minuten

1. Die Aprikosen in Streifen schneiden. Dann Zwiebeln und Knoblauch abziehen. Die Zwiebeln halbieren und in Spalten schneiden, den Knoblauch in Scheiben schneiden. Zimtstange in Stücke brechen.

2. Speiseöl in einem Wok oder einer großen Pfanne erhitzen. Die Zimtstangenstücke und den Kreuzkümmel darin unter Rühren kurz anrösten. Zwiebeln und Knoblauch hinzufügen und anbraten. Dann die Hirse, die Rosinen und die Aprikosenstreifen hinzufügen.

3. Die Hälfte der Brühe dazugießen und zum Kochen bringen. Die Hirsepfanne zugedeckt bei mittlerer Hitze etwa 15 Minuten garen. Dabei die restliche Brühe nach und nach angießen.

4. In der Zwischenzeit Mangold gründlich waschen und abtropfen lassen. Mangoldblätter von den Stielen schneiden, die Stiele abziehen, in Streifen schneiden und sofort in dem Zitronensaft schwenken.

5. Die Mangoldstiele zu der Hirse in den Wok bzw. die Pfanne geben und 8–10 Minuten mitgaren.

6. In der Zwischenzeit die Mangoldblätter in Streifen schneiden, ebenfalls zu der Hirse geben. Die Mangold-Hirse-Pfanne noch etwa 5 Minuten weitergaren.

7. Das Mangold-Hirse-Gemüse mit Salz, Cayennepfeffer und Kreuzkümmel abschmecken.

Maultaschen-Suppe | Für Gäste

4 Portionen

Pro Portion: E: 10,2 g, F: 4,9 g, Kh: 32,7 g, kJ: 920, kcal: 218, BE: 2,5

Für die Suppe:

3 Tomaten (etwa 300 g)
3–4 Stängel frischer Thymian
400 ml Gemüsefond
1 Stange Porree (Lauch, etwa 200 g)
10–20 g Butter oder Margarine
1 Lorbeerblatt
600 ml heiße Gemüsebrühe
gem. Pfeffer
Salz

Für die Einlage:

400 g Maultaschen mit Pilzfüllung (aus dem Kühlregal)
3 EL Schnittlauchröllchen

Zubereitungszeit: 20 Minuten

1. Für die Suppe die Tomaten kreuzweise einschneiden und mit kochendem Wasser übergießen. Nach 1–2 Minuten herausnehmen und mit kaltem Wasser abschrecken. Tomaten enthäuten, halbieren und die Stängelansätze herausschneiden.

2. Die Tomaten vierteln und entkernen, dabei die Tomatenkerne und -flüssigkeit auffangen und beiseitestellen. Die Tomatenviertel in Würfel schneiden und ebenfalls beiseitestellen. Thymian abspülen und trocken tupfen.

3. Tomatenkerne und -flüssigkeit, 2 Stängel Thymian und Gemüsefond in einen Topf geben. Die Zutaten zum Kochen bringen und etwa 5 Minuten bei schwacher Hitze ziehen lassen.

4. In der Zwischenzeit den Porree putzen, die Stange längs halbieren, gründlich waschen und abtropfen lassen. Porree in dünne Streifen schneiden.

5. Butter oder Margarine in einem Topf zerlassen. Die Porreestreifen, den restlichen Thymian und das Lorbeerblatt hinzugeben und darin andünsten.

6. Den Tomaten-Gemüsefond durch ein Sieb hinzugießen. Brühe ebenfalls hinzugießen und aufkochen lassen, mit Pfeffer würzen.

7. Für die Einlage die Maultaschen in die Suppe geben und bei schwacher Hitze etwa 8 Minuten ziehen lassen. Die Suppe darf dabei nicht mehr kochen.

8. Die beiseitegestellten Tomatenwürfel in die Suppe geben und kurz darin erhitzen. Die Suppe mit Salz und Pfeffer abschmecken.

9. Maultaschen-Suppe in tiefe Teller geben und mit Schnittlauchröllchen bestreut servieren.

Tipps: Anstatt Porree können Sie auch die gleiche Menge Frühlingszwiebeln verwenden. Noch schneller geht es, wenn Sie TK-Porree verwenden, auf das Auskochen der Tomatenkerne und -flüssigkeit verzichten und stattdessen geviertelte Cocktailtomaten nur kurz in der fertig gegarten Suppe erhitzen. Kochen Sie dann den Gemüsefond nur mit den Thymianstängeln.

Melonensalat | Raffiniert

4 Portionen

Pro Portion: E: 2,5 g, F: 6,6 g, Kh: 10,5 g, kJ: 475, kcal: 114, BE: 1,0

1 Ogen-Melone (etwa 250 g Fruchtfleisch)
1 Friséesalat (etwa 300 g)
150 g Feldsalat

Für die Sauce:

Saft von 1 Zitrone
Salz, gem., weißer Pfeffer
1 TL Zucker (5 g)
2–3 EL Sonnenblumenöl (20–30 g)

Zubereitungszeit: 30 Minuten

1. Die Melone halbieren und entkernen. Aus dem Fruchtfleisch kleine Kugeln ausstechen oder das Fruchtfleisch in Würfel schneiden.

2. Von dem Friséesalat die äußeren welken Blätter entfernen, die anderen vom Strunk lösen. Die Salatblätter abspülen, gut abtropfen lassen oder trocken schleudern und in mundgerechte Stücke zupfen.

3. Von dem Feldsalat die Wurzelenden abschneiden und welke Blätter entfernen. Salat gründlich waschen und gut abtropfen lassen oder trocken schleudern.

4. Die beiden Salate vorsichtig miteinander vermischen und in eine Schüssel geben. Melonenkugeln oder -würfel daraufgeben.

5. Für die Sauce Zitronensaft mit Salz, Pfeffer und Zucker verrühren. Das Sonnenblumenöl unterschlagen. Die Sauce evtl. nochmals abschmecken und über den Salat träufeln.

Tipps: Ogen-Melonen gehören zu den Kantalup-Melonen. Sie haben eine grünliche, glatte Schale und gelb-grünliches Fruchtfleisch. Möchten Sie noch mehr Zeit sparen, können Sie bereits vorgeschnittenes, verzehrfertiges Melonenfruchtfleisch kaufen.

Misosuppe mit Zuckerschoten I

Asiatisch inspiriert

4 Portionen

Pro Portion: E: 7,8 g, F: 4,4 g, Kh: 21,3 g, kJ: 659, kcal: 157, BE: 1,5

1 Bund Frühlingszwiebeln (etwa 200 g)
200 g Zuckerschoten
1 l Hühnerbrühe
2 EL Miso (etwa 40 g – chinesische Würzpaste, erhältlich im Asialaden)
50 g Wok-Nudeln (Instant-Nudeln)
180 g abgetropfte Bambusschösslinge in Streifen (aus dem Glas)
1 EL Sesamöl (10 g)
2 EL Sojasauce
1–1 1/2 EL Weißweinessig
evtl. Salz, gem. Pfeffer

Zubereitungszeit: 20 Minuten

1. Frühlingszwiebeln putzen, abspülen, abtropfen lassen und in feine Scheiben schneiden. Von den Zuckerschoten die Enden abschneiden, die Schoten evtl. abfädeln. Schoten abspülen, abtropfen lassen und schräg in Stücke schneiden.

2. Die Hühnerbrühe mit Miso in einem Topf unter gelegentlichem Rühren bei starker Hitze zum Kochen bringen. Die Nudeln hinzufügen und alles zugedeckt etwa 3 Minuten bei mittlerer Hitze köcheln lassen.

3. Bambusschösslinge, Frühlingszwiebelscheiben und Zuckerschotenhälften zufügen. Alles erneut aufkochen und zugedeckt bei kleiner bis mittlerer Hitze weitere etwa 2 Minuten garen, bis das Gemüse und die Nudeln bissfest sind. Topf von der Kochstelle nehmen.

4. Die Suppe mit Sesamöl, Sojasauce, Essig, evtl. Salz und Pfeffer pikant abschmecken. Die Suppe in Schälchen servieren.

Beilage: Sehr lecker schmeckt Rührei in der Suppe (Foto). Dafür 2 Eier (Größe M) und 2 Esslöffel Milch (1,5 % Fett) mit einer Gabel verquirlen. 2 Esslöffel (20 g) Speiseöl in einer kleinen Pfanne erhitzen. Die Eiermilch hineingeben und zum Rührei braten. Das Rührei mit 2 Gabeln zerpflücken und in die heiße Suppe geben (zusätzlich pro Portion: E: 3,5 g, F: 7,7 g, Kh: 0,7 g, kJ: 354, kcal: 85, BE: 0,1).

Mittelmeer-Fischauflauf I

Mediterraner Genuss

4 Portionen

Pro Portion: E: 34,3 g, F: 15,6 g, Kh: 11,8 g, kJ: 1377, kcal: 330, BE: 0,5

1 Gemüsezwiebel (etwa 350 g)
2 kleine Auberginen (je etwa 250 g)
3 kleine Zucchini (etwa 500 g)
4 EL Olivenöl (40 g)
evtl. 2 EL Wasser
4 Tomaten (etwa 350 g)
Salz
gem. Pfeffer
600 g Seelachsfilet
2 EL Zitronensaft
geschrotete, rosa Pfefferbeeren
1/2 TL gerebelter Oregano
1/2 TL gerebeltes Basilikum

Außerdem:

etwas Butter für die Form (5 g)

Zubereitungszeit: 30 Minuten
Garzeit: etwa 20 Minuten

1. Die Gemüsezwiebel abziehen, vierteln und in Streifen schneiden. Auberginen und Zucchini abspülen, abtrocknen und die Enden abschneiden. Auberginen und Zucchini längs halbieren und in halbe Scheiben schneiden.

2. Den Backofen vorheizen.
Ober-/Unterhitze: etwa 200 °C
Heißluft: etwa 180 °C

3. Das Olivenöl portionsweise in einer großen Pfanne erhitzen. Zwiebelstreifen, Auberginen- und Zucchinischeiben darin andünsten. Evtl. 2 Esslöffel Wasser hinzugeben.

4. Das gedünstete Gemüse in eine große, flache Auflaufform (gefettet) geben.

5. Tomaten kreuzweise einschneiden und mit kochendem Wasser begießen. Nach 1–2 Minuten herausnehmen und mit kaltem Wasser abschrecken. Tomaten enthäuten, halbieren und die Stängelansätze herausschneiden. Tomaten in Scheiben schneiden. Tomatenscheiben auf dem Gemüse verteilen, mit Salz und Pfeffer bestreuen.

6. Seelachsfilet unter fließendem kalten Wasser abspülen, trocken tupfen und evtl. in Portionsstücke schneiden. Die Filetstücke mit Zitronensaft beträufeln und mit Salz bestreuen.

7. Fischfilet auf das Gemüse legen, mit Pfefferbeeren, Oregano und Basilikum bestreuen.

8. Die Form auf dem Rost in den vorgeheizten Backofen (mittlere Einschubleiste) schieben. Den Mittelmeer-Fischauflauf **etwa 20 Minuten garen.**

Tipp: Den Auflauf zum Servieren mit einigen abgespülten und trocken getupften Basilikumblättchen bestreuen.

Einkaufstipp: Wenn Sie keinen frischen Seelachs bekommen können, ersetzen Sie ihn durch tiefgefrorene Seelachsfilets. Dafür die Filets nach Packungsanleitung auftauen lassen; das geht am besten in einem Sieb, zugedeckt im Kühlschrank – Gefriergut sollte nämlich niemals im Auftauwasser liegen.

Mittelmeer-Salat | Mediterraner Genuss

4 Portionen

Pro Portion: E: 9,0 g, F: 6,4 g, Kh: 45,3 g, kJ: 1185, kcal: 282, BE: 3,0

200 g Bulgur
400 ml Gemüsebrühe
3 Fleischtomaten (je etwa 275 g)
1 Zucchini (etwa 300 g)
3 gelbe Spitzpaprika (etwa 300 g, ersatzweise 2 kleine, gelbe Paprikaschoten)

Für die Salatsauce:

1 rote Peperoni
4–6 EL Zitronensaft
2 EL Olivenöl (20 g)
Salz, gem. Pfeffer
Paprikapulver rosenscharf

je 1 kleines Bund Petersilie und Thymian

Zubereitungszeit: 25 Minuten, ohne Abkühl- und Durchziehzeit

1. Bulgur mit der Gemüsebrühe nach Packungsanleitung in einem Topf zubereiten. Den garen Bulgur in eine Salatschüssel geben und abkühlen lassen.

2. Die Fleischtomaten kreuzweise einschneiden und mit kochendem Wasser übergießen. Nach 1–2 Minuten herausnehmen und mit kaltem Wasser abschrecken. Die Tomaten enthäuten, halbieren und die Stängelansätze herausschneiden. Tomaten entkernen und das Fruchtfleisch in kleine Stücke schneiden.

3. Die Zucchini abspülen, abtrocknen und die Enden abschneiden. Die Zucchini in kleine Würfel schneiden. Spitzpaprika halbieren, entstielen, entkernen und die weißen Scheidewände entfernen. Schotenhälften abspülen, abtropfen lassen und in Stücke schneiden.

4. Den beiseitegestellten Bulgur mit 2 Gabeln etwas auflockern. Tomatenstücke, Zucchiniwürfel und Paprikastücke unterheben.

5. Für die Salatsauce die Peperoni längs aufschneiden, entkernen und die Scheidewände herausschneiden. Schotenhälften abspülen, trocken tupfen und in Streifen schneiden.

6. Die Peperonistreifen mit 4 Esslöffeln Zitronensaft verrühren, das Olivenöl unterschlagen. Die Zutaten mit Salz, Pfeffer und Paprikapulver würzen.

7. Die Sauce mit den Salatzutaten vermengen und zugedeckt und kalt gestellt etwa 30 Minuten durchziehen lassen.

8. Zum Servieren Petersilie und Thymian abspülen, trocken tupfen und die Blättchen von den Stängeln zupfen. Blättchen fein hacken und unter den Salat geben.

9. Den Salat nochmals mit Zitronensaft und den Gewürzen abschmecken und servieren.

Tipps: Für ein intensiveres Aroma können Sie die gehackten Kräuter auch am Anfang mit den übrigen Salatzutaten zum Bulgur geben. Der Mittelmeer-Salat ist zum Mitnehmen geeignet. Statt in Gemüsebrühe können Sie Bulgur auch einfach in kochendem Salzwasser garen. Je nach Packungsanleitung variiert die Menge der Flüssigkeit. Wenn Sie es herzhafter mögen, geben Sie zusätzlich je 1 Knoblauchzehe und Zwiebel (beides abgezogen und fein gehackt) mit dem Gemüse zum Bulgur.

Mohnsoufflé auf Mangopüree I

Süßer Genuss

8 Stück

Pro Stück: E: 10,6, F: 12,8, Kh: 13,3, kJ: 881, kcal: 210, BE: 1,0

Für das Mohnsoufflé:

8 Eiweiß (Größe M)
3 Pck. Dr. Oetker Bourbon-Vanille-Zucker
1 Prise Salz
4 Eigelb (Größe M)
1 EL Zucker (10 g)
½ TL gem. Zimt
abgeriebene Schale von ½ Bio-Zitrone (unbehandelt, ungewachst)
100 g Mohn
25 g Weizenmehl
50 g abgezogene, gem. Mandeln
1 Apfel (etwa 150 g)
2 EL Wasser

Für das Mangopüree:

1 reife Mango (etwa 300 g)

Außerdem:

1 ½ TL Butter oder Margarine für die Förmchen (etwa 7 g)
8 kleine Auflaufförmchen (je etwa 125 ml Inhalt)

Zubereitungszeit: 25 Minuten
Backzeit: 20–30 Minuten

1. Den Backofen vorheizen.
Ober-/Unterhitze: etwa 180 °C
Heißluft: etwa 160 °C

2. Für das Soufflé Eiweiß in eine große Rührschüssel geben. Das Eiweiß mit 1 Päckchen von dem Vanille-Zucker und Salz mit einem Mixer (Rührstäbe) auf höchster Stufe steif schlagen und beiseitestellen.

3. In einer großen Rührschüssel Eigelb, Zucker, restlichen Vanille-Zucker, Zimt und Zitronenschale mit dem Mixer (Rührstäbe) zunächst kurz auf niedrigster, dann auf höchster Stufe sehr schaumig schlagen.

4. Den Mohn, das Mehl und die Mandeln gut vermischen. Die Mohnmischung auf die Eierschaummasse geben und mit einem Schneebesen vorsichtig unterheben.

5. Den Apfel schälen, vierteln, entkernen und auf der Küchenreibe grob raspeln. Die Apfelraspel mit dem Wasser vermischen. Den Eischnee und den geraspelten Apfel ebenfalls auf die Schaummasse geben und vorsichtig unterheben.

6. Die Soufflémasse in 8 Auflaufförmchen (gefettet) verteilen und glatt streichen. Die Förmchen auf dem Rost (unteres Drittel) in den vorgeheizten Backofen schieben. Die Mohnsoufflés **20–30 Minuten backen.**

7. Für das Mangopüree in der Zwischenzeit die Mango halbieren. Das Fruchtfleisch vom Stein schneiden. Die Mango schälen und in Stücke schneiden. Mangostücke in einen hohen Rührbecher geben und mit einem Pürierstab fein pürieren. Das Mangopüree auf 8 Tellern verteilen.

8. Die Soufflés auf einen Kuchenrost stellen und vorsichtig aus den Förmchen lösen. Jeweils 1 Soufflé auf 1 Portion Mangopüree setzen. Die Soufflés sofort servieren.

Tipps: Die Soufflés mit etwas Puderzucker bestäuben und zusätzlich mit Mangospalten garnieren. Sie können die Apfelraspel auch mit der gleichen Menge Rum statt Wasser vermischen (zusätzlich pro Portion: E: 0,0 g, F: 0,0 g, Kh: 0,0 g, kJ: 29, kcal: 7, BE: 0,0).

Möhrenkuchen mit Äpfeln I

Fruchtig

20 Stücke

Pro Stück: E: 3,1 g, F: 8,3 g, Kh: 25,3 g, kJ: 791, kcal: 189, BE: 2,0

Für den All-in-Teig:

300 g Weizenmehl
4 gestr. TL Dr. Oetker Backin
125 g Zucker
1 Pck. Dr. Oetker Vanillin-Zucker
1 Pck. Dr. Oetker Finesse Geriebene Zitronenschale
3 Eier (Größe M)
125 ml Möhrensaft mit Honig und Zitronensaft
125 ml Speiseöl, z. B. Sonnenblumenöl

Für den Belag:

750 g mittelgroße Äpfel
6–7 ganze, abgezogene Mandeln
20 g Rosinen
20 g Erdbeerkonfitüre
30 g gehobelte Mandeln

Zum Bestäuben:

30 g Puderzucker

Zubereitungszeit: 45 Minuten, ohne Abkühlzeit
Backzeit: etwa 25 Minuten

1. Für den Teig Mehl mit Backpulver in einer Rührschüssel mischen. Restliche Zutaten hinzufügen und mit einem Mixer (Rührstäbe) zunächst kurz auf niedrigster, dann auf höchster Stufe in etwa 2 Minuten zu einem glatten Teig verarbeiten.

2. Den Backofen vorheizen.
Ober-/Unterhitze: etwa 180 °C
Heißluft: etwa 160 °C

3. Den Teig auf ein Backblech (30 x 40 cm, gefettet, mit Backpapier belegt) geben und glatt streichen.

4. Für den Belag Äpfel schälen. Mit einem Apfelausstecher das Kerngehäuse entfernen. Die Äpfel waagerecht in etwa 1 cm dicke Scheiben schneiden. Die Apfelscheiben auf dem Teig verteilen.

5. Die Löcher der Apfelscheiben abwechselnd mit je 1 Mandel und einigen Rosinen oder der Konfitüre füllen. Die gehobelten Mandeln auf den Teig streuen. Die Apfelscheiben mit etwa der Hälfte des Puderzuckers bestäuben. Das Backblech in den vorgeheizten Backofen schieben. Den Möhrenkuchen **etwa 25 Minuten backen.**

6. Das Backblech auf einen Kuchenrost stellen. Den Kuchen erkalten lassen und mit dem restlichen Puderzucker bestäuben.

Tipp: Wenn Sie keinen Apfelausstecher haben, können Sie die Kerngehäuse in den Apfelscheiben auch mit einer kleinen, runden Ausstechform oder einer umgedrehten Garniertülle des Spritzbeutels entfernen.

Möhren-Süßkartoffel-Gemüse I

Zubereitung im Topf mit Dämpfeinsatz (Ø etwa 26 cm)

4 Portionen

Pro Portion: E: 1,5 g, F: 3,6 g, Kh: 18,6 g, kJ: 483, kcal: 115, BE: 1,5

300 g	*Möhren*
300 g	*Süßkartoffeln*
	Salz
1 Döschen	*Safran (0,2 g)*
1–2 EL	*Butter (10–20 g)*

Zubereitungszeit: 30 Minuten

1. Die Möhren putzen, schälen, abspülen und abtropfen lassen. Süßkartoffeln schälen, abspülen und abtropfen lassen. Möhren und Süßkartoffeln in gleich große Würfel schneiden. Die Gemüsewürfel in einen hitzebeständigen Teller geben, mit Salz bestreuen und mit Safran vermischen.

2. Den Topf etwa 3 cm hoch mit Wasser füllen. Wasser zugedeckt zum Kochen bringen. Den Teller mit dem Gemüse in den Dämpfeinsatz stellen. Dabei darauf achten, dass am Rand die Dampfaustrittslöcher nicht bedeckt sind.

3. Den Dämpfeinsatz in den Topf hängen und mit einem Deckel verschließen. Das Wasser nur leicht köcheln lassen. Das Gemüse 10–15 Minuten dämpfen.

4. In der Zwischenzeit die Butter zerlassen und nach der Dämpfzeit unter das Möhren-Süßkartoffel-Gemüse rühren.

Tipp: Das Möhren-Süßkartoffel-Gemüse passt gut zu Geflügel- oder Fischgerichten.

Muscheltopf mit weißen Bohnen und Tomaten I

Schmeckt nach Urlaub – mit Alkohol

2 Portionen

Pro Portion: E: 17,6 g, F: 12,7 g, Kh: 29,8 g, kJ: 1436, kcal: 342, BE: 2,5

800 g Miesmuscheln
1 Zwiebel (etwa 65 g)
1 Knoblauchzehe
1 gelbe Paprikaschote (etwa 200 g)
2 EL Olivenöl (20 g)
8–10 Stängel Thymian
100 ml trockener Weißwein
225 g abgetropfte, weiße Bohnen (aus der Dose)
370 g stückige Tomaten (aus der Dose)
Salz, gem. Pfeffer

Zubereitungszeit: 30 Minuten

1. Miesmuscheln in reichlich kaltem Wasser gründlich waschen und einzeln abbürsten, bis sie nicht mehr sandig sind. Muscheln, die sich beim Waschen geöffnet haben, aussortieren. Diese sind ungenießbar. Evtl. die Fäden (Bartbüschel) entfernen.

2. Die Zwiebel abziehen, halbieren und in feine Würfel schneiden. Knoblauch ebenfalls abziehen, durch eine Knoblauchpresse drücken oder sehr fein würfeln.

3. Die Paprikaschote halbieren, entstielen, entkernen und die weißen Scheidewände entfernen. Schotenhälften abspülen, abtropfen lassen und in kleine Stücke schneiden.

4. Das Olivenöl in einem Topf erhitzen. Zwiebel-, Knoblauchwürfel und Paprikastücke darin andünsten. Thymian abspülen und trocken tupfen. 4 Thymianstängel zum Garnieren beiseitelegen.

5. Die Miesmuscheln und 2 der restlichen Thymianstängel in den Topf geben, den Weißwein hinzugießen. Die Bohnen kurz mit kaltem Wasser abspülen und abtropfen lassen.

6. Stückige Tomaten und Bohnen in den Topf geben und gut unterrühren. Das Ganze mit Salz und Pfeffer würzen, kurz aufkochen lassen und etwa 10 Minuten zugedeckt köcheln lassen, bis sich die Muscheln geöffnet haben. Ungeöffnete Muscheln (diese sind ungenießbar) und die leeren Schalenhälften aussortieren.

7. Den Muscheltopf mit den beiseitegelegten Thymianstängeln garnieren und servieren.

Müsli mit frischen Früchten I

Zum Frühstück

1 Portion

Pro Portion: E: 11,7 g, F: 4,9 g, Kh: 66,5 g, kJ: 1541, kcal: 368, BE: 5,5

1 ½ EL	*Haferflocken*
1 ½ EL	*Cornflakes*
10 g	*Rosinen*
je 30 g	*blaue und grüne, kernlose Weintrauben*
½	*Apfel (etwa 75 g)*
1	*Kiwi (etwa 50 g)*
1 Stück	*Banane (etwa 50 g)*
200 ml	*Milch (1,5 % Fett)*

Zubereitungszeit: 5 Minuten

1. Haferflocken mit Cornflakes und Rosinen in einer Schale mischen.

2. Weintrauben abspülen und gut abtropfen lassen.

3. Apfel heiß abwaschen, abtrocknen, halbieren und das Kerngehäuse entfernen. Apfel in dünne Spalten schneiden.

4. Die Kiwi und die Banane schälen und in Scheiben schneiden.

5. Das Obst zu der Müslimischung in die Schale geben. Das Müsli mit Milch übergießen.

Tipp: Sie können statt Haferflocken, Cornflakes und Rosinen die gleiche Menge einer fertigen, fettarmen und ungezuckerten Müslimischung verwenden.

Neue Kartoffeln mit Lammfilets I

Für Gäste

6 Portionen

Pro Portion: E: 23,9 g, F: 8,2 g, Kh: 28,4 g, kJ: 1205, kcal: 287, BE: 2,0

2 Lammfilets (Lammlachse, je etwa 300 g)
2 Knoblauchzehen
1 rote Peperoni
3 EL Olivenöl (30 g)
etwas gerebelter Thymian

1 kg kleine, neue Kartoffeln
1 Bund Frühlingszwiebeln (etwa 200 g)

2 EL Olivenöl (20 g)
Salz, gem. Pfeffer

Zubereitungszeit: 30 Minuten, ohne Ruhezeit

1. Die Lammfilets mit Küchenpapier trocken tupfen und in große Stücke schneiden. Lammfiletstücke in eine flache Auflaufform geben.

2. Knoblauch abziehen und durch eine Knoblauchpresse drücken oder sehr fein würfeln. Peperoni abspülen, trocken tupfen und ebenfalls in sehr feine Würfel schneiden. Das Olivenöl mit den Knoblauch- und Perperoniwürfeln sowie dem Thymian verrühren. Die Marinade über die Lammfiletwürfel gießen, mischen und etwa 30 Minuten zugedeckt in den Kühlschrank stellen.

3. In der Zwischenzeit die Kartoffeln unter fließendem kalten Wasser abbürsten, knapp mit Wasser bedeckt, zugedeckt zum Kochen bringen und in etwa 20 Minuten gar kochen.

4. In der Zwischenzeit die Frühlingszwiebeln putzen, abspülen, abtropfen lassen und schräg in Scheiben schneiden.

5. Die Kartoffeln abgießen, abtropfen lassen und halbieren.

6. Das Olivenöl in einer großen Pfanne erhitzen. Die Kartoffelhälften hinzugeben und darin unter mehrmaligem Wenden anbraten. Die Frühlingszwiebelscheiben hinzufügen und unterrühren. Die Kartoffelpfanne mit Salz und Pfeffer würzen, auf einer großen Platte anrichten und warm stellen.

7. Die Lammfiletwürfel aus der Marinade nehmen und in der Pfanne in dem verbliebenen Bratfett von allen Seiten anbraten, dann noch etwa 5 Minuten ruhen lassen.

8. Die Lammfiletwürfel auf den Kartoffeln verteilen und sofort servieren.

Beilage: Servieren Sie zu jeder Portion 1 Esslöffel Zaziki (Fertigprodukt aus dem Kühlregal – zusätzlich pro Portion: E: 0,9 g, F: 2,5 g, Kh: 1,9 g, kJ: 137, kcal: 33, BE: 0,0).

Tipp: Das Gericht mit einigen abgespülten, trocken getupften Thymianstängeln garnieren.

Nudelsalat, süßsauer

Raffiniert – einfach

4–6 Portionen

Pro Portion: E: 27,8 g, F: 4,6 g, Kh: 58,5 g, kJ: 1864, kcal: 446, BE: 4,7

2 1/2 l Wasser
2 1/2 gestr. TL Salz
250 g Gabelspaghetti
2 Zwiebeln (etwa 130 g)
2 Zucchini (je etwa 200 g)
145 g abgetropfte Ananasstücke, natursüß (aus der Dose)
300 ml Asia-Sauce Sweet-Chili
400 g Hähnchenbrustfilet
1–2 EL Speiseöl, z. B. Rapsöl (10–20 g)
Salz
gem. Pfeffer
1 Bund Schnittlauch

Zubereitungszeit: 30 Minuten

1. Wasser in einem großen Topf zugedeckt zum Kochen bringen. Dann Salz und Nudeln hinzugeben. Die Nudeln im geöffneten Topf bei mittlerer Hitze nach Packungsanleitung bissfest kochen, dabei gelegentlich umrühren.

2. In der Zwischenzeit die Zwiebeln abziehen, halbieren und in kleine Würfel schneiden. Zucchini abspülen, abtrocknen und die Enden abschneiden. Zucchini der Länge nach halbieren und in Scheiben schneiden.

3. Die garen Nudeln in ein Sieb geben, mit kaltem Wasser abspülen und abtropfen lassen. Die Nudeln mit den Ananasstücken in eine große Salatschüssel geben. Asia-Sauce untermischen. Salat kurz durchziehen lassen.

4. In der Zwischenzeit Hähnchenbrustfilet unter fließendem kalten Wasser abspülen, trocken tupfen und in Würfel schneiden. Das Speiseöl in einer Pfanne erhitzen. Fleischwürfel darin von allen Seiten 5–8 Minuten braten, mit Salz und Pfeffer würzen. Zwiebelwürfel und Zucchinischeiben etwa 2 Minuten vor Ende der Bratzeit dazugeben und mitbraten lassen.

5. Schnittlauch abspülen, trocken tupfen und in Röllchen schneiden. Die Hähnchenfleisch-Gemüse-Masse nochmals mit Salz und Pfeffer abschmecken, mit den Schnittlauchröllchen unter den Salat geben.

Obstsalat I

Klassisch – für Kinder

6 Portionen

Pro Portion: E: 1,1 g, F: 0,4 g, Kh: 16,5 g, kJ: 332, kcal: 79, BE: 1,5

1 Apfel (etwa 150 g)
1 kleine Mango (etwa 250 g)
1 Nektarine (etwa 125 g)
1 Pfirsich (etwa 125 g)
1 Orange (etwa 150 g)
1 Kiwi (etwa 50 g)
1 Banane (etwa 150 g)
100 g Erdbeeren
3 EL Zitronensaft

Zubereitungszeit: 30 Minuten

1. Den Apfel schälen, vierteln und das Kerngehäuse entfernen. Das Mangofruchtfleisch vom Stein schneiden, das Fruchtfleisch schälen. Nektarine und Pfirsich abspülen, abtrocknen, halbieren und entsteinen. Vorbereitetes Obst in Stücke schneiden. Die Orange so schälen, dass die weiße Haut mitentfernt wird. Die Orange filetieren.

2. Kiwi schälen, halbieren und in Scheiben schneiden. Die Banane schälen und ebenfalls in Scheiben schneiden. Erdbeeren abspülen, gut abtropfen lassen, entstielen und je nach Größe halbieren oder vierteln.

3. Das Obst mit dem Zitronensaft in einer Schüssel vermengen. Den Obstsalat in Portionsschälchen sofort servieren oder zugedeckt bis zum Verzehr in den Kühlschrank stellen.

Tipps: Den Obstsalat mit Pfefferminzblättchen garniert servieren. Ist Ihnen der Salat nicht süß genug, geben Sie noch 1 Esslöffel Zucker dazu (zusätzlich pro Portion: E: 0,0 g, F: 0,0 g, Kh: 2,5 g, kJ: 42, kcal: 10, BE: 0,0). Der Obstsalat lässt sich beliebig abwandeln, je nach Saison und Geschmack. Sie benötigen insgesamt etwa 1 kg Obst.

Obstsalat, pikant | Exotisch

4 Portionen

Pro Portion: E: 1,9 g, F: 5,5 g, Kh: 23,2 g, kJ: 642, kcal: 154, BE: 2,0

1 Gemüsezwiebel (150 g)
250 g Pflaumen
2 Bananen (300 g)
185 g abgetropfte Mandarinen, natursüß (aus der Dose)

Für die Salatsauce:

1–2 EL Zitronensaft
Salz
gem. Pfeffer
1 Prise Zucker
etwas Currypulver
2 EL Speiseöl, z. B. Sonnenblumenöl (20 g)

1 Kästchen Kresse

Zubereitungszeit: 25 Minuten

1. Die Gemüsezwiebel abziehen und in Scheiben schneiden.

2. Die Pflaumen abspülen, abtrocknen, halbieren und entsteinen. Pflaumenhälften in schmale Spalten schneiden. Die Bananen schälen und in Scheiben schneiden.

3. Pflaumenspalten, Bananenscheiben und Mandarinen in einer Schüssel mischen.

4. Für die Sauce Zitronensaft mit Salz, Pfeffer, Zucker und Currypulver verrühren. Speiseöl unterschlagen.

5. Die Currysauce zu dem Obst in die Schüssel geben und vorsichtig unterrühren.

6. Die Kresse abspülen, trocken tupfen und 1 Sträußchen von dem Beet abschneiden. Den Obstsalat mit dem Kressesträußchen garnieren.

Ofengarnelen | Für Gäste
2 Portionen

Pro Portion: E: 39,9 g, F: 8,5 g, Kh: 11,6 g, kJ: 1196, kcal: 285, BE: 0,5

16 TK- oder frische Riesengarnelen (je etwa 25 g)
2 Knoblauchzehen
1 rote Zwiebel
250 g Cocktailtomaten
4 Stängel Thymian
2 Stängel Petersilie
1–2 getrocknete Chilischoten
Meersalz
1 EL grob gem., schwarzer Pfeffer
1 EL Olivenöl (10 g)

Zubereitungszeit: 30 Minuten, ohne Auftauzeit
Garzeit: etwa 15 Minuten

1. Den Backofen vorheizen.
Ober-/Unterhitze: etwa 200 °C
Heißluft: etwa 180 °C

2. TK-Garnelen nach Packungsanleitung auftauen lassen. Garnelen unter fließendem kalten Wasser abspülen und trocken tupfen, den Darm entfernen.

3. Knoblauch mit der flachen Hand aufdrücken. Die Zwiebel abziehen, zuerst in dünne Scheiben schneiden, dann in Ringe teilen. Tomaten abspülen, abtrocknen, halbieren und evtl. die Stängelansätze herausschneiden.

4. Thymian und Petersilie abspülen, trocken tupfen und die Blättchen von den Stängeln zupfen. Petersilienblättchen fein hacken.

5. Die Garnelen in eine Schüssel geben. Knoblauchzehen mit der Schale, Zwiebelringe, Thymianblättchen, Petersilie und Tomatenhälften untermischen. Die Chilischoten darauf zerbröseln, mit Salz und Pfeffer kräftig würzen. Das Olivenöl unterheben.

6. Die Garnelenmischung in eine feuerfeste Form oder Auflaufform (evtl. leicht gefettet) geben. Die Form auf dem Rost in den vorgeheizten Backofen schieben. Die Garnelen **etwa 15 Minuten garen.**

7. Die Garnelen während der Garzeit einmal umrühren und mit dem entstandenen Fischfond begießen.

8. Die Garnelen aus dem Backofen nehmen und in der Form sofort servieren.

Beilagen: Zu den Ofengarnelen 125 g frisches Baguette (zusätzlich pro Portion: E: 4,6 g, F: 0,8 g, Kh: 31,7 g, kJ: 649, kcal: 155, BE: 2,5) oder auch 1/4 Fladenbrot (etwa 125 g, zusätzlich pro Portion: E: 3,5 g, F: 0,6, Kh: 32,5 g, kJ: 681, kcal: 161, BE: 2,5) reichen. Damit lässt sich der entstandene, herrlich aromatische Fischfond wunderbar auftunken. Eine perfekte Ergänzung ist für jede Portion 1 Klecks (30 g) Crème légère (zusätzlich pro Portion: E: 1,0 g, F: 4,6 g, Kh: 1,4 g, kJ: 212, kcal: 50, BE: 0,0).

Tipps: Die Garnelen nach Möglichkeit bei Heißluft garen. Die Ofengarnelen schmecken übrigens auch kalt sehr lecker und eignen sich wunderbar für ein kaltes Buffet. Lassen Sie dafür die Garnelen gut abtropfen und servieren Sie sie ohne den Fischfond. Riesengarnelen finden Sie meist unter dem Namen „Prawns“ oder „King Prawns“ im Tiefkühlfach.

Okraragout mit Reis | Würzig

4 Portionen

Pro Portion: E: 12,0 g, F: 7,7 g, Kh: 43,9 g, kJ: 1248, kcal: 298, BE: 3,5

200 g	*Langkornreis*
	Salz
400 g	*Okraschoten*
2 EL	*Butter oder Margarine (20 g)*
2	*kleine Zwiebeln*
1	*Knoblauchzehe*
1	*grüne Paprikaschote (etwa 200 g)*
200 g	*Staudensellerie*
1 EL	*Sonnenblumenöl (10 g)*
100 ml	*Hühnerbrühe*
	gem. Pfeffer
2	*Lorbeerblätter*
125 g	*abgetropfte Garnelen (aus dem Kühlregal)*
3 EL	*Zitronensaft*
2–3 Spritzer	*Tabasco*

Zubereitungszeit: 25 Minuten

1. Den Reis in Salzwasser nach Packungsanleitung garen.

2. In der Zwischenzeit von den Okraschoten die Spitze knapp abschneiden und den Stielansatz wie einen Bleistift „anspitzen", dabei das Fruchtfleisch nicht verletzen. Die Okraschoten abspülen und abtropfen lassen.

3. Butter oder Margarine in einem breiten Topf zerlassen. Die Okraschoten hinzugeben und bei schwacher bis mittlerer Hitze unter gelegentlichem Rühren in 10–12 Minuten bissfest dünsten, (dabei kann das Gemüse leichte Fäden ziehen).

4. In der Zwischenzeit Zwiebeln abziehen, halbieren und in feine Würfel schneiden. Knoblauch abziehen und durch eine Knoblauchpresse drücken oder sehr fein hacken.

5. Die Paprikaschote halbieren, entstielen, entkernen und die weißen Scheidewände entfernen. Schotenhälften abspülen, abtropfen lassen und in kleine Würfel schneiden.

6. Die Okraschoten auf einen Teller geben und beiseitestellen.

7. Staudensellerie putzen und die harten Außenfäden abziehen. Sellerie abspülen und abtropfen lassen. Den Sellerie in dünne Scheiben schneiden.

8. Das Sonnenblumenöl zum verbliebenen Bratfett in den Topf geben und erhitzen. Die gehackten Zwiebeln, den Knoblauch, die Paprikawürfel und Selleriescheiben hinzugeben und darin unter gelegentlichem Rühren bei mittlerer Hitze in etwa 2 Minuten andünsten.

9. Dann die Hühnerbrühe hinzugießen und alles einmal aufkochen lassen.

10. Die beiseitegestellten Okraschoten wieder zu dem Gemüse in den Topf geben. Die Zutaten mit Salz, Pfeffer und Lorbeerblättern würzen, dabei vorsichtig einmal umrühren. Das Okraragout zugedeckt bei mittlerer Hitze etwa 5 Minuten weitergaren.

11. Die Garnelen kurz abspülen und abtropfen lassen. Garnelen mit dem Reis in den Topf geben, vorsichtig unterheben und kurz darin erwärmen.

12. Das Okraragout kräftig mit Salz, Pfeffer, Zitronensaft und Tabasco abschmecken.

13. Vor dem Servieren die Lorbeerblätter entfernen und das Okraragout auf Tellern anrichten.

Tipps: Garnieren Sie das Okraragout mit dem Selleriegrün vom Staudensellerie. Sie können das Gericht auch sehr gut im Wok zubereiten.

Warenkunde: Okraschoten sind etwa 10 cm lange, spitz zulaufende Schoten und ähneln im Geschmack unseren Bohnen. Das Gemüse ist nicht immer überall zu bekommen. Sie können es aber beispielsweise in türkischen Lebensmittelläden vorbestellen. Beim Kochen werden Okraschoten leicht klebrig. Achten Sie darauf, das Fruchtfleisch der Schoten beim Putzen nicht zu verletzen. Garen Sie sie nicht zu lange.

Pangasiusfilet auf Tomaten-Kohl-Gemüse I

Etwas Besonderes

4 Portionen

Pro Portion: E: 27,8 g, F: 13,8 g, Kh: 10,5 g, kJ: 1195, kcal: 286, BE: 0,5

600 g Pangasiusfilet
2–3 TL China-Gewürzzubereitung
800 g Spitzkohl oder Wirsing
3 mittelgroße Tomaten (etwa 300 g)
2 kleine Zwiebeln (etwa 100 g)
2 Knoblauchzehen
20 g frischer Ingwer
4 EL Speiseöl, z. B. Sonnenblumenöl (40 g)
3 EL Tomatenmark (etwa 30 g)
75 ml Gemüsebrühe
2 EL Weißweinessig
2 EL Sojasauce
1 TL Zucker

evtl. etwas gem. Ingwer

Zubereitungszeit: 30 Minuten

1. Das Fischfilet unter fließendem kalten Wasser abspülen, trocken tupfen und in etwa 3 x 4 cm große Stücke schneiden (evtl. vorhandene Gräten entfernen). Die Fischstücke mit 2–2 ½ Teelöffeln der China-Gewürzzubereitung vorsichtig in einer großen Schüssel vermischen.

2. Spitzkohl oder Wirsing putzen, vierteln und den Strunk herausschneiden. Kohl abspülen, gut abtropfen lassen und in schmale Streifen schneiden.

3. Tomaten abspülen, abtrocknen, vierteln, entkernen und die Stängelansätze herausschneiden. Das Tomatenfruchtfleisch in Würfel schneiden.

4. Zwiebeln und Knoblauch abziehen und in kleine Würfel schneiden. Ingwer schälen und ebenfalls in kleine Würfel schneiden.

5. Von dem Speiseöl 2 Esslöffel in einer großen Pfanne oder einem Wok erhitzen. Die Fischstücke darin bei mittlerer bis starker Hitze in 8–10 Minuten anbraten, dabei gelegentlich umrühren. Die Fischstücke aus der Pfanne bzw. dem Wok nehmen.

6. Das restliche Speiseöl zu dem verbliebenen Bratfett in die Pfanne bzw. den Wok geben. Kohlstreifen darin unter Rühren bei mittlerer bis starker Hitze in 3–4 Minuten anbraten. Zwiebel-, Knoblauch- und Ingwerwürfel unterrühren und 1–2 Minuten mit andünsten.

7. Tomatenwürfel, Tomatenmark, Brühe und Essig hinzufügen. Die Zutaten unter Rühren kurz aufkochen lassen. Gemüse mit Sojasauce, Zucker und China-Gewürzzubereitung pikant abschmecken.

8. Die Frischstücke wieder in die Pfanne bzw. den Wok geben, kurz darin erwärmen und nach Belieben mit gemahlenem Ingwer fein-scharf abschmecken. Das Pangasiusfilet auf dem Tomaten-Kohl-Gemüse servieren.

Tipp: Wenn Sie dem Gericht eine stärkere asiatische Note geben möchten, ersetzen Sie das Sonnenblumenöl durch die gleiche Menge Soja- oder Sesamöl und den Weißweinessig durch die gleiche Menge Reisessig.

Paprika-Mais-Topf mit Tunfisch

Mit Alkohol

4 Portionen

Pro Portion: E: 25,2 g, F: 8,0 g, Kh: 16,0 g, kJ: 1099, kcal: 263, BE: 1,5

- *285 g abgetropfter Gemüsemais (aus der Dose)*
- *370 g abgetropfter Tunfisch (im eigenen Saft, aus der Dose)*
- *1 Zwiebel (etwa 65 g)*
- *1 Knoblauchzehe*
- *2 rote Paprikaschoten (etwa 400 g)*
- *2–3 EL Olivenöl (20–30 g)*
- *Paprikapulver edelsüß*
- *Salz*
- *500 ml Gemüsebrühe*
- *125 ml trockener Weißwein*
- *2 TL abgetropfte, grüne Pfefferkörner (in Lake)*

Zubereitungszeit: 25 Minuten

1. Den Mais abspülen und gut abtropfen lassen. Den Tunfisch etwas zerkleinern. Zwiebel abziehen, halbieren und in feine Würfel schneiden. Knoblauch abziehen und durch eine Knoblauchpresse drücken oder sehr fein würfeln.

2. Paprikaschoten halbieren, entstielen, entkernen und die weißen Scheidewände entfernen. Schotenhälften abspülen, abtropfen lassen und in feine Streifen schneiden.

3. Das Olivenöl in einem Topf erhitzen. Die Zwiebel-, Knoblauchwürfel und Paprikastreifen hinzufügen und unter Rühren darin andünsten. Die Zutaten mit Paprikapulver und Salz würzen.

4. Die Brühe mit dem Weißwein hinzugießen, zum Kochen bringen und etwa 10 Minuten kochen lassen.

5. Den Mais und den Tunfisch ebenfalls in den Topf geben, unterrühren und nochmals erhitzen. Den Paprika-Mais-Topf mit grünem Pfeffer, Salz und Paprikapulver würzen und servieren.

Paprika-Orangen-Gemüse I

Süßlich-scharf

4 Portionen

Pro Portion: E: 6,8 g, F: 5,3 g, Kh: 28,7 g, kJ: 832, kcal: 199, BE: 2,5

4 rote Paprikaschoten (etwa 800 g)
400 g Zuckerschoten
20 g Butter oder Margarine
100 ml Gemüsebrühe
Salz
Cayennepfeffer
Zucker
1 Bio-Orange (unbehandelt, ungewachst, etwa 150 g)
2 Orangen (etwa 300 g)

Zubereitungszeit: 25 Minuten

1. Die Paprikaschoten halbieren, entstielen, entkernen und die weißen Scheidewände entfernen. Schotenhälften abspülen, abtropfen lassen und in kurze, feine Streifen schneiden.

2. Von den Zuckerschoten die Enden abschneiden, die Schoten evtl. abfädeln. Schoten abspülen, abtropfen lassen und schräg halbieren.

3. Butter oder Margarine in einem Topf zerlassen. Die Paprikastreifen und die halbierten Zuckerschoten darin unter Rühren bei mittlerer Hitze in 2–3 Minuten andünsten. Die Gemüsebrühe hinzugießen, mit Salz, Cayennepfeffer und 1 Prise Zucker würzen. Das Gemüse bei mittlerer bis starker Hitze in 5–6 Minuten bissfest garen, dabei gelegentlich umrühren.

4. In der Zwischenzeit die Bio-Orange heiß abwaschen, abtrocknen und die Schale fein abreiben. Die Orange halbieren und den Saft auspressen. Die restlichen Orangen schälen, teilen und dabei die einzelnen Fruchtspalten ablösen. Die Orangenspalten in Stücke schneiden.

5. Die abgeriebene Orangenschale mit dem Saft und den Orangenstücken zu dem Gemüse geben und kurz darin erwärmen. Das Gemüse mit Salz, Cayennepfeffer und Zucker süßlich-scharf abschmecken.

Beilage: Dazu passt mageres Geflügelfleisch (Putenschnitzel oder Hähnchenbrustfilet).

Tipps: Wenn Sie keine frischen Zuckerschoten bekommen, nehmen Sie stattdessen TK-Zuckerschoten. Diese nach Packungsanleitung garen, kurz mit kaltem Wasser abspülen und abtropfen lassen. Die Zuckerschoten halbieren und mit den Paprikastreifen wie in Punkt 3 beschrieben etwa 2–3 Minuten andünsten.

Paprikasuppe mit Sesam-Ziegenkäse I

Etwas Besonderes – einfach

4 Portionen

Pro Portion: E: 6,9 g, F: 5,7 g, Kh: 11,9 g, kJ: 540, kcal: 129, BE: 1,0

750 g gelbe Paprikaschoten
2 rote Chilischoten
2 Zwiebeln (etwa 130 g)
1 TL Olivenöl (5 g)
700 ml Gemüsebrühe
1 Spritzer Zitronensaft
Salz
gem. Pfeffer
1 Prise Zucker
100 g Ziegenfrischkäserolle (20 % Fett)
2 EL Sesamsamen, geschält oder ungeschält (20 g)

Zubereitungszeit: 10 Minuten
Garzeit: etwa 30 Minuten

1. Die Paprika- und Chilischoten halbieren, entstielen, entkernen und die weißen Scheidewände entfernen. Schotenhälften abspülen, abtropfen lassen und in kleine Stücke schneiden.

2. Die Zwiebeln abziehen, halbieren und in feine Würfel schneiden. Olivenöl in einem Topf erhitzen und die Zwiebelwürfel darin glasig dünsten. Paprika und Chilischoten hinzugeben und etwa 5 Minuten mitdünsten. Die Brühe dazugießen und zum Kochen bringen. Die Suppe zugedeckt bei mittlerer Hitze etwa 30 Minuten köcheln lassen.

3. Die Suppe mit einem Pürierstab fein pürieren, mit Zitronensaft, Salz, Pfeffer und Zucker abschmecken. Zum Schluss den Ziegenfrischkäse in 4 gleich große Scheiben schneiden, in Sesam wälzen und auf die Suppe legen.

Pastinakengemüse I

Leckere Beilage

4 Portionen

Pro Portion: E: 2,0 g, F: 4,8 g, Kh: 17,1 g, kJ: 513, kcal: 123, BE: 1,5

750 g junge Pastinaken
20 g Butter oder Margarine
knapp 125 ml Gemüsebrühe
Salz, gem. Pfeffer
1–2 Stängel Dill
1–2 Stängel Petersilie

Zubereitungszeit: 25 Minuten

1. Pastinaken putzen, schälen, abspülen, abtropfen lassen und in Würfel schneiden. Butter oder Margarine in einem Topf zerlassen. Die Pastinakenwürfel darin von allen Seiten andünsten.

2. Die Gemüsebrühe zu den Pastinaken in den Topf gießen. Das Gemüse mit Salz und Pfeffer würzen, zum Kochen bringen. Die Pastinakenwürfel zugedeckt etwa 8 Minuten garen, dabei ab und zu umrühren.

3. In der Zwischenzeit Dill und Petersilie abspülen, trocken tupfen. Die Spitzen bzw. Blättchen von den Stängeln zupfen und fein hacken.

4. Das Pastinakengemüse in einer Schüssel anrichten, mit Dill und Petersilie bestreuen.

Pellkartoffelsalat | Zum Sattessen

4 Portionen

Pro Portion: E: 6,4 g, F: 5,6 g, Kh: 39,9 g, kJ: 1024, kcal: 243, BE: 3,0

1 kg gegarte Pellkartoffeln

Für die Marinade:

2 Zwiebeln (etwa 130 g)
125 ml Gemüsebrühe
4 EL Kräuteressig
Salz, gem. Pfeffer
1 Prise Zucker

1 Salatgurke (etwa 450 g)
4 Tomaten (etwa 400 g)
1 Bund Schnittlauch
2 EL Speiseöl, z. B. Rapsöl (20 g)

Zubereitungszeit: 30 Minuten

1. Die Pellkartoffeln pellen, in Scheiben schneiden (evtl. mit einem Eierschneider) und in eine große Salatschüssel geben.

2. Für die Marinade Zwiebeln abziehen, halbieren und in kleine Würfel schneiden. Zwiebelwürfel und Brühe in einen Topf geben und einmal kurz aufkochen lassen. Topf von der Kochstelle nehmen, den Essig unterrühren. Die Marinade mit Salz, Pfeffer und Zucker abschmecken und zu den Kartoffelscheiben geben. Die Zutaten vorsichtig vermengen. Kartoffelscheiben einige Minuten durchziehen lassen.

3. In der Zwischenzeit die Gurke abspülen, abtrocknen und nach Belieben schälen. Die Enden abschneiden. Gurke in gleichmäßig dünne Scheiben schneiden oder auf einem Gemüsehobel in Scheiben hobeln.

4. Tomaten abspülen, abtrocknen, halbieren und die Stängelansätze herausschneiden. Die Tomatenhälften in Würfel schneiden. Schnittlauch abspülen, trocken tupfen und in feine Röllchen schneiden.

5. Das Speiseöl unter die marinierten Kartoffelscheiben rühren. Die Gurkenscheiben unterheben. Den Salat nochmals mit Salz, Pfeffer und nach Belieben mit Essig abschmecken, mit Tomatenwürfeln und Schnittlauchröllchen anrichten.

Tipp: Geben Sie dem Pellkartoffelsalat eine skandinavische, frische Note und richten ihn mit 1–2 Esslöffeln fein gehacktem Dill und 200 g gegarten, geschälten und entdarmten Riesengarnelen (zusätzlich pro Portion: E: 8,8 g, F: 0,9 g, Kh: 0,7 g, kJ: 195, kcal: 47, BE: 0,0 g) an.

Penne all'arrabbiata I

Klassisch

4 Portionen

Pro Portion: E: 12,5 g, F: 11,2 g, Kh: 49,3 g, kJ: 1481, kcal: 354, BE: 4,0

2 1/2 l Wasser
2 1/2 gestr. TL Salz
250 g Penne (Röhrennudeln)

Für die Sauce:

4 Schalotten (etwa 100 g)
2 Knoblauchzehen
2 rote Chilischoten
30–40 g Butter
1 TL Tomatenmark (7 g)
500 ml Tomatensaft
Salz
gem. Pfeffer

40 g frisch ger. Parmesan
1 EL grob geschnittene Basilikumblättchen

Zubereitungszeit: 30 Minuten

1. Das Wasser in einem großen Topf zugedeckt zum Kochen bringen. Dann Salz und Nudeln zugeben. Die Nudeln im geöffneten Topf bei mittlerer Hitze nach Packungsanleitung bissfest kochen, dabei gelegentlich umrühren.

2. Anschließend die Nudeln in ein Sieb geben, mit heißem Wasser abspülen und abtropfen lassen.

3. Für die Sauce Schalotten und Knoblauch abziehen. Schalotten und Knoblauch in kleine Würfel schneiden. Die Chilischoten abspülen, trocken tupfen, halbieren, entkernen und in sehr kleine Würfel schneiden.

4. Butter in einem Topf zerlassen. Schalotten- und Knoblauchwürfel darin glasig dünsten. Tomatenmark und die Chiliwürfel hinzufügen und kurz mit anrösten. Dann den Tomatensaft hinzugießen, zum Kochen bringen und auf ein Drittel einkochen lassen. Die Sauce durch ein feines Sieb streichen, mit Salz und Pfeffer abschmecken.

5. Die Nudeln in die heiße Tomatensauce geben, gut unterrühren und in Schalen oder auf Tellern anrichten. Die Nudeln mit Parmesan und Basilikumblättchen bestreut servieren.

Pfannengemüse querbeet

Vegetarisch

4 Portionen

Pro Portion: E: 7,2 g, F: 5,6 g, Kh: 20,3 g, kJ: 684, kcal: 164, BE: 1,5

2 Zwiebeln (etwa 130 g)
1–2 Knoblauchzehen
2 rote Paprikaschoten (etwa 400 g)
1–2 rote Chilischoten
200 g Porree (Lauch)
285 g abgetropfter Gemüsemais (aus der Dose)
1–2 EL Speiseöl
150 g grüne TK-Bohnen
150 ml Gemüsebrühe
100 g Sojasprossen
½ Bund Petersilie
Salz, gem. Pfeffer
Paprikapulver rosenscharf

Zubereitungszeit: 30 Minuten

1. Zwiebeln und Knoblauch abziehen. Die Zwiebeln halbieren und in grobe Würfel schneiden. Den Knoblauch in Scheiben schneiden.

2. Die Paprikaschoten halbieren, entstielen, entkernen und die weißen Scheidewände entfernen. Schotenhälften abspülen, abtropfen lassen und in feine Streifen schneiden.

3. Die Chilischoten abspülen, abtrocknen, längs aufschneiden, entkernen und die weißen Scheidewände entfernen. Die Schoten abspülen und in feine Streifen schneiden.

4. Porree putzen, die Stangen längs halbieren, gründlich waschen und abtropfen lassen. Porree in feine Streifen schneiden. Gemüsemais mit kaltem Wasser abspülen und gut abtropfen lassen.

5. Das Speiseöl in einer großen Pfanne oder einem Wok erhitzen. Zwiebelwürfel, Knoblauchscheiben und gefrorene Bohnen darin kurz unter Rühren anbraten.

6. Porree-, Paprikastreifen und Brühe hinzufügen. Das Gemüse zugedeckt bei mittlerer Hitze etwa 10 Minuten garen.

7. In der Zwischenzeit die Sojasprossen mit kaltem Wasser abspülen und gut abtropfen lassen. Petersilie abspülen, trocken tupfen und die Blättchen von den Stängeln zupfen. Einige Blättchen zum Garnieren beiseitelegen. Die restlichen Blättchen in feine Streifen schneiden. Die Sprossen in die Pfanne oder den Wok geben und alles ohne Deckel noch etwa 2 Minuten köcheln lassen.

8. Das Gemüse mit Salz, Pfeffer und Paprika würzen. Die Petersilienstreifen unterheben. Das Pfannengemüse mit den zurückgelassenen Petersilienblättchen garniert servieren.

Beilage: Bereiten Sie als Beilage zu dem Gericht 200 g Naturreis nach Packungsanleitung zu (zusätzlich pro Portion: E: 3,6 g, F: 1,1 g, Kh: 37,0 g, kJ: 732, kcal: 173, BE: 3,0).

Tipp: Wenn Sie zusätzlich etwa 165 g Mie-Nudeln (Instant-Nudeln) nach Packungsanleitung zubereiten und zusammen mit den Sojasprossen zum Gemüse geben, benötigen Sie keine gesonderte Beilage (zusätzlich pro Portion: E: 4,3 g, F: 0,6 g, Kh: 29,7 g, kJ: 601, kcal: 142, BE: 2,5).

Pfirsich-Joghurt-Schnitten I

Sommerlicher Fruchtgenuss

14 Stücke

Pro Stück: E: 8,1 g, F: 3,1 g, Kh: 49,3 g, kJ: 1095, kcal: 261, BE: 4,0

Zum Vorbereiten:

480 g abgetropfte Pfirsichhälften (aus der Dose)

Für den All-in-Teig:

250 g Weizenmehl
1 Pck. Dr. Oetker Backin
250 g Zucker
1 Pck. Dr. Oetker Vanillin-Zucker
3 Eier (Größe M)
250 g Buttermilch

Zum Bestreichen und Bestreuen:

2 EL Aprikosenkonfitüre
1 EL Wasser
1 EL gehackte Pistazienkerne (10 g)

Für die Füllung:

6 Blatt weiße Gelatine
250 g Schichtkäse (20 % Fett)
500 g Joghurt Pfirsich-Maracuja-Geschmack (1,5 % Fett)
50 g Puderzucker
1 EL Zitronensaft

Zubereitungszeit: 45 Minuten, ohne Kühlzeit
Backzeit: etwa 30 Minuten

1. Zum Vorbereiten die Hälfte der Pfirsichhälften in dünne Spalten (etwa 3 mm) schneiden. Restliche Pfirsichhälften klein würfeln und beiseitestellen.

2. Den Backofen vorheizen.
Ober-/Unterhitze: etwa 180 °C
Heißluft: etwa 160 °C

3. Für den Teig Mehl mit Backpulver in einer Rührschüssel mischen. Restliche Zutaten hinzufügen und mit einem Mixer (Rührstäbe) zunächst kurz auf niedrigster, dann auf höchster Stufe in etwa 2 Minuten zu einem glatten Teig verarbeiten.

4. Den Teig auf ein Backblech (30 x 40 cm, gefettet, mit Backpapier belegt) geben und glatt streichen. Die Hälfte des Teiges (20 x 30 cm) mit den Pfirsichspalten belegen. Das Backblech in den vorgeheizten Backofen (unteres Drittel) schieben. Die Gebäckplatte **etwa 30 Minuten backen.**

5. Zum Bestreichen und Bestreuen in der Zwischenzeit die Konfitüre durch ein Sieb in einen Kochtopf streichen. Etwa 2 Minuten vor Ende der Backzeit die Konfitüre mit dem Wasser unter Rühren kurz aufkochen. Den Topf von der Kochstelle nehmen.

6. Das Backblech auf einen Kuchenrost stellen. Die mit Pfirsichspalten belegte Gebäckhälfte sofort mit der Konfitüre bestreichen und mit Pistazienkernen bestreuen.

7. Die Gebäckplatte mit dem Backpapier vom Backblech auf einen Kuchenrost ziehen und erkalten lassen.

8. Anschließend die Gebäckplatte in der Mitte so durchschneiden, dass eine Hälfte mit Pfirsichspalten und eine Hälfte ohne entsteht. Die Gebäckplatten evtl. mithilfe eines langen Messers vorsichtig vom Backpapier lösen.

9. Für die Füllung Gelatine nach Packungsanleitung einweichen. Schichtkäse mit Joghurt, Puderzucker und Zitronensaft verrühren. Die Gelatine leicht ausdrücken und in einem kleinen Topf bei schwacher Hitze unter Rühren auflösen. Die aufgelöste Gelatine zuerst mit etwa 4 Esslöffeln von der Schichtkäse-Joghurt-Masse verrühren, dann unter die restliche Schichtkäse-Joghurt-Masse rühren und in den Kühlschrank stellen.

10. Ein Backblech oder eine sehr große Tortenplatte mit einem großen Stück Alufolie (etwa 65 x 55 cm) belegen und die nicht belegte Gebäckhälfte darauflegen. Überstehende Alufolie so falten und einschneiden, dass ein 4–5 cm hoher stabiler Rand entsteht, der als Backrahmen dient.

11. Sobald die Schichtkäse-Joghurt-Masse anfängt dicklich zu werden, die beiseitegestellten Pfirsichwürfel unterrühren. Die Masse auf der Gebäckplatte verteilen.

12. Die mit Pfirsichspalten belegte Gebäckplatte darauflegen. Den Kuchen etwa 4 Stunden zugedeckt in den Kühlschrank stellen. Vor dem Servieren die Alufolie entfernen.

Pflaumen-Hirse-Kuchen

Glutenfrei

20 Stücke

Pro Stück: E: 2,7 g, F: 1,9 g, Kh: 24,0 g, kJ: 523, kcal: 125, BE: 2,0

Zum Vorbereiten:

600 ml Wasser
200 g Hirse
1 Zimtstange

Für den Belag:

1,2 kg reife Pflaumen

Für den Hirseboden:

4 Eier (Größe M)
100 g brauner Zucker
1 Prise Salz
70 g Kartoffelmehl
2 gestr. TL Dr. Oetker Backin

Zum Bestreichen:

100 g Aprikosenkonfitüre

Außerdem:

Kartoffelmehl für das Backblech

Zubereitungszeit: 35 Minuten, ohne Quell- und Abkühlzeit
Backzeit: etwa 30 Minuten

1. Zum Vorbereiten Wasser in einem Topf zum Kochen bringen. Hirse und Zimtstange hinzugeben, umrühren und aufkochen. Die Hirse zugedeckt etwa 20 Minuten bei schwacher Hitze quellen lassen, bis die Flüssigkeit aufgesogen ist. Hirse erkalten lassen. Die Zimtstange entfernen.

2. Für den Belag die Pflaumen abspülen, abtrocknen, halbieren und entsteinen. Die Pflaumenhälften nochmals längs durchschneiden.

3. Den Backofen vorheizen.
Ober-/Unterhitze: etwa 180 °C
Heißluft: etwa 160 °C

4. Für den Hirseboden die Eier in einer Rührschüssel mit einem Mixer (Rührstäbe) kurz aufschlagen. Zucker und Salz in etwa 1 Minute einstreuen, dann noch etwa 2 Minuten schlagen.

5. Kartoffelmehl mit Backpulver mischen. Zuerst die Hirse, dann das Kartoffelmehlgemisch kurz auf niedrigster Stufe unter die Eiermasse rühren.

6. Den Hirseteig auf ein Backblech (30 x 40 cm, gefettet, mit Kartoffelmehl bestäubt) geben und glatt streichen. Einen Backrahmen darumstellen.

7. Die Pflaumenspalten dachziegelartig in Reihen darauflegen.

8. Das Backblech in den vorgeheizten Backofen schieben. Den Kuchen **etwa 30 Minuten backen.**

9. Das Backblech auf einen Kuchenrost stellen. Den Kuchen erkalten lassen.

10. Zum Bestreichen die Konfitüre in einem kleinen Topf pürieren, dann erhitzen. Die Pflaumenspalten mit der Konfitüre bestreichen und erkalten lassen. Den Backrahmen lösen und entfernen.

Tipp: Statt der Zimtstange können Sie auch die Schale von 1/2 Bio-Zitrone (unbehandelt, ungewachst) verwenden. Dafür die Zitrone heiß abwaschen, abtrocknen und dünn schälen.

Pikante Gemüsepfanne mit Sesam I

Exotisch

4 Portionen

Pro Portion: E: 5,3 g, F: 6,2 g, Kh: 31,0 g, kJ: 870, kcal: 207, BE: 2,5

1 EL Sesamsamen, geschält (10 g)

335 g abgetropfte Ananasscheiben (aus der Dose)
190 g abgetropfte Mini-Maiskölbchen (aus dem Glas)
150 g Zuckerschoten
etwa 700 g Chinakohl
1 rote Paprikaschote (etwa 200 g)

1–2 EL Speiseöl, z. B. Sonnenblumen- oder Erdnussöl (10–20 g)

1 kleines Stück frischer Ingwer
Ananassaft (aus der Dose)
1 TL Speisestärke
2 Msp. Fünf-Gewürze-Pulver
Salz
gem. Pfeffer

evtl. einige vorbereitete Zitronenmelisseblättchen

Zubereitungszeit: 30 Minuten

1. Den Sesamsamen in einem Wok oder einer großen Pfanne ohne Fett goldbraun rösten und auf einen Teller geben.

2. Von den Ananasscheiben den Saft auffangen und beiseitestellen. Ananasscheiben in Stücke schneiden. Die Maiskölbchen in kleine Stücke schneiden.

3. Von den Zuckerschoten die Enden abschneiden, evtl. abfädeln, abspülen und abtropfen lassen. Chinakohl putzen, halbieren und den Strunk herausschneiden. Chinakohl abspülen, abtropfen lassen und in Streifen schneiden.

4. Die Paprikaschote halbieren, entstielen, entkernen und die weißen Scheidewände entfernen. Schotenhälften abspülen, abtropfen lassen und in grobe Stücke schneiden.

5. Das Speiseöl in dem Wok oder der Pfanne erhitzen. Chinakohlstreifen, Zuckerschoten und Paprikastücke darin unter Rühren bei starker Hitze etwa 5 Minuten braten.

6. Den Ingwer schälen, abspülen, trocken tupfen und sehr fein würfeln oder auf einer Küchenreibe fein reiben. Ingwer mit dem aufgefangenen Ananassaft und der Speisestärke gut verrühren.

7. Die Ananasstücke und die Maiskölbchen unter das Gemüse rühren. Das Gemüse mit dem Fünf-Gewürze-Pulver, Salz und Pfeffer würzen. Den angerührten Saft hinzugießen. Das Gemüse unter Rühren bei starker Hitze kurz aufkochen lassen.

8. Das Gemüse nochmals abschmecken und mit dem gerösteten Sesam bestreuen. Nach Belieben die Gemüsepfanne mit abgespülten, trocken getupften Zitronenmelisseblättchen garnieren. Die Gemüsepfanne sofort servieren.

Beilage: Dazu passt Naturreis. Bereiten Sie 200 g nach Packungsanleitung zu (zusätzlich pro Portion: E: 3,6 g, F: 1,1 g, Kh: 37,0 g, kJ: 732, kcal: 173, BE: 3,0).

Pilzpfanne | Raffiniert

4 Portionen

Pro Portion: E: 13,8 g, F: 9,5 g, Kh: 12,9 g, kJ: 733, kcal: 175, BE: 0,5

200 g Zwiebeln
300 g Austernpilze
300 g Shiitakepilze
400 g Champignons
3 EL Speiseöl, z. B. Olivenöl (30 g)
125 g magere Schinkenwürfel (aus dem Kühlregal)
etwas Salz
gem. Pfeffer
einige Stängel glatte Petersilie

Zubereitungszeit: 30 Minuten

1. Die Zwiebeln abziehen, halbieren und in Scheiben schneiden. Pilze putzen, evtl. kurz abspülen und trocken tupfen. Trockene Stiele der Shiitakepilze entfernen. Die Pilze je nach Größe in Streifen schneiden, halbieren oder vierteln.

2. Von dem Speiseöl 1 Esslöffel in einer Pfanne erhitzen. Die Zwiebelscheiben unter Rühren darin andünsten. Die Zwiebeln herausnehmen, auf einen Teller geben und beiseitestellen.

3. Das restliche Speiseöl in der Pfanne erhitzen. Die Pilze portionsweise darin anbraten. Anschließend die Pilze ebenfalls aus der Pfanne nehmen, auf einen Teller geben und beiseitestellen.

4. Die Schinkenwürfel in der Pfanne in dem verbliebenen Bratfett kurz anbraten. Die Zwiebeln und Pilze wieder in die Pfanne geben. Die Pilzpfanne unter Rühren bei mittlerer Hitze noch 3–4 Minuten garen, anschließend mit Salz und Pfeffer kräftig würzen.

5. Die Petersilie abspülen, trocken tupfen und die Blättchen von den Stängeln zupfen. Blättchen fein hacken. Die Pilzpfanne mit Petersilie bestreut servieren.

Pizzasuppe | Für Kinder

4 Portionen

Pro Portion: E: 9,3 g, F: 3,9 g, Kh: 13,3 g, kJ: 542, kcal: 129, BE: 1,0

Für die Suppe:

800 g geschälte Tomaten (aus der Dose)
250 ml heiße Gemüsebrühe
3 gelbe Paprikaschoten (etwa 600 g)
1 kleine Stange Porree (Lauch, etwa 150 g)
180 g abgetropfte Champignonscheiben (aus dem Glas)
75 g Kräuter-Frischkäse (14 % Fett)
Salz, gem. Pfeffer
gerebelter Oregano
2 Stängel Basilikum

Zubereitungszeit: 30 Minuten

1. Für die Suppe die Tomaten mit der Flüssigkeit in einen großen Topf geben und pürieren. Die Brühe hinzugießen und zum Kochen bringen.

2. In der Zwischenzeit die Paprikaschoten halbieren, entstielen, entkernen und die weißen Scheidewände entfernen. Schotenhälften abspülen, abtropfen lassen und in Streifen schneiden. Die Paprikastreifen in den Topf geben und alles wieder zum Kochen bringen.

3. In der Zwischenzeit den Porree putzen, die Stange längs einschneiden, gründlich waschen und abtropfen lassen. Porreestange in dünne Streifen schneiden. Die Porreestreifen in den Topf geben, alles wieder zum Kochen bringen und etwa 12 Minuten bei schwacher Hitze zugedeckt kochen lassen. Die Suppe dabei ab und zu umrühren. Dann die Champignonscheiben in die Suppe geben und kurz darin erhitzen.

4. Den Frischkäse mit etwas von der Suppe in einer kleinen Schüssel glatt rühren, dann unter die restliche Suppe rühren. Die Suppe mit Salz, Pfeffer und Oregano abschmecken. Die Suppe nicht mehr kochen lassen, da der Käse sonst gerinnt.

5. Basilikum abspülen, trocken tupfen und die Blättchen von den Stängeln zupfen. Die Pizzasuppe in tiefen Tellern oder Suppentassen verteilen und mit Basilikumblättchen bestreut servieren.

Beilage: Servieren Sie dazu frisch getoastete Scheiben Ciabatta-Brot (250 g in Scheiben geschnitten, zusätzlich pro Portion: E: 6,3 g, F: 0,6 g, Kh: 32,5 g, kJ: 682, kcal: 161, BE: 2,5).

Pochierte Eier | Einfach

8 Stück

Pro Stück: E: 6,5 g, F: 5,1 g, Kh: 0,8 g, kJ: 315, kcal: 75, BE: 0,0

1 l Wasser
3 EL Essig, z. B. Weißweinessig (30 g)
8 Eier (Größe M)
evtl. 1 EL gehackte Kräuter, z. B. Schnittlauch, Petersilie

Zubereitungszeit: 20 Minuten

1. Wasser mit Essig in einem Topf zum Kochen bringen. Die Eier einzeln in einer Kelle aufschlagen, vorsichtig in das siedende (nicht sprudelnd kochende) Wasser gleiten lassen. Eiweiß sofort mit 2 Esslöffeln an das Eigelb schieben. Die Eier bei schwacher Hitze 3–4 Minuten ohne Deckel gar ziehen lassen (maximal 4 Eier auf einmal garen).

2. Die gegarten Eier mit einem Schaumlöffel herausnehmen, kurz in kaltes Wasser tauchen, gut abtropfen lassen und die Ränder glatt schneiden. Eier auf Tellern anrichten und nach Belieben mit gehackten Kräutern bestreuen.

Beilage: Servieren Sie die Eier auf gerösteten Baguettescheiben. Schneiden Sie dafür etwa 150 g Baguette in Scheiben. Die Baguettescheiben in einer Pfanne in 1–2 Esslöffeln Olivenöl anrösten und die pochierten Eier darauf anrichten (zusätzlich pro Portion: E: 1,9 g, F: 2,2 g, Kh: 10,5 g, kJ: 292, kcal: 70, BE: 1,0). Auch ein gemischter Salat passt dazu.

Tipp: Verwenden Sie möglichst frische Eier. Das Eiweiß zieht sich dann besser um das Eigelb herum zusammen.

Porree-Curry-Salat | Einfach

4 Portionen

Pro Portion: E: 21,0 g, F: 9,9 g, Kh: 8,5 g, kJ: 876, kcal: 210, BE: 0,5

2	*kleine Hähnchenbrustfilets (je etwa 150 g)*
	Salz
	gem. Pfeffer
1 EL	*Speiseöl, z. B. Rapsöl (10 g)*
2 Stangen	*Porree (Lauch, je etwa 200 g)*
100 g	*Magermilchjoghurt (0,3 % Fett)*
80 g	*Joghurt-Salatcreme (30 % Fett)*
1 Prise	*Zucker*
gut ½ EL	*Currypulver*
1 geh. EL	*Cashewkerne (20 g)*
einige Stängel	*glatte Petersilie*

Zubereitungszeit: 30 Minuten, ohne Abkühl- und Durchziehzeit

1. Die Hähnchenbrustfilets unter fließendem kalten Wasser abspülen, trocken tupfen und mit Salz und Pfeffer bestreuen.

2. Das Speiseöl in einer Pfanne erhitzen. Die Hähnchenbrustfilets darin von beiden Seiten bei mittlerer bis starker Hitze etwa 10 Minuten gut durchbraten. Die Filets herausnehmen und auf einem Teller abkühlen lassen.

3. In der Zwischenzeit Porree putzen, die Stangen längs einschneiden, gründlich waschen und abtropfen lassen. Porree schräg in dünne Streifen schneiden.

4. Den Joghurt mit der Salatcreme verrühren. Die Joghurtsauce mit Salz, Pfeffer, Zucker und Curry würzig abschmecken.

5. Die Porreestreifen vorsichtig mit der Joghurtsauce vermischen und das Ganze etwa 30 Minuten durchziehen lassen.

6. In der Zwischenzeit die Cashewkerne in einer Pfanne ohne Fett unter Wenden goldbraun rösten und auf einen Teller geben.

7. Petersilie abspülen, trocken tupfen und die Blättchen von den Stängeln zupfen.

8. Die Hähnchenbrustfilets in dünne Scheiben schneiden und dekorativ auf den Salat legen. Den Salat vor dem Servieren mit Cashewkernen bestreuen und mit Petersilie garnieren.

Beilage: Zum Sattessen jede Portion mit 2 Scheiben Bauernbrot (etwa 125 g, zusätzlich pro Portion: E: 9,2 g, F: 1,2 g, Kh: 57,3 g, kJ: 1176, kcal: 281, BE: 5,0) servieren.

Tipp: Porree ist für manche Menschen bekömmlicher, wenn er zuvor blanchiert wird. Dafür die Porreestreifen für 1–2 Minuten in kochendem Salzwasser garen. Dann in ein Sieb geben, mit kaltem Wasser abspülen und gut abtropfen lassen.

Puten-Pilaw | Aus einem Topf

4 Portionen

Pro Portion: E: 32,7 g, F: 4,3 g, Kh: 46,5 g, kJ: 1502, kcal: 359, BE: 3,5

- ***400 g** Putenschnitzel*
- ***10 g** Butter*
- ***1 EL** Paprikapulver edelsüß*
- *Salz, gem., weißer Pfeffer*
- ***200 g** Langkornreis*
- ***500 ml** Hühnerbrühe*
- ***2** Zwiebeln (100 g)*
- ***1 Bund** Suppengrün (Möhre, Sellerie, Porree – etwa 400 g)*
- ***200 g** Champignons*
- ***4** Tomaten (300 g)*
- ***1–2 EL** gehackte TK-Petersilie*

Zubereitungszeit: 30 Minuten

1. Die Putenschnitzel unter fließendem kaltem Wasser abspülen, trocken tupfen und in etwa 2 cm große Würfel schneiden. Die Butter in einem großen Topf zerlassen. Das Fleisch darin anbraten, mit Paprika, Salz und Pfeffer würzen.

2. Den Langkornreis mit der Hühnerbrühe hinzufügen. Die Zutaten zum Kochen bringen und etwa 10 Minuten bei mittlerer Hitze garen lassen.

3. In der Zwischenzeit die Zwiebeln abziehen, halbieren und in kleine Würfel schneiden.

4. Das Suppengrün putzen und abspülen. Möhren und Sellerie grob raspeln, Porree in etwa ½ cm breite Streifen schneiden.

5. Die Champignons putzen, evtl. kurz abspülen und trocken tupfen. Champignons in Scheiben schneiden.

6. Die Tomaten kreuzweise einschneiden und mit kochendem Wasser übergießen. Nach 1–2 Minuten herausnehmen und mit kaltem Wasser abschrecken. Tomaten enthäuten, achteln und die Stängelansätze herausschneiden.

7. Zwiebeln, Suppengrün, Champignons und Tomaten zu dem Reisfleisch geben und unterrühren. Die Zutaten weitere 5–10 Minuten garen.

8. Das Puten-Pilaw mit der gehackten Petersilie bestreuen und servieren.

Putensalat | Fruchtig

4 Portionen

Pro Portion: E: 17,0 g, F: 15,2 g, Kh: 13,9 g, kJ: 1096, kcal: 261, BE: 1,0

Für die Salatsauce:

Saft von
1 Zitrone
1 EL flüssiger Honig (15 g)
1 Msp. Cayennepfeffer
2 EL Sojasauce
4 EL Sojaöl

Für den Salat:

2 kleine, feste Birnen (etwa 200 g)
200 g Möhren
200 g Chinakohl
250 g Putenbrustaufschnitt

1 TL Butter (5 g)
2 EL Sesamsamen (20 g)

Zubereitungszeit: 30 Minuten

1. Für die Sauce Zitronensaft mit Honig, Cayennepfeffer und Sojasauce in einer Schüssel verrühren. Sojaöl unterschlagen.

2. Für den Salat die Birnen heiß abwaschen, abtrocknen, nach Belieben schälen, halbieren, entkernen und klein schneiden. Birnenstücke unter die Sauce rühren.

3. Die Möhren putzen, schälen, abspülen und abtropfen lassen. Möhren grob raspeln. Chinakohl putzen, vierteln und den Strunk herausschneiden. Chinakohl abspülen, abtropfen lassen, in feine Streifen schneiden.

4. Den Putenbrustaufschnitt ebenfalls in feine Streifen schneiden. Möhrenraspel, Chinakohlstreifen und die Putenbruststreifen ebenfalls unter die Sauce rühren.

5. Die Butter in einer Pfanne zerlassen. Sesamsamen hinzufügen und darin anrösten. Sesamsamen sofort zu dem Salat geben und unterheben. Den Putensalat sofort servieren.

Tipp: Eine weitere kleine Birne heiß abwaschen, abtrocknen, halbieren, entkernen und in Spalten schneiden. Den Putensalat mit Birnenspalten garnieren.

Puten-Saté-Spieße mit scharfer Ananassauce I

Für Gäste

4 Portionen

Pro Portion: E: 36,9 g, F: 5,3 g, Kh: 14,5 g, kJ: 1083, kcal: 259, BE: 1,0

4 dünne Putenschnitzel (je etwa 150 g)
4 EL Limettensaft
3 EL Sesamöl (30 g)
2 EL Sojasauce
Salz
gem., schwarzer Pfeffer

Für die Ananassauce:

340 g abgetropfte Ananasstücke (aus der Dose)
je 1 grüne und rote Peperoni
3 EL Reisessig
1 Prise Zucker
Sambal Oelek

Außerdem:

12 Holzspieße

Zubereitungszeit: 25 Minuten, ohne Marinierzeit

1. Die Putenschnitzel unter fließendem kaltem Wasser abspülen und trocken tupfen. Putenfleisch längs in je 3 Streifen schneiden. Jeden Putenstreifen ziehharmonikaförmig auf je 1 Holzspieß ziehen. Die Putenspieße nebeneinander auf eine große Platte legen.

2. Den Limettensaft mit 1/2 Esslöffel Sesamöl und der Sojasauce glatt rühren. Putenspieße damit bestreichen und etwa 20 Minuten marinieren lassen. Dabei zwischendurch 2–3-mal wenden.

3. Das restliche Sesamöl in 2 Portionen in einer großen Pfanne erhitzen. Putenspieße abtropfen lassen, von beiden Seiten salzen und pfeffern. Putenspieße in 2 Portionen in dem heißem Öl in etwa 8 Minuten bei mittlerer bis starker Hitze braun anbraten, dabei zwischendurch einmal wenden. Die fertigen Putenspieße warm halten.

4. In der Zwischenzeit für die Sauce die Ananasstücke in kleine Würfel schneiden.

5. Die Peperoni längs aufschneiden, entkernen und die Scheidewände herausschneiden. Schotenhälften abspülen, trocken tupfen und fein hacken. Die fein gehackten Peperoni mit den Ananaswürfeln verrühren. Reisessig, Salz, Zucker und Sambal Oelek unterrühren. Ananassauce mit den Gewürzen abschmecken.

6. Die Putenspieße mit der Ananassauce servieren.

Beilage: Dazu passt **Reis mit Mandarinen und Frühlingszwiebeln** (4 Personen): 200 g Langkornreis nach Packungsanleitung in Salzwasser zubereiten. 1 kleines Bund Frühlingszwiebeln (etwa 150 g) putzen, abspülen, abtropfen lassen, in feine Scheiben schneiden. 1 Esslöffel Speiseöl in einem Topf erhitzen. Die Frühlingszwiebeln darin andünsten. Den gegarten, evtl. abgetropften Reis kurz mitdünsten. 175 g abgetropfte Mandarinenspalten (aus der Dose) vorsichtig unterheben. Die Reismischung mit etwas Salz abschmecken (zusätzlich pro Portion: E: 4,2 g, F: 3,0 g, Kh: 49,8 g, kJ: 1038, kcal: 248, BE: 4,0).

Rezeptvariante: Bereiten Sie statt der Ananassauce eine **Chili-Tomatensauce** zu. Dafür 4–5 Tomaten (etwa 400 g) kreuzweise einschneiden und mit kochendem Wasser übergießen. Nach 1–2 Minuten herausnehmen und mit kaltem Wasser abschrecken. Tomaten enthäuten, halbieren und die Stängelansätze herausschneiden. Tomaten entkernen und das Fruchtfleisch klein schneiden. 2–3 Knoblauchzehen abziehen und durch eine Knoblauchpresse drücken oder sehr fein hacken. Knoblauch zu den Tomaten geben. Alles kräftig mit 1/2 Teelöffel Chilipulver, Salz, Pfeffer und Zucker abschmecken.

Quarkspeise mit Pfirsichen I

Fruchtig – klassisch

4 Portionen

Pro Portion: E: 17,8 g, F: 0,8 g, Kh: 20,7 g, kJ: 705, kcal: 169, BE: 1,5

4 abgetropfte Pfirsichhälften (aus der Dose, etwa 200 g)
1 Bio-Zitrone (unbehandelt, ungewachst)
500 g Magerquark
6 EL Joghurt (1,5 % Fett, etwa 120 g)
30 g Zucker

Zubereitungszeit: 15 Minuten, ohne Kühlzeit

1. Pfirsichhälften in kleine Stücke schneiden. Zitrone heiß abwaschen und abtrocknen. Etwa 4 Messerspitzen Zitronenschale fein abreiben. Dann die Zitrone halbieren, den Saft auspressen und 2 Esslöffel Saft davon abmessen. Pfirsichstücke mit der abgeriebenen Zitronenschale und dem Zitronensaft vermischen.

2. Quark mit Joghurt und Zucker glatt rühren. Die Hälfte der Quarkmasse auf 4 Dessertschälchen geben. Die Pfirsichmischung daraufschichten. Restliche Quarkmasse darauf verteilen. Quarkspeise zugedeckt etwa 30 Minuten in den Kühlschrank stellen.

Tipp: Garnieren Sie die Quarkspeise mit je 1 Teelöffel gerösteten Kokosraspeln und etwas Zitronenmelisse (zusätzlich pro Portion: E: 0,5 g, F: 4,6 g, Kh: 0,6 g, kJ: 189, kcal: 45, BE: 0,0).

Quinoa-Friseé-Salat I

Raffiniert

4 Portionen

Pro Portion: E: 8,9 g, F: 14,3 g, Kh: 34,7 g, kJ: 1285, kcal: 305, BE: 2,5

200 g Quinoa
400 ml Gemüsebrühe
5–6 EL Limettensaft
Salz
gem. Pfeffer
½–1 TL Harissa (afrikanische Gewürzpaste)
1 kleiner Friseésalat (etwa 200 g)
1 Salatgurke (etwa 350 g)
150 g abgetropfte Artischockenherzen in Öl (aus dem Glas)
2 EL Olivenöl (20 g)
1 Prise Zucker

Zubereitungszeit: 30 Minuten, ohne Durchziehzeit
Garzeit: 25–30 Minuten

1. Quinoa mit der Gemüsebrühe nach Packungsanleitung in einem Topf zubereiten. Den garen Quinoa in eine Schüssel geben.

2. Etwa 3 Esslöffel von dem Limettensaft mit Salz, Pfeffer und ¼–½ Teelöffel Harissa glatt rühren und mit dem Quinoa vermischen. Quinoa zum Abkühlen beiseitestellen.

3. In der Zwischenzeit Friseésalat putzen, waschen und abtropfen lassen oder trocken schleudern. Den Salat in mundgerechte Stücke zupfen.

4. Die Salatgurke abspülen, abtrocknen und die Enden abschneiden. Die Gurke evtl. schälen. Gurke längs halbieren, entkernen und in dünne Scheiben schneiden. Die gut abgetropften Artischockenherzen quer halbieren.

5. Olivenöl mit restlichem Limettensaft und Harissa (¼–½) in einer Schüssel glatt rühren. Die Sauce mit Salz, Pfeffer und Zucker abschmecken.

6. Den Blattsalat mit Quinoa, Gurkenscheiben und Artischockenherzen auf Tellern anrichten und mit der Harissasauce beträufeln.

Tipps: Noch schneller geht es, wenn Sie statt Quinoa die gleiche Menge Hirse garen und mit dem Salat anrichten. Quinoa hat eine Kochzeit von 25–30 Minuten, Hirse ist in 10 Minuten gar.

Ratatouille | Klassisch

8 Portionen

Pro Portion: E: 3,4 g, F: 5,0 g, Kh: 8,3 g, kJ: 393, kcal: 94, BE: 0,5

1 Gemüsezwiebel (etwa 250 g)
2 Knoblauchzehen
je 1 kleine rote, grüne und gelbe Paprikaschote (je 150 g)
2 kleine Zucchini (400 g)
1 Aubergine (250 g)
1 kleiner Stängel Rosmarin
1 kleines Bund Thymian
3–4 EL Olivenöl (30–40 g)
1 Lorbeerblatt
800 g geschälte Tomaten (aus der Dose)
Salz
gem. Pfeffer

Zubereitungszeit: 30 Minuten

1. Die Zwiebel abziehen, halbieren und in schmale Streifen schneiden. Knoblauch abziehen und durch eine Knoblauchpresse drücken oder in sehr kleine Würfel schneiden.

2. Die Paprikaschoten halbieren, entstielen, entkernen und die weißen Scheidewände entfernen. Schotenhälften abspülen, gut abtropfen lassen und in Stücke schneiden.

3. Von den Zucchini und der Aubergine die Enden abschneiden. Zucchini und Aubergine abspülen und abtrocknen. Anschließend Zucchini und Aubergine halbieren und in Würfel schneiden.

4. Rosmarin und Thymian abspülen und trocken tupfen. Rosmarinnadeln und Thymianblättchen von den Stängeln zupfen. Einige Nadeln und Blättchen zum Garnieren beiseitelegen. Die restlichen Nadeln und Blättchen grob hacken.

5. Jeweils etwas von dem Olivenöl in einem Topf erhitzen. Die vorbereiteten Gemüsesorten nacheinander, getrennt in dem heißen Öl anbraten. Das angebratene Gemüse mit dem Lorbeerblatt wieder in den Topf geben.

6. Etwas von dem Sud der geschälten Tomaten zu dem Gemüse in den Topf geben. Die Tomaten mit dem restlichen Sud mit einem Pürierstab pürieren. Tomatenpüree unter das Gemüse rühren.

7. Dann das Ratatouille zum Kochen bringen und bei schwacher Hitze zugedeckt 10–15 Minuten weiterköcheln lassen. Das Ratatouille dabei hin und wieder umrühren.

8. Das Lorbeerblatt entfernen. Ratatouille mit Salz, Pfeffer, gehacktem Rosmarin und Thymian würzen und mit den beiseitegelegten Kräutern garniert servieren.

Beilage: Dazu können Sie etwa 250 g frisches Baguette (zusätzlich pro Portion: E: 4,6 g, F: 0,8 g, Kh: 31,7 g, kJ: 649, kcal: 155, BE: 2,5), 250 g frisch getoastete Scheiben Ciabatta (zusätzlich pro Portion: E: 6,3 g, F: 0,6 g, Kh: 32,5 g, kJ: 682, kcal: 161, BE: 2,5) oder 750 g Pellkartoffeln (Rohgewicht) (zusätzlich pro Portion: E: 3,4 g, F: 0,2 g, Kh: 25,0 g, kJ: 503, kcal: 120, BE: 2,0) servieren.

Räucherlachs-Reis-Salat I

Einfach

4 Portionen

Pro Portion: E: 15,7 g, F: 8,1 g, Kh: 43,1 g, kJ: 1311, kcal: 311, BE: 3,5

175 g Wildreis-Langkornreis-Mischung

Für das Dressing:

200 g Joghurt (1,5 % Fett)
100 g saure Sahne
Salz
gem. Pfeffer
1 gestr. TL Currypulver

2 Frühlingszwiebeln
140 g abgetropfter Gemüsemais (aus der Dose)
1/2 Kopf- oder Endiviensalat (etwa 145 g)
75 g Radieschensprossen
120 g geräucherter Lachs in Scheiben

Zubereitungszeit: 30 Minuten, ohne Abkühlzeit

1. Den Reis nach Packungsanleitung zubereiten und abkühlen lassen.

2. Für das Dressing in der Zwischenzeit Joghurt mit saurer Sahne glatt rühren, mit Salz, Pfeffer und Curry abschmecken.

3. Frühlingszwiebeln putzen, abspülen, gut abtropfen lassen und in feine Scheiben schneiden.

4. Das Dressing mit dem Reis vermengen. Mais und Frühlingszwiebelscheiben unterrühren und die Reismischung zugedeckt in den Kühlschrank stellen.

5. In der Zwischenzeit den Salat putzen, waschen und gut abtropfen lassen oder trocken schleudern. Salat in mundgerechte Stücke zupfen. Die Sprossen abspülen und gut abtropfen lassen.

6. Die Reismischung nochmals mit Salz, Pfeffer und Curry abschmecken. 4 Portionsschälchen mit dem Salat auslegen. Die Reismischung darauf verteilen und die Lachsscheiben dekorativ daraufgeben. Zum Schluss die Sprossen in kleinen Häufchen daraufsetzen und den Salat servieren.

Red-Snapper-Filets mit Mango-Paprika-Salat I

Etwas Besonderes

4 Portionen

Pro Portion: E: 33,1 g, F: 8,6 g, Kh: 20,3 g, kJ: 1290, kcal: 309, BE: 1,5

1 reife Mango (etwa 300 g Fruchtfleisch)
2 rote Paprikaschoten (etwa 400 g)
1 walnussgroßes Stück frischer Ingwer (etwa 10 g)
Saft von ½ Limette
2 EL Fischsauce
1 EL flüssiger Honig (10 g)
1–2 EL Olivenöl (10–20 g)
2 EL Sweet Chilisauce
4 Red-Snapper-Filets (je etwa 150 g)
2 EL Olivenöl (20 g)
Salz, gem. Pfeffer
2 Schalen Daikonkresse

Zubereitungszeit: 25 Minuten

1. Die Mango halbieren und den Stein herauslösen. Mangohälften schälen und in etwa 1 cm große Würfel schneiden. Die Paprikaschoten grob schälen, halbieren, entstielen, entkernen und die weißen Scheidewände entfernen. Schotenhälften abspülen, abtropfen lassen und ebenfalls in Würfel schneiden. Den Ingwer schälen und fein reiben.

2. Mango-, Paprikawürfel und Ingwer in eine Schüssel geben. Limettensaft, Fischsauce, Honig, Olivenöl und Chilisauce untermischen.

3. Die Fischfilets kurz unter fließendem kalten Wasser abspülen und trocken tupfen. Olivenöl in einer großen Pfanne erhitzen. Die Fischfilets mit der Hautseite nach unten in die Pfanne legen und 2–3 Minuten braten, dann wenden und von der zweiten Seite nochmals 2–3 Minuten braten. Fischfilets von beiden Seiten mit Salz und Pfeffer würzen und herausnehmen.

4. Die Kresse abspülen, trocken tupfen, abschneiden. Die Blättchen evtl. etwas kleiner schneiden. Die Red-Snapper-Filets auf dem Mango-Paprika-Salat anrichten und mit Kresse bestreut servieren.

Reis mit gebratenem Gemüse I

Mit Alkohol

4 Portionen

Pro Portion: E: 13,6 g, F: 5,2 g, Kh: 55,3 g, kJ: 1396, kcal: 334, BE: 4,0

Für die Gemüsepfanne:

200 g Zuckerschoten
200 g Möhren
1 Stange Staudensellerie
1 grüne Zucchini (etwa 200 g)
1 gelbe Zucchini (etwa 200 g)
½ rote Paprikaschote (etwa 100 g)
½ gelbe Paprikaschote (etwa 100 g)
3–4 Cocktailtomaten
250 g Champignons
1–2 EL Olivenöl (10–20 g)
200 ml Gemüsebrühe
2–3 EL helle Sojasauce
2–3 EL Sherry
100 g Sojabohnensprossen
1 TL Speisestärke (5 g)
1 EL Wasser
Salz, gem. Pfeffer
gem. Koriander

560 g gegarter Basmatireis (etwa 200 g Rohgewicht)

Zubereitungszeit: 30 Minuten

1. Für die Gemüsepfanne von den Zuckerschoten die Enden abschneiden. Die Zuckerschoten evtl. abfädeln, dann abspülen, abtropfen lassen und schräg halbieren. Die Möhren putzen, schälen, abspülen, abtropfen lassen und in dünne Scheiben schneiden.

2. Staudensellerie putzen und die harten Außenfäden abziehen. Sellerie abspülen und abtropfen lassen. Den Sellerie in Scheiben schneiden. Zucchini abspülen, abtrocknen und die Enden abschneiden. Die Zucchini längs halbieren und in dünne Scheiben schneiden.

3. Die Paprikaschotenhälften entstielen, entkernen und die weißen Scheidewände entfernen. Die Paprika abspülen, abtropfen lassen und in Stücke schneiden. Cocktailtomaten abspülen, abtrocknen, halbieren und evtl. die Stängelansätze herausschneiden.

4. Champignons putzen, evtl. kurz abspülen und trocken tupfen. Champignons in Scheiben schneiden.

5. Das Olivenöl in einem Wok oder in einer großen Pfanne erhitzen. Die Champignons darin etwa 2 Minuten unter Rühren braten, dann herausnehmen und auf einen Teller geben. Nach und nach Möhren-, Staudensellerie-, Zucchinischeiben, Zuckerschoten- und Paprikastücke kurz unter Rühren anbraten. Brühe, Sojasauce und Sherry hinzugießen und unterrühren.

6. Das Gemüse 3–5 Minuten bei schwacher Hitze mit geschlossenem Deckel garen.

7. In der Zwischenzeit die Sojabohnensprossen in ein Sieb geben, abspülen und abtropfen lassen.

8. Die Champignons wieder zum Gemüse geben und unterrühren.

9. Die Stärke mit dem Wasser verrühren, unter das Gemüse rühren und kurz aufkochen lassen.

10. Anschließend die Sojabohnensprossen und die Tomatenhälften unter das Gemüse rühren, mit Salz, Pfeffer und Koriander abschmecken. Zuletzt den Reis dazugeben, unterrühren und kurz erwärmen.

Reissalat mit Schinken und Obst

Raffiniert

6 Portionen

Pro Portion: E: 11,6 g, F: 5,6 g, Kh: 36,0 g, kJ: 1029, kcal: 246, BE: 3,0

200 g Langkornreis
Salz
200 g Kochschinken in Scheiben
150 g blaue Weintrauben
150 g Staudensellerie
1 Banane (etwa 150 g)

Für die Sauce:

150 g Joghurt (1,5 % Fett)
2 EL Salatcreme (25 % Fett)
3 EL Schlagsahne (30 % Fett)
2 EL Zitronensaft
gem. Pfeffer
etwas Zucker

Zubereitungszeit: 30 Minuten, ohne Abkühl- und Durchziehzeit

1. Den Reis in Salzwasser nach Packungsanleitung garen.

2. In der Zwischenzeit Schinkenscheiben in Streifen schneiden. Weintrauben abspülen, abtrocknen, entstielen, halbieren und evtl. entkernen.

3. Den garen Reis in ein Sieb geben, abtropfen und abkühlen lassen, dabei gelegentlich umrühren.

4. Staudensellerie putzen und die harten Außenfäden abziehen. Die Stangen abspülen, abtropfen lassen und in dünne Scheiben schneiden. Banane schälen und in dünne Scheiben schneiden.

5. Für die Sauce Joghurt mit Salatcreme, Sahne und Zitronensaft verrühren und mit Salz, Pfeffer und Zucker würzen. Die Salatzutaten mit der Sauce vermengen, etwas durchziehen lassen und nochmals mit Salz, Pfeffer und Zucker abschmecken.

Riesengarnelen-Spieße I

Etwas teurer

4 Portionen

Pro Portion: E: 13,0 g, F: 4,5 g, Kh: 7,0 g, kJ: 508, kcal: 121, BE: 0,5

200 g TK-Riesengarnelen (geschält, entdarmt)
16 Cocktailtomaten
je 1/2 gelbe und rote Paprikaschote (je etwa 100 g)
6 Knoblauchzehen
8 kleine Champignons
30 g Butter oder Margarine
1 EL Zitronensaft
Salz
gem. Pfeffer
1 Prise Zucker

einige vorbereitete Basilikumblättchen

Außerdem:

8 Holz- oder Schaschlikspieße

Zubereitungszeit: 30 Minuten, ohne Auftauzeit

1. Riesengarnelen nach Packungsanleitung auftauen lassen, dann unter fließendem kalten Wasser abspülen und trocken tupfen.

2. Die Cocktailtomaten abspülen, abtrocknen, evtl. halbieren und die Stängelansätze herausschneiden. Paprikaschotenhälften entstielen, entkernen und die weißen Scheidewände entfernen. Die Schoten abspülen, abtropfen lassen und in größere Stücke schneiden. 4 Knoblauchzehen abziehen und halbieren.

3. Die Champignons putzen, evtl. kurz abspülen und trocken tupfen. Champignons in Scheiben schneiden. Vorbereitete Zutaten abwechselnd auf Holz- oder Schaschlikspieße stecken.

4. Restliche Knoblauchzehen abziehen, halbieren, durch eine Knoblauchpresse drücken oder sehr fein hacken.

5. Butter oder Margarine zerlassen. Knoblauch, Zitronensaft, Salz, Pfeffer und Zucker hinzufügen und verrühren. Die Spieße damit bestreichen.

6. Eine beschichtete Pfanne ohne Fett erhitzen (nicht zu heiß werden lassen). Spieße hineinlegen und darin etwa 2 Minuten von jeder Seite braten. Die Spieße mit Basilikumblättchen garniert servieren.

Beilage: Dazu können Sie etwa 250 g frisches Baguette (zusätzlich pro Portion: E: 4,6 g, F: 0,8 g, Kh: 31,7 g, kJ: 649, kcal: 155, BE: 2,5) servieren. Oder Sie reichen Naturreis als Beilage. Dafür 200 g Reis nach Packungsanleitung zubereiten (zusätzlich pro Portion: E: 3,6 g, F: 1,1 g, Kh: 37,0 g, kJ: 732, kcal: 173, BE: 3,0).

Tipp: Sie können die Spieße auch unter dem Backofengrill (etwa 240 °C) auf Alufolie in etwa 5 Minuten grillen.

Rinderfilet „Lukullus" | Für Gäste

2 Portionen

Pro Portion: E: 38,2 g, F: 7,2 g, Kh: 0,2 g, kJ: 920, kcal: 219, BE: 0,0

2 Rinderfiletsteaks (je etwa 180 g)
Salz, ger. Majoran
grob gem. Pfeffer
1 TL Tomatenmark (etwa 7 g)
evtl. gehackte Petersilie oder Thymianblättchen

Außerdem:

Alufolie

Zubereitungszeit: 5 Minuten
Garzeit: etwa 16 Minuten

1. Den Backofen vorheizen.
Ober-/Unterhitze: etwa 240 °C
Heißluft: etwa 220 °C

2. Rinderfiletsteaks mit Küchenpapier trocken tupfen. Die Filetsteaks mit Salz, Majoran und Pfeffer einreiben und mit Tomatenmark bestreichen.

3. Die Filetsteaks in Alufolie wickeln und auf ein Backblech legen. Das Backblech in den vorgeheizten Backofen schieben und die Filetsteaks **etwa 16 Minuten garen.**

4. Nach etwa 10 Minuten Garzeit die Alufolie öffnen. Die Filetsteaks bei gleicher Backofentemperatur nochmals etwa 6 Minuten bräunen lassen.

5. Die Rinderfiletsteaks vom Backblech nehmen und in der Alufolie servieren.

6. Nach Belieben die Rinderfiletsteaks mit Petersilie oder Thymianblättchen bestreut servieren.

Tipp: Nach Belieben frische Champignonscheiben von 2–3 Champignons und 2–3 abgezogene, geviertelte Tomaten mitgaren lassen (zusätzlich pro Portion: E: 2,2 g, F: 0,3 g, Kh: 2,7 g, kJ: 90, kcal: 21, BE: 0,0).

Roastbeef-Röllchen auf Knäckebrot | Für Gäste

10 Stück

Pro Stück: E: 8,0 g, F: 2,5 g, Kh: 7,6 g, kJ: 359, kcal: 86, BE: 0,5

500 g	*grüner Spargel*
1 gestr. TL	*Salz*
10	*Kopfsalatblätter*
10 Scheiben	*Roggen-Knäckebrot*
50 g	*fettreduzierte Remoulade*
20 Scheiben	*Roastbeefaufschnitt (etwa 200 g)*
	Salz
	gem. Pfeffer

Zubereitungszeit: 30 Minuten, ohne Abkühlzeit

1. Vom grünen Spargel das untere Drittel schälen und die unteren Enden abschneiden. Spargel abspülen, abtropfen lassen und knapp mit Wasser bedeckt, zugedeckt zum Kochen bringen. Salz hinzufügen und den Spargel etwa 8 Minuten kochen. Spargel in ein Sieb geben, mit kaltem Wasser abspülen, abtropfen und abkühlen lassen.

2. In der Zwischenzeit die Salatblätter waschen und trocken tupfen oder trocken schleudern.

3. Spargelstangen halbieren. Remoulade in 11 Portionen teilen. Jede Knäckebrotscheibe mit 1 Portion Remoulade bestreichen. Die restliche Portion zum Garnieren aufbewahren. Die Knäckebrotscheiben mit je 1 Salatblatt belegen.

4. Jeweils 2 Scheiben Rostbeefaufschnitt längs überlappend aufeinanderlegen und mit etwas Salz bestreuen. Jeweils etwa 3 Spargelstücke darauflegen und einrollen. Die Rostbeef-Röllchen auf die Knäckebrotscheiben legen.

5. Die restliche Remoulade mit einem Eier- oder Teelöffel in Tupfen auf die Roastbeef-Röllchen setzen und mit Pfeffer bestreuen. Rostbeef-Röllchen auf Knäckebrot sofort servieren.

Roastbeef-Salat I

Herzhaft – etwas teurer

4 Portionen

Pro Portion: E: 20,2 g, F: 10,8 g, Kh: 2,3 g, kJ: 790, kcal: 189, BE: 0,0

250 g Roastbeefaufschnitt in Scheiben (möglichst durchgegart)
2 rote Zwiebeln (etwa 130 g)
1 Knoblauchzehe
2 Sardellenfilets in Salz (aus dem Glas)
4 abgetropfte, kleine Essiggurken (etwa 60 g)
4 TL abgetropfte Kapern (etwa 20 g)
1 EL Weißweinessig
1 EL Zitronensaft
3 EL Olivenöl (30 g)
1 Msp. mittelscharfer Senf
Salz
gem. Pfeffer

Zubereitungszeit: 20 Minuten, ohne Durchziehzeit

1. Den Roastbeefaufschnitt in etwa 1 cm breite Streifen schneiden.

2. Zwiebeln abziehen, halbieren und in feine Streifen schneiden. Knoblauch abziehen und durch eine Knoblauchpresse drücken oder sehr fein hacken.

3. Die Sardellenfilets mit kaltem Wasser abspülen und trocken tupfen. Essiggurken und Kapern ebenfalls trocken tupfen. Sardellenfilets, Essiggurken und Kapern mit einem großen Messer fein hacken oder in kleine Würfel schneiden.

4. Die Zwiebelstreifen mit fein gehacktem Knoblauch, Sardellenfilets, Essiggurken und Kapern in einer Schüssel vermischen.

5. Den Essig mit dem Zitronensaft verrühren. Das Olivenöl unterschlagen, den Senf unterrühren. Dann die Rostbeef-Streifen mit der Sauce zu der Zwiebel-Kapern-Masse geben und alles gut verrühren. Den Salat mit etwas Salz und Pfeffer abschmecken und etwa 30 Minuten durchziehen lassen.

Beilage: Reichen Sie dazu 250 g lauwarmes Ciabatta (zusätzlich pro Portion: E: 6,3 g, F: 0,6 g, Kh: 32,5 g, kJ: 682, kcal: 161, BE: 2,5) oder 4 Scheiben frisches Roggen-Vollkornbrot (je etwa 45 g, zusätzlich pro Portion: E: 3,3 g, F: 0,5 g, Kh: 17,4 g, kJ: 363, kcal: 87, BE: 1,5).

Tipps: Roastbeef ist sehr teuer. Wenn es dennoch etwas teurer sein darf, erlaubt die Fett- und Kalorienbilanz des Salats es auch, die Rostbeefmenge um 100 g auf 350 g zu erhöhen. Preiswerte Alternativen zu Roastbeef sind Hähnchen- oder Putenbrustaufschnitt.

Ernährungstipp: Greifen Sie beim Brot auch immer wieder zu dunklen Brotsorten. Hier wird das Korn mit der Schale gemahlen, und in der Schale stecken viele gesunde Vitamine und Mineralstoffe. Bei hellen Brotsorten, wurde die Schale des Korns vor dem Mahlen des Mehls entfernt.

Warenkunde: Zu den wertvollsten Teilstücken eines Rindes gehört das Roastbeef. Es ist besonders mager, hat kaum Fetteinlagerungen und schmeckt dennoch wunderbar saftig-aromatisch. Roastbeefaufschnitt gibt es frisch beim Metzger oder in gut sortierten Fleischtheken.

Rosa Grapefruit-Sorbet I

Erfrischend

8 Portionen

Pro Portion: E: 0,3 g, F: 0,1 g, Kh: 21,7 g, kJ: 392, kcal: 94, BE: 2,0

4 rosa Grapefruits (je etwa 100 g)
100 g Puderzucker
50 ml Grenadine Sirup

Zum Garnieren:

einige vorbereitete Zitronenmelisseblättchen

Zubereitungszeit: 20 Minuten
Gefrierzeit: 4–5 Stunden

1. Grapefruits heiß abwaschen, abtrocknen, halbieren und auspressen. 400 ml von dem Saft abmessen.

2. Den Grapefruitsaft mit dem Puderzucker und dem Grenadine Sirup in eine Rührschüssel geben. Die Zutaten mit einem Schneebesen gut verrühren. Die Masse in eine gefriergeeignete Schüssel füllen.

3. Die Grapefruitmasse zugedeckt 4–5 Stunden tiefgefrieren, dabei die Masse alle 30 Minuten umrühren.

4. Die Grapefruithälften mit einem Löffel auskratzen und zugedeckt in den Kühlschrank stellen.

5. Zum Garnieren die Zitronenmelisseblättchen abspülen und trocken tupfen. Das Grapefruit-Sorbet in den 8 Grapefruithälften verteilen und mit den Zitronenmelisseblättchen garniert servieren.

Rosa Reis | Etwas Besonderes

4 Portionen

Pro Portion: E: 14,3 g, F: 6,0 g, Kh: 77,2 g, kJ: 1785, kcal: 427, BE: 6,0

300 g	*Langkornreis*
	Salz
1–2 EL	*Senfkörner (10–20 g)*
300 g	*rote Zwiebeln*
250 g	*abgetropfte Kidneybohnen (aus der Dose)*
220 g	*abgetropfte Rote Bete in Scheiben (aus dem Glas)*
1	*Salatgurke (etwa 350 g)*
1–2 EL	*Speiseöl (10–20 g)*
einige Stängel	*Zitronenmelisse*
	gem. Pfeffer

Zubereitungszeit: 30 Minuten

1. Den Reis nach Packungsanleitung in Salzwasser knapp gar kochen und in einem Sieb abtropfen lassen.

2. In der Zwischenzeit die Senfkörner in einem Wok oder einer großen Pfanne ohne Fett rösten, bis die Körner zu springen beginnen. Die Körner in einen Mörser geben und zerstoßen.

3. Die Zwiebeln abziehen, halbieren und in Streifen schneiden. Die Kidneybohnen mit kaltem Wasser abspülen und gut abtropfen lassen. Rote Bete in Streifen schneiden.

4. Gurke abspülen, schälen und der Länge nach halbieren. Die Gurkenhälften mit einem Löffel entkernen, dann in kleine Würfel schneiden.

5. Das Speiseöl in dem Wok oder der Pfanne erhitzen. Zwiebelstreifen, Gurkenwürfel und Reis in die Pfanne geben und in dem heißen Fett anbraten. Anschließend die Hitze reduzieren, den Deckel auflegen und alles bei mittlerer Hitze etwa 8 Minuten garen.

6. In der Zwischenzeit die Zitronenmelisse abspülen, trocken tupfen und die Blättchen von den Stängeln zupfen. Die Bohnen und die Rote-Bete-Streifen zum Gurken-Reis geben und darin erwärmen.

7. Rosa Reis mit Salz, Pfeffer und den zerstoßenen Senfkörnern würzen. Zum Schluss die Zitronenmelisseblättchen unterheben oder den rosa Reis damit garnieren.

Rosenkohl-Pfifferling-Suppe I

Zum Sattessen

4 Portionen

Pro Portion: E: 31,7 g, F: 8,5 g, Kh: 24,5 g, kJ: 1279, kcal: 306, BE: 2,0

Für die Suppe:

1 Zwiebel (etwa 65 g)
300 g festkochende Kartoffeln
300 g Putenbrustfilet
2–3 EL neutrales Speiseöl, z. B. Rapsöl (20–30 g)
250 g abgetropfte Pfifferlinge (aus der Dose)
400 g TK-Rosenkohl
Salz, gem. Pfeffer
ger. Muskatnuss
1 Prise grob geschroteter Chili
1 l heiße Geflügelbrühe
80 g rote Linsen

Zum Bestreuen:

2 EL gehackte Petersilie (frisch oder TK)

Zubereitungszeit: 25 Minuten

1. Für die Suppe die Zwiebel abziehen, halbieren und in etwa 1 cm große Spalten schneiden. Die Kartoffeln schälen, abspülen, abtropfen lassen und in etwa 1 cm große Stücke schneiden. Das Putenbrustfilet abspülen, trocken tupfen und in Streifen schneiden.

2. Das Speiseöl in einem großen Topf erhitzen. Putenbruststreifen darin unter Wenden anbraten, wieder herausnehmen und auf einem Teller beiseitestellen. Die Pfifferlinge in dem verbliebenen Bratfett kräftig anbraten, herausnehmen und ebenfalls beiseitestellen.

3. Die Zwiebelspalten und die Kartoffelstücke in den Topf geben und ebenfalls in dem verbliebenen Bratfett andünsten. Dann den gefrorenen Rosenkohl hinzugeben, mit Salz, Pfeffer, Muskatnuss und Chili würzen. Die Brühe hinzugießen. Die Zutaten zum Kochen bringen und zugedeckt etwa 4 Minuten bei mittlerer Hitze kochen lassen.

4. Die Linsen und die Pfifferlinge in die Suppe geben. Alles zugedeckt weitere etwa 8 Minuten kochen lassen. Die Suppe mit Salz und Pfeffer abschmecken.

5. Die Putenbruststreifen in die Suppe geben und kurz darin erwärmen.

6. Rosenkohl-Pfifferling-Suppe in tiefen Tellern oder Suppentassen verteilen und mit gehackter Petersilie bestreuen.

Beilage: Servieren Sie 2 Scheiben frisches Bauernbrot (etwa 125 g) dazu. Pro Portion (1/2 Scheibe) zusätzlich: E: 2,3 g, F: 0,3 g, Kh: 14,3 g, kJ: 294, kcal: 70, BE: 1,0.

Tipps: Sie können die Suppe auch mit frischem Rosenkohl zubereiten. Dafür evtl. beschädigte und fleckige, äußere Blätter entfernen. Dann etwas vom Strunk abschneiden und die Rosenkohlröschen kreuzförmig einschneiden. Anschließend wie den gefrorenen Rosenkohl weiterverarbeiten. Die Garzeit erhöht sich dann auf etwa 15 Minuten. Die Suppe schmeckt auch mit Blumenkohl oder mit Brokkoli sehr gut. Den Brokkoli dann insgesamt etwa 5 Minuten garen. Statt der Pfifferlinge können Sie auch Mischpilze (aus dem Glas) verwenden. Noch schneller geht es, wenn Sie statt frischem Putenfleisch geräucherte Putenbrust (aus dem Kühlregal oder der Fleischtheke) in Streifen schneiden und kurz in der Suppe erhitzen.

Rosmarin-Apfelkuchen

Etwas Besonderes – einfach

20 Stücke

Pro Stück: E: 2,9 g, F: 8,5 g, Kh: 23,9 g, kJ: 773, kcal: 185, BE: 2,0

Zum Vorbereiten:

2–3 Stängel Rosmarin
40 g Zucker

Für den All-in-Teig:

275 g Weizenmehl
2 gestr. TL Dr. Oetker Backin
125 g Zucker
abgeriebene Schale von ½ Bio-Zitrone (unbehandelt, ungewachst)
4 Eier (Größe M)
175 g weiche Butter oder Margarine
2 EL Zitronensaft

Für den Belag:

etwa 800 g rotschalige Äpfel, z. B. Gala, Elstar, Pink Lady

Zum Bestreichen:

2 EL Zitronensaft

Zubereitungszeit: 40 Minuten, ohne Durchzieh- und Abkühlzeit
Backzeit: etwa 35 Minuten

1. Zum Vorbereiten Rosmarin abspülen und trocken tupfen. Die Nadeln von den Stängeln zupfen, 2 Esslöffel davon abmessen, fein hacken und in eine kleine Schüssel geben. Zucker hinzugeben, unterrühren und etwa 20 Minuten durchziehen lassen.

2. Den Backofen vorheizen.
Ober-/Unterhitze: etwa 180 °C
Heißluft: etwa 160 °C

3. Für den Teig Mehl mit Backpulver mischen und in eine Rührschüssel geben. Zucker, Zitronenschale, Eier, Butter oder Margarine und Zitronensaft hinzufügen. Die Zutaten mit einem Mixer (Rührstäbe) zunächst kurz auf niedrigster, dann auf höchster Stufe in etwa 2 Minuten zu einem glatten Teig verarbeiten.

4. Den Teig auf ein Backblech (30 x 40 cm, gefettet, mit Backpapier belegt) geben und glatt streichen. Vor den Teig einen mehrfach geknickten Streifen Alufolie legen.

5. Für den Belag Äpfel heiß abspülen, gut abtrocknen und mit einem Apfelausstecher je das Kerngehäuse ausstechen. Die Äpfel in etwa 2 cm dicke Scheiben schneiden und mit etwas Zitronensaft bestreichen. Apfelscheiben auf den Teig legen.

6. Von dem vorbereiteten Rosmarinzucker 1 Teelöffel abnehmen und beiseitestellen. Restlichen Rosmarinzucker auf die Apfelscheiben streuen.

7. Das Backblech in den vorgeheizten Backofen schieben. Den Kuchen **etwa 35 Minuten backen.**

8. Das Backblech auf einen Kuchenrost stellen.

9. Restlichen Rosmarinzucker und restlichen Zitronensaft in einem kleinen Topf unter Rühren zum Kochen bringen. Dann die noch heißen Apfelscheiben mit der Flüssigkeit bestreichen. Den Kuchen erkalten lassen. Den Alustreifen entfernen und den Kuchen in Stücke schneiden.

Rosmarinkartoffeln aus dem Ofen | Klassische Beilage

4 Portionen

Pro Portion: E: 4,9 g, F: 3,8 g, Kh: 39,1 g, kJ: 909, kcal: 216, BE: 3,5

1 kg	*mittelgroße Kartoffeln*
1 Stängel	*frischer Rosmarin*
1–2 EL	*Olivenöl (10–20 g)*
	Salz

Zubereitungszeit: 30 Minuten
Garzeit: 30–40 Minuten

1. Den Backofen vorheizen.
Ober-/Unterhitze: etwa 180 °C
Heißluft: etwa 160 °C

2. Die Kartoffeln unter fließendem kalten Wasser abbürsten, abspülen und halbieren. Rosmarin abspülen, trocken tupfen und die Nadeln von dem Stängel zupfen. Rosmarin fein hacken.

3. Das Olivenöl mit Salz und den Rosmarinnadeln in einer Schüssel verrühren. Die Kartoffeln hinzugeben, alles gut vermengen. Die Kartoffeln in eine Auflaufform geben.

4. Die Auflaufform auf dem Rost in den vorgeheizten Backofen schieben und die Kartoffeln je nach Größe **30–40 Minuten garen.**

Tipp: Geben Sie etwa 10 Minuten vor Ende der Garzeit einige abgespülte, abgetrocknete Cocktailtomaten (evtl. vorher die Stängelansätze entfernen) mit in die Auflaufform.

Rote Bete mit Dill-Dip

Zubereitung im Topf mit Dämpfeinsatz (Ø etwa 24 cm)

4 Portionen

Pro Portion: E: 4,3 g, F: 11,9 g, Kh: 15,8 g, kJ: 791, kcal: 189, BE: 1,0

Zum Vorbereiten:

500 g Rote Bete (vorgegart, vakuumverpackt)

Für den Dill-Dip:

1 mittelgroße Zwiebel (etwa 75 g)
1 Bund Dill
250 g saure Sahne
4 EL Milch (3,5 % Fett)
1 EL flüssiger Honig (10 g)
Salz
gem. Pfeffer

Zubereitungszeit: 20 Minuten

1. Zum Vorbereiten die Rote Bete abtropfen lassen und je nach Größe in Sechstel oder Achtel schneiden. Rote Bete beiseitestellen.

2. Für den Dill-Dip Zwiebel abziehen, halbieren und sehr fein würfeln. Den Dill abspülen und trocken tupfen. 2–3 Dillstängel zum Garnieren beiseitelegen. Von den restlichen Stängeln die Spitzen abzupfen und fein schneiden.

3. Die saure Sahne mit der Milch, dem Honig, den Zwiebeln und dem fein geschnittenem Dill glatt verrühren. Den Dip mit Salz und Pfeffer abschmecken.

4. Die beiseitegestellte Rote Bete mit dem Dill-Dip und mit den beiseitegelegten Dillstängeln garniert servieren.

Rote-Bete-Salat I

Raffiniert – einfach

4 Portionen

Pro Portion: E: 16,0 g, F: 10,2 g, Kh: 25,7 g, kJ: 1105, kcal: 264, BE: 2,0

500 g Rote Bete (gegart, vakuumverpackt)
250 g gegarte Kartoffelscheiben (aus dem Kühlregal)

Für die Sauce:

3 EL Weißweinessig
1 TL Tafelmeerrettich (aus dem Glas)
2 EL Speiseöl (20 g)
1 gestr. TL Salz
gem., schwarzer Pfeffer
1 gestr. TL Zucker

1 Stange Porree (Lauch, etwa 200 g)
200 g Kochschinken in Scheiben
100 g Salatcreme (10 % Fett)
100 g Joghurt (1,5 % Fett)

Zubereitungszeit: 30 Minuten

1. Die Rote Bete in grobe Würfel schneiden und in eine Schüssel geben. Kartoffelscheiben evtl. etwas kleiner schneiden und ebenfalls in die Schüssel geben.

2. Für die Sauce Weinessig mit Meerrettich in einer Schüssel verrühren, das Speiseöl unterschlagen. Die Sauce mit Salz, Pfeffer und Zucker würzen. Die Sauce zu den Rote-Bete-Würfeln und den Kartoffelscheiben geben und vorsichtig unterheben. Den Salat etwas durchziehen lassen.

3. In der Zwischenzeit den Porree putzen, die Stange längs halbieren, gründlich waschen und abtropfen lassen. Porree in feine Streifen schneiden. Kochschinken ebenfalls in feine Streifen schneiden. Die Porree- und Schinkenstreifen zu den Salatzutaten geben und gut untermischen.

4. Die Salatcreme mit dem Joghurt verrühren und vorsichtig unter den Salat heben. Den Salat nochmals mit Salz, Pfeffer und Zucker abschmecken.

Rotkohl-Rohkost-Salat I

Fruchtig

4 Portionen

Pro Portion: E: 6,2 g, F: 6,0 g, Kh: 17,3 g, kJ: 643, kcal: 154, BE: 1,5

600 g Rotkohl
2 Orangen (etwa 300 g)

Für die Sauce:

1 Banane (etwa 150 g)
300 g Joghurt (1,5 % Fett)
1 EL Nussöl (10 g)
2 EL Schnittlauchröllchen
Salz, gem. Pfeffer

15 g Pinienkerne

Zubereitungszeit: 30 Minuten

1. Rotkohl putzen, vierteln und den Strunk herausschneiden. Rotkohl auf einem Gemüsehobel hobeln. Die Orangen so schälen, dass die weiße Haut mitentfernt wird. Die Orangen filetieren, dabei den Saft auffangen.

2. Für die Salatsauce die Banane schälen, in Stücke schneiden und mit Joghurt und Nussöl in einen hohen Rührbecher geben. Die Zutaten mit einem Pürierstab fein pürieren. Dann die Sauce mit dem aufgefangenen Orangensaft und den Schnittlauchröllchen verrühren, mit Salz und Pfeffer würzen.

3. Den Rotkohl mit den Orangen mischen, die Sauce daraufgeben und den Salat mit Pinienkernen bestreut servieren.

Tipp: Die Pinienkerne schmecken intensiver, wenn Sie sie vorher in einer Pfanne ohne Fett unter Wenden goldbraun rösten.

Rucola-Zuckerschoten-Salat mit Kartoffeldressing I

Für Gäste

4 Portionen

Pro Portion: E: 5,5 g, F: 5,7 g, Kh: 19,3 g, kJ: 649, kcal: 155, BE: 1,5

200 g Zuckerschoten
Salz
1 Kohlrabi (etwa 250 g)
1 gelbe Paprikaschote (etwa 200 g)
½ Salatgurke (etwa 175 g)
1 dickes Bund Radieschen (etwa 300 g)
125 g Rucola (Rauke)

Für das Kartoffeldressing:

150 g gegarte Pellkartoffel, z.B. vom Vortag
etwa 200 ml Gemüsebrühe
2 EL Olivenöl (20 g)
½–1 TL mittelscharfer Senf
½–1 TL flüssiger Honig
2 EL Zitronensaft
1 EL Balsamico-Essig
gem. Pfeffer
1 TL gehackte TK-Petersilie

Zubereitungszeit: 30 Minuten, ohne Abkühlzeit

1. Von den Zuckerschoten die Enden abschneiden. Die Schoten evtl. abfädeln. Zuckerschoten abspülen und in kochendem Salzwasser etwa 2 Minuten blanchieren. Danach mit kaltem Wasser abschrecken und abtropfen lassen. Zuckerschoten evtl. quer halbieren und abkühlen lassen.

2. Kohlrabi schälen, abspülen und abtropfen lassen. Kohlrabi in feine Stifte schneiden. Paprikaschote halbieren, entstielen, entkernen und die weißen Scheidewände entfernen. Schotenhälften abspülen, abtropfen lassen und in kleine Würfel schneiden.

3. Die Salatgurke abspülen, abtrocknen und das Ende abschneiden. Gurke längs halbieren, entkernen und in dünne Scheiben schneiden.

4. Die Radieschen putzen. Die Blätter und Stiele entfernen. Radieschen waschen, abtropfen lassen und in dünne Scheiben schneiden.

5. Rucola verlesen und dicke Stängel abschneiden. Rucola abspülen, gut abtropfen lassen oder trocken schleudern und evtl. etwas kleiner zupfen.

6. Für das Kartoffeldressing die Pellkartoffel pellen und in Stücke schneiden. Die Kartoffelstücke und die Gemüsebrühe in einen hohen Rührbecher geben.

7. Die Zutaten mit einem Pürierstab so fein pürieren, dass ein cremiges Dressing entsteht. Anschließend das Olivenöl, den Senf und den Honig hinzufügen und unterrühren.

8. Das Kartoffeldressing mit Zitronensaft, Balsamico-Essig, Salz und Pfeffer abschmecken. Zuletzt die Petersilie unter das Dressing rühren.

9. Vor dem Servieren Zuckerschoten, Kohlrabistifte, Paprikawürfel, Gurken- und Radieschenscheiben mit Rucola vermischen und auf Tellern verteilen.

10. Das Kartoffeldressing über den Salat träufeln.

Beilage: Servieren Sie 250 g frisches Baguette als Beilage (zusätzlich pro Portion: E: 4,6 g, F: 0,8 g, Kh: 31,7 g, kJ: 649, kcal: 155, BE: 2,5). Sie können auch zusätzlich noch 4 hart gekochte Eier (Größe M) in Achtel schneiden und mit unter den Salat mischen (zusätzlich pro Portion: E: 6,5 g, F: 5,1 g, Kh: 0,8 g, kJ: 315, kcal: 75, BE: 0,0).

Tipps: Wer es noch etwas würziger mag, rührt jeweils noch ½ Esslöffel mehr Zitronensaft und Balsamico-Essig mit unter das Kartoffeldressing. Wenn Sie keine frischen Zuckerschoten bekommen, können Sie auch tiefgekühlte Zuckerschoten verwenden. Diese nach Packungsanleitung garen, mit kaltem Wasser abschrecken und abtropfen lassen. Wenn Sie keinen Rucola mögen, ersetzen Sie ihn durch Kopfsalat.

Saarländischer Apfelkuchen I

Fruchtig

16 Stücke

Pro Stück: E: 1,7 g, F: 5,1 g, Kh: 15,6 g, kJ: 483, kcal: 115, BE: 1,5

Für den Teigboden:

225 g TK-Blätterteig (5 quadratische Platten)

Für den Belag:

500 g Äpfel, z. B. Boskop
20 g Zucker
1/2 TL Dr. Oetker Vanillin-Zucker
50 g gehobelte Mandeln

Zum Bestreichen:

150 g Aprikosenkonfitüre
1 EL Wasser

Zubereitungszeit: 30 Minuten, ohne Auftau- und Abkühlzeit
Backzeit: etwa 25 Minuten

1. Die Blätterteigplatten zugedeckt nach Packungsanleitung auftauen lassen.

2. Die Teigplatten aufeinanderlegen und auf einer leicht bemehlten Arbeitsfläche zu einer runden Platte (Ø etwa 30 cm) ausrollen. Teigplatte auf den Boden einer Springform (Boden gefettet, mit Backpapier belegt) legen und am Formrand etwas hochziehen. Den Blätterteigboden etwa 10 Minuten ruhen lassen. Dabei zieht sich der Teig etwas zusammen.

3. In der Zwischenzeit den Backofen vorheizen.
Ober-/Unterhitze: etwa 200 °C
Heißluft: etwa 180 °C

4. Für den Belag in der Zwischenzeit die Äpfel schälen, vierteln und die Kerngehäuse entfernen. Die Apfelviertel der Länge nach in dünne Spalten schneiden.

5. Den Teigboden mehrmals mit einer Gabel einstechen. Die Apfelspalten gleichmäßig auf dem Teigboden verteilen. Den Zucker mit dem Vanillin-Zucker und den Mandeln mischen. Zucker-Mandel-Mischung auf die Äpfel streuen.

6. Die Form auf dem Rost in den vorgeheizten Backofen schieben. Den Apfelkuchen **etwa 25 Minuten backen.**

7. Die Form auf einen Kuchenrost stellen. Den Apfelkuchen etwa 10 Minuten abkühlen lassen. Dann vorsichtig aus der Form lösen und auf einen mit Backpapier belegten Kuchenrost setzen.

8. Zum Bestreichen die Konfitüre mit dem Wasser in einem kleinen Topf unter Rühren zum Kochen bringen. Dann den Topf von der Kochstelle nehmen. Bei stückiger Konfitüre, diese durch ein Sieb streichen. Den Apfelkuchen mit der Konfitüre bestreichen.

Tipp: Der Apfelkuchen schmeckt lauwarm besonders lecker.

Salat mit Hähnchenbrust I

Für Gäste

4 Portionen

Pro Portion: E: 26,9 g, F: 12,8 g, Kh: 8,8 g, kJ: 1094, kcal: 261, BE: 0,5

2 Hähnchenbrustfilets (je etwa 200 g)
3 EL Sojasauce
1 TL flüssiger Honig (6 g)
gem. Pfeffer

2 Möhren (etwa 200 g)
2 Frühlingszwiebeln
250 g Cocktailtomaten
500 g verschiedene Salate, z. B. Frisée, Rucola, Radicchio

Für das Salatdressing:

2–3 EL Weißweinessig
Salz
1 Prise Zucker
1–2 EL gemischte, gehackte TK-Kräuter, z. B. Petersilie, Kerbel, Schnittlauch
4 EL Olivenöl (40 g)

1/2–1 EL Speiseöl, z. B. Olivenöl (5–10 g)

Zubereitungszeit: 30 Minuten

1. Die Hähnchenbrustfilets unter fließendem kalten Wasser gut abspülen, trocken tupfen und in mundgerechte Stücke schneiden. Sojasauce mit Honig verrühren. Die Sauce mit den Hähnchenstücken vermischen, mit Pfeffer würzen und zugedeckt in den Kühlschrank stellen.

2. Möhren putzen, schälen, abspülen, abtropfen lassen und zuerst längs in dünne Scheiben, dann in kleine Stifte schneiden.

3. Die Frühlingszwiebeln putzen, abspülen, abtropfen lassen und in dünne Scheiben schneiden. Cocktailtomaten abspülen, abtrocknen, halbieren und evtl. die Stängelansätze herausschneiden.

4. Von den Salatsorten die äußeren welken Blätter entfernen. Rucola verlesen und dicke Stängel abschneiden. Salate abspülen, trocken tupfen oder trocken schleudern und in mundgerechte Stücke zupfen.

5. Für das Salatdressing Essig mit Salz, Pfeffer, Zucker und Kräutern verrühren. Dann das Olivenöl unterschlagen.

6. Möhrenstifte mit Frühlingszwiebelscheiben, Tomatenhälften, Salaten und dem Salatdressing mischen.

7. Das Speiseöl in einer großen Pfanne erhitzen. Die Hähnchenstücke darin unter Rühren etwa 5 Minuten braten, mit Salz würzen und auf dem Salat anrichten.

Salat von zweierlei Bohnen I

Zum Sattessen

4 Portionen

Pro Portion: E: 17,1 g, F: 5,7 g, Kh: 31,2 g, kJ: 1047, kcal: 250, BE: 2,5

250 g abgetropfte Kidneybohnen (aus der Dose)
250 g abgetropfte, weiße Bohnen (aus der Dose)
140 g abgetropfter Gemüsemais (aus der Dose)
2 kleine, grüne Paprikaschoten (je etwa 150 g)
3 kleine Tomaten (etwa 200 g)
1 rote Zwiebel (etwa 65 g)
100 g Frischkäse mit Joghurt (13 % Fett)
100 ml Milch (3,5 % Fett)
2–3 EL Limetten- oder Zitronensaft
Salz
gem. Pfeffer

Außerdem:
einige Blätter Eisbergsalat zum Auslegen der Schüssel (etwa 120 g)

Zubereitungszeit: 25 Minuten, ohne Durchziehzeit

1. Kidneybohnen, weiße Bohnen und Gemüsemais in einem Sieb mit kaltem Wasser abspülen und gut abtropfen lassen.

2. Die Paprikaschoten halbieren, entstielen, entkernen und die weißen Scheidewände entfernen. Die Schotenhälften abspülen, abtropfen lassen und in feine Würfel schneiden.

3. Die Tomaten abspülen, abtrocknen, halbieren und die Stängelansätze herausschneiden. Tomaten in dünne Scheiben schneiden.

4. Die Zwiebel abziehen, halbieren und in feine Ringe schneiden.

5. Den Frischkäse mit der Milch und 1 1/2 Esslöffeln von dem Limetten- oder Zitronensaft in einen hohen Rührbecher geben und mit einem Mixer (Rührstäbe) verrühren. Die Sauce mit Salz, Pfeffer und nach Belieben mit etwas Limetten- oder Zitronensaft würzen.

6. Die Sauce mit der Bohnen-Paprika-Mischung vermischen. Dann den Salat zugedeckt etwa 1 Stunde durchziehen lassen.

7. Die Salatblätter abspülen, gut abtropfen lassen oder trocken tupfen und eine Schüssel damit auslegen. Den Bohnensalat nochmals mit Limetten- oder Zitronensaft, Salz und Pfeffer abschmecken und in einer Schüssel anrichten.

Beilage: Dazu 1/2 Fladenbrot (etwa 200 g) in 4 Stücke teilen und dazureichen (zusätzlich pro Portion: E: 3,5 g, F: 0,6 g, Kh: 24,0 g, kJ: 493, kcal: 118, BE: 2,0).

Tipps: Limettensaft schmeckt nicht ganz so säuerlich wie Zitronensaft. Wer es feurig-scharf mag, nimmt zusätzlich für die Sauce 1 rote Chilischote. Dafür von der Chilischote die Stängelansätze abschneiden und die Kerne mit einem spitzen Messer herauskratzen. Schote abspülen, trocken tupfen und in Ringe schneiden. Statt einer Chilischote können Sie die Sauce zusätzlich mit etwas Cayennepfeffer abschmecken.

Salat-Dressings | Einfach

je 4 Portionen

Joghurt-Dressing

(im Foto hinten)

Pro Portion: E: 3,0 g, F: 2,8 g, Kh: 3,9 g, kJ: 230, kcal: 55, BE: 0,5

3 Stängel	*Kräuter, z. B. Petersilie, Schnittlauch oder Kerbel*
300 g	*Joghurt (3,5 % Fett)*
2–3 TL	*Zitronensaft*
	Salz
	gem. Pfeffer
	etwas Zucker

Zubereitungszeit: 10 Minuten

1. Die Kräuter abspülen und trocken tupfen. Von der Petersilie oder dem Kerbel die Blättchen von den Stängeln zupfen. Blättchen fein hacken. Den Schnittlauch in feine Röllchen schneiden.

2. Den Joghurt mit dem Zitronensaft und den Kräutern in eine Schüssel geben und glatt rühren. Das Joghurt-Dressing mit Salz, Pfeffer und Zucker abschmecken.

Tipp: Das Joghurt-Dressing schmeckt besonders gut zu Blattsalaten oder gemischten Gemüsesalaten aus Gurken, Paprika und Tomaten.

Grünes Kräuter-Dressing mit Buttermilch

(im Foto vorne)

Pro Portion: E: 1,3 g, F: 5,2 g, Kh: 2,5 g, kJ: 260, kcal: 62, BE: 0,0

3 Stängel	*Petersilie*
1/2 Kästchen	*Kresse*
125 g	*Buttermilch*
1 TL	*flüssiger Honig (6 g)*
1 TL	*mittelscharfer Senf (3 g)*
2 EL	*Olivenöl (20 g)*
	Salz
	gem. Pfeffer

Zubereitungszeit: 15 Minuten

1. Die Petersilie abspülen, trocken tupfen und die Blättchen von den Stängeln zupfen. Blättchen grob hacken.

2. Die Kresse abspülen, trocken tupfen und abschneiden. 1 Teelöffel von der Kresse zum Garnieren beiseitelegen.

3. Restliche Kresse, Petersilie, Buttermilch, Honig, Senf und Olivenöl in einen hohen Rührbecher geben.

4. Die Zutaten mit einem Pürierstab gut pürieren.

5. Das Kräuter-Dressing mit Salz und Pfeffer abschmecken und mit der beiseitegelegten Kresse garnieren.

Tipps: Das grüne Kräuter-Dressing passt zu knackigen Blattsalaten wie z.B. Eisbergsalat, Chinakohl oder Chicorée. Das Dressing harmoniert aber auch mit Gemüsesalaten etwa mit Brokkoli, Blumenkohl, Möhren oder Kohlrabi. Bereiten Sie doch gleich eine größere Portion zu. Im Kühlschrank können Sie das Dressing in gut verschlossenen Glasflaschen etwa 3 Tage aufbewahren. Wenn Sie es portionsweise abfüllen, können Sie es zusammen mit vorbereitetem Salat mit ins Büro nehmen. Gießen Sie das Dressing dann erst kurz vor dem Verzehr über den Salat, damit er nicht zusammenfällt.

Sanddornaufstrich

Zum Frühstück

6–8 Portionen

Pro Portion: E: 4,1 g, F: 3,5 g, Kh: 12,3 g, kJ: 420, kcal: 100, BE: 1,0

60 g getrocknete Aprikosen
100 g Frischkäse (17 % Fett)
75 g Sanddorn (Fruchtzubereitung ungesüßt, aus dem Reformhaus)
125 g körniger Frischkäse
25 g Zucker

Zubereitungszeit: 15 Minuten

1. Die Aprikosen in kleine Stücke schneiden. Frischkäse mit Sanddorn und körnigem Frischkäse verrühren. Die Aprikosenstücke unterheben.

2. Den Sanddornaufstrich mit Zucker verrühren und in ein verschließbares Gefäß füllen. Den Sanddornaufstrich im Kühlschrank aufbewahren.

Brotempfehlung: Genießen Sie den Sanddornaufstrich als Belag für 1 Rosinenbrötchen (pro Rosinenbrötchen: E: 4,9 g, F: 0,7 g, Kh: 31,7 g, kJ: 652, kcal: 155, BE: 2,5) oder auch für 2 Vollkorntoast-Brotscheiben (2 Scheiben, etwa 40 g: E: 3,4 g, F: 1,6 g, Kh: 16,8 g, kJ: 402, kcal: 96, BE: 1,0).

Tipp: Sie können den Aufstrich im Kühlschrank gut verschlossen 3–4 Tage aufbewahren.

Saurer Reis | Etwas Besonderes

3–4 Portionen

Pro Portion: E: 8,4 g, F: 6,9 g, Kh: 66,7 g, kJ: 1539, kcal: 368, BE: 5,5

1 rote Paprikaschote (etwa 200 g)
500 g Spitzkohl
200 g abgetropfte Kürbisstücke (aus dem Glas)
2 Knoblauchzehen
20 g frischer Ingwer
2 EL Speiseöl (20 g)
200 g Langkornreis
400 ml Gemüsebrühe
Kürbisflüssigkeit (aus dem Glas)
Salz, gem. Pfeffer
40 g brauner Zucker
2 EL Balsam-Essig
Sambal Oelek

Zubereitungszeit: 30 Minuten

1. Die Paprikaschote halbieren, entstielen, entkernen und die weißen Scheidewände entfernen. Schotenhälften abspülen und in feine Streifen schneiden. Vom Spitzkohl die äußeren Blätter entfernen. Den Kohl vierteln, den Strunk herausschneiden und die Viertel in Streifen schneiden.

2. Von den Kürbisstücken die Flüssigkeit auffangen. Die Kürbisstücke evtl. etwas kleiner schneiden. Die Knoblauchzehen abziehen und den Ingwer schälen. Knoblauch und Ingwer durch eine Knoblauchpresse drücken oder sehr fein würfeln.

3. Speiseöl in einem Wok oder einer großen Pfanne erhitzen. Reis, Paprikastreifen, Knoblauch- und Ingwerwürfel hinzugeben. Die Zutaten dünsten.

4. Gemüsebrühe und 2 Esslöffel von der Kürbisflüssigkeit dazugeben und zum Kochen bringen. Die Kohlstreifen unterheben.

5. Die Zutaten zugedeckt 12–15 Minuten garen, dabei ab und zu umrühren.

6. Die Kürbisstücke hinzufügen und miterhitzen. Alles mit Salz und Pfeffer würzen, auf einer Platte anrichten und warm stellen.

7. Den Zucker im Wok schmelzen, mit der restlichen Kürbisflüssigkeit und dem Balsam-Essig ablöschen. Die Zutaten aufkochen lassen und mit Sambal Oelek würzen. Die Essigmischung über den Reis träufeln.

Scharf-saure Asiasuppe

Feuriges Vergnügen

4 Portionen

Pro Portion: E: 15,7 g, F: 4,8 g, Kh: 18,0 g, kJ: 744, kcal: 178, BE: 1,0

Für die Suppe:

20 g frischer Ingwer
1 Knoblauchzehe
2 Stängel Zitronengras
2 Kaffir-Limettenblätter (erhältlich im Asialaden)
2 Möhren (etwa 200 g)
1 l heiße Gemüsebrühe
1–2 kleine Chilischoten
1 Bund Frühlingszwiebeln (etwa 200 g)
150 g Shiitakepilze (ersatzweise rosé Champignons)
150 g Zuckerschoten
300 g Tofu natur
1–2 Limetten
etwas Sojasauce

Zubereitungszeit: 30 Minuten

1. Den Ingwer schälen, abspülen, trocken tupfen und in feine Scheiben schneiden. Knoblauch abziehen und ebenfalls in feine Scheiben schneiden.

2. Zitronengras putzen und die äußeren Blätter entfernen. Zitronengras abspülen, abtropfen lassen und in grobe Stücke schneiden. Die Zitronengrasstücke auf der Arbeitsfläche etwas aufklopfen.

3. Kaffir-Limettenblätter abspülen und abtropfen lassen. Möhren putzen, schälen, abspülen, abtropfen lassen und in feine Stifte schneiden.

4. Die Gemüsebrühe zugedeckt in einem Topf zum Kochen bringen. Möhrenstifte, Ingwer-, Knoblauchscheiben, Zitronengrasstücke und Kaffir-Limettenblätter hinzugeben. Die Zutaten wieder zum Kochen bringen.

5. In der Zwischenzeit Chilischoten abspülen, abtrocknen, entstielen, entkernen und längs halbieren. Die Schotenhälften in die Suppe geben. Die Suppe zugedeckt bei schwacher Hitze etwa 10 Minuten kochen lassen.

6. In der Zwischenzeit die Frühlingszwiebeln putzen, abspülen, abtropfen lassen und in feine Scheiben schneiden. Die Pilze putzen, evtl. kurz abspülen, trocken tupfen und ebenfalls in Scheiben schneiden.

7. Von den Zuckerschoten die Enden abschneiden, evtl. abfädeln. Zuckerschoten abspülen, abtropfen lassen und schräg halbieren.

8. Den Tofu abtropfen lassen und in etwa 2 cm große Würfel schneiden. Die Limetten halbieren und den Saft auspressen.

9. Die Suppe mit Sojasauce und Limettensaft würzen. Frühlingszwiebeln, Pilze, Zuckerschoten und den Tofu hinzugeben und die Suppe bei schwacher Hitze etwa 7 Minuten gar kochen lassen. Die Suppe nochmals mit Sojasauce abschmecken und in Suppenschalen oder -tassen verteilen.

Beilage: Bereiten Sie nach Belieben zu der Suppe eine Beilage, z. B. Basmatireis oder Mie-Nudeln. Für den Reis 200 g Reis nach Packungsanleitung zubereiten (zusätzlich pro Portion: E: 4,5 g, F: 0,3 g, Kh: 38,0 g, kJ: 731, kcal: 172, BE: 3,0). Für die Mie-Nudeln 165 g Mie-Nudeln (Instant-Nudeln) nach Packungsanleitung zubereiten und zuletzt in der Suppe erwärmen (zusätzlich pro Portion: E: 4,3 g, F: 0,6 g, Kh: 29,7 g, kJ: 601, kcal: 142, BE: 2,5).

Tipps: Zitronengras wird in Asien zwar mitserviert, ist aber in Stücken nicht zum Verzehr gedacht. Das Zitronengras möglichst frisch kaufen. Zitronengras vor der Verwendung auf einem Küchenbrett aufschlagen (z. B. mit einem Kochlöffelstiel oder einem Küchenhammer), damit es sein intensives Aroma abgeben kann. Kaffir-Limettenblätter gibt es tiefgefroren im Asialaden. Als Ersatz können Sie gemahlenes Zitronengras verwenden. Waschen Sie sich nach der Verarbeitung von Chilischoten unbedingt gründlich die Hände, damit nichts versehentlich in die Augen gerät!

Schnittchen-Variationen I

Für Gäste

je 5 Stück

Vollkornschnittchen mit Radieschen

(im Foto rechts)

Pro Stück: E: 5,8 g, F: 11,6 g, Kh: 11,3 g, kJ: 721, kcal: 174, BE: 1,0

20 g	*Sonnenblumenkerne*
½ Bund	*Radieschen (etwa 40 g)*
2½ Scheiben	*Vollkornbrot (je Scheibe etwa 45 g)*
25 g	*Frischkäse (5 % Fett)*
5	*Picandou-Taler (Ziegenweichkäse-Taler, je etwa 40 g)*
½ Bund	*Schnittlauch*

Zubereitungszeit: 20 Minuten

1. Die Sonnenblumenkerne in einer Pfanne ohne Fett unter Wenden rösten und auf einen Teller geben.

2. Radieschen putzen, entstielen, gut abspülen, abtropfen lassen und in dünne Scheiben schneiden.

3. Vollkornbrotscheiben mit Frischkäse bestreichen und halbieren. Vollkornbrot mit Radieschenscheiben belegen.

4. Die Picandou-Taler vorsichtig waagerecht halbieren und jeweils 2 Hälften auf ein Radieschenbrot legen.

5. Schnittlauch abspülen, trocken tupfen und in Röllchen schneiden.

6. Vollkornschnittchen mit Sonnenblumenkernen und Schnittlauchröllchen bestreut servieren.

Frühlingsschnittchen

(im Foto links)

Pro Stück: E: 4,7 g, F: 3,6 g, Kh: 11,7 g, kJ: 411, kcal: 98, BE: 1,0

2	*hart gekochte Eier (Größe M)*
½ Bund	*Radieschen (etwa 40 g)*
½ Bund	*Schnittlauch*
2½ Scheiben	*Mehrkornbrot (je Scheibe etwa 45 g)*
15 g	*weiche Halbfett-Butter (39 % Fett)*
	Salz
	gem. Pfeffer

Zubereitungszeit: 25 Minuten

1. Die Eier pellen und in Scheiben schneiden. Radieschen putzen, entstielen, gut abspülen, abtropfen lassen und in Scheiben schneiden. Schnittlauch abspülen, trocken tupfen und in Röllchen schneiden.

2. Die Brotscheiben halbieren und dünn mit Halbfett-Butter bestreichen. Die Schnittchen mit Eier- und Radieschenscheiben belegen und mit Salz und Pfeffer bestreuen.

3. Zum Schluss die Schnittlauchröllchen auf die Frühlingsschnittchen streuen.

Schokokuchen mit Honig-Milchschaum I

Süßer Genuss

20 Stücke

Pro Stück: E: 4,4 g, F: 4,4 g, Kh: 16,2 g, kJ: 513, kcal: 122, BE: 1,5

Für den Belag:

10 Blatt weiße Gelatine
600 ml Milch (1,5 % Fett)
50 g flüssiger Honig, z. B. Blütenhonig

Für den Biskuitteig:

3 Eier (Größe M)
2 Eigelb (Größe M)
2 EL heißes Wasser
80 g Zucker
1 Pck. Dr. Oetker Vanillin-Zucker
1 Prise Salz
100 g Weizenmehl
20 g Speisestärke
10 g gesiebtes Kakaopulver
1 gestr. TL Dr. Oetker Backin

2 Eiweiß (Größe M)
40 g Zucker
2 EL heißes Wasser
100 g Schlagsahne (30 % Fett)
1 TL Dr. Oetker Bourbon-Vanille-Zucker
2 EL Zartbitter-Raspelschokolade (30 g)

Zubereitungszeit: 20 Minuten, ohne Kühlzeit
Backzeit: etwa 8 Minuten

1. Für den Belag Gelatine nach Packungsanleitung einweichen. Die Hälfte der Milch und den Honig in einem Topf bei schwacher Hitze schaumig schlagen (nicht kochen). Den Topf von der Kochstelle nehmen.

2. Die eingeweichte Gelatine ausdrücken und in der heißen Honigmilch unter Rühren auflösen. Restliche Milch unterrühren. Die Honigmilch zum Gelieren in den Kühlschrank stellen, dabei gelegentlich mit einem Schneebesen umrühren.

3. Den Backofen vorheizen.
Ober-/Unterhitze: etwa 200 °C
Heizluft: etwa 180 °C

4. Für den Teig Eier, Eigelb und Wasser in einer Rührschüssel mit einem Mixer (Rührstäbe) auf höchster Stufe in etwa 1 Minute schaumig schlagen. Zucker mit Vanillin-Zucker und Salz mischen, in etwa 1 Minute einstreuen, dann noch etwa 2 Minuten schlagen.

5. Das Mehl mit Speisestärke, Kakao und Backpulver mischen, die Hälfte davon auf die Eiercreme geben und kurz auf niedrigster Stufe unterrühren. Restliches Mehlgemisch auf die gleiche Weise unterarbeiten.

6. Den Teig in ein tiefes Backblech (30 x 40 cm, gefettet, bemehlt) geben und glatt streichen. Das Backblech in den vorgeheizten Backofen schieben. Die Biskuitplatte **etwa 8 Minuten backen.**

7. Das Backblech auf einen Kuchenrost stellen. Die Biskuitplatte erkalten lassen.

8. Wenn die Honigmilch anfängt dicklich zu werden, Eiweiß mit dem Mixer (Rührstäbe) auf höchster Stufe steif schlagen.

9. Nach und nach Zucker unterschlagen und so lange schlagen, bis der Eischnee stark glänzt. 2 Esslöffel heißes Wasser unter ständigem Schlagen nach und nach hinzugeben.

10. Die Sahne mit Vanille-Zucker steif schlagen. Zuerst die Sahne, dann den Eischnee unter die gelierende Honigmilch heben.

11. Die Creme auf der Biskuitplatte verteilen, glatt streichen und mit Raspelschokolade bestreuen.

12. Den Kuchen zugedeckt etwa 2 Stunden in den Kühlschrank stellen und den Honig-Milchschaum fest werden lassen.

Hinweis: Für den Belag nur ganz frische Eier verwenden, die nicht älter als 5 Tage sind (Legedatum beachten!). Den Schokokuchen im Kühlschrank aufbewahren und innerhalb von 24 Stunden verzehren.

Schollenfilets in der Hülle |

Etwas Besonderes

4 Portionen

Pro Portion: E: 26,2 g, F: 7,0 g, Kh: 2,0 g, kJ: 741, kcal: 177, BE: 0,0

4	*doppelte Schollenfilets (je etwa 140 g)*
	Salz
	gem., weißer Pfeffer
200 g	*Staudensellerie*
160 g	*frische Champignons*
1	*Bio-Limette (unbehandelt, ungewachst, etwa 60 g)*
60 g	*TK-Zwiebelwürfel*
1–2 EL	*Olivenöl (10–20 g)*

Außerdem:

2 Bögen Butterbrotpapier

Zubereitungszeit: 15–20 Minuten
Garzeit: etwa 30 Minuten

1. Den Backofen vorheizen.
Ober-/Unterhitze: etwa 200 °C
Heißluft: etwa 180 °C

2. Die Schollenfilets unter fließendem kalten Wasser abspülen und trocken tupfen. Die Filets längs halbieren, sodass 8 Filets entstehen. Die Filets mit Salz und Pfeffer bestreuen. Jeweils 1 Filet mit der Hautseite nach innen aufrollen.

3. Sellerie putzen und die harten Außenfäden abziehen. Sellerie abspülen und abtropfen lassen. Sellerie in dünne Scheiben schneiden. Champignons putzen, evtl. kurz abspülen und trocken tupfen. Die Champignons je nach Größe halbieren oder vierteln. Limette heiß abwaschen, abtrocknen und in schmale Spalten schneiden.

4. Das vorbereitete Gemüse, die gefrorenen Zwiebelwürfel und die Limettenspalten in einer Schüssel mischen, mit Salz und Pfeffer würzen. Das Olivenöl unter das Limettengemüse rühren.

5. Die Gemüsemasse auf 2 Bögen Butterbrotpapier verteilen. Jeweils 4 Schollenfiletröllchen darauflegen. Das Gemüse so in dem Butterbrotpapier einpacken, dass der Falzrand oben liegt. Die Fischpäckchen auf ein Backblech legen. Backblech in den vorgeheizten Backofen schieben. Die Schollenfilets **etwa 30 Minuten garen.**

Beilage: Bereiten Sie aus 750 g rohen Kartoffeln und 1 Teelöffel Salz Salzkartoffeln als Beilage dazu (zusätzlich pro Portion: E: 3,1 g, F: 0,2 g, Kh: 22,2 g, kJ: 447, kcal: 107, BE: 2,0).

Tipps: Die Päckchen portionsweise mit 1 Gemüseportion und 2 Fischröllchen füllen und garen. Statt Butterbrotpapier Backpapier verwenden und wie ein Bonbon einwickeln. Die Schollenfilets nach Belieben vor dem Aufrollen mit Porreestreifen belegen. Dafür 1 Porreestange putzen, die Stange längs halbieren, gründlich waschen, abtropfen lassen und in lange Streifen schneiden. Jeweils 1 Porreestreifen auf die Schollenfilets legen und aufrollen. Statt Schollenfilets können Sie auch Atlantikzungenfilets verwenden.

Schupfnudelragout mit Gemüsestreifen I

Raffiniert

4 Portionen

Pro Portion: E: 8,7 g, F: 8,1 g, Kh: 48,6 g, kJ: 1273, kcal: 304, BE: 4,0

1 Kohlrabi (etwa 200 g)
200 g Zuckerschoten
300 g feine, grüne Bohnen
Salzwasser
(3 TL Salz auf 750 ml Wasser)
30 g Butter oder Margarine
500 g Schupfnudeln
(aus dem Kühlregal)
Salz
gem. Pfeffer
1 Bund Kerbel

Zubereitungszeit: 25 Minuten

1. Kohlrabi putzen, schälen, abspülen und abtropfen lassen. Kohlrabi in dünne Stifte schneiden. Von den Zuckerschoten und Bohnen evtl. die Enden abschneiden, evtl. abfädeln und nach Belieben einmal durchschneiden. Bohnen und Zuckerschoten abspülen und abtropfen lassen.

2. Salzwasser in einem Topf zum Kochen bringen. Das Gemüse darin nacheinander bissfest blanchieren (Kohlrabi etwa 3 Minuten, Zuckerschoten etwa 2 Minuten, Bohnen etwa 5 Minuten). Das Gemüse in ein Sieb geben, mit eiskaltem Wasser abspülen und gut abtropfen lassen.

3. Von der Butter oder Margarine etwa 20 g in einer großen Pfanne zerlassen. Zunächst die Schupfnudeln darin bei mittlerer bis starker Hitze in 5–10 Minuten je nach gewünschter Bräunung rundherum anbraten.

4. Anschließend die Schupfnudeln herausnehmen und auf einem Teller beiseitestellen.

5. Die restliche Butter oder Margarine zu dem verbliebenen Bratfett in die Pfanne geben und zerlassen.

6. Das blanchierte Gemüse hinzugeben und darin bei mittlerer bis starker Hitze etwa 3 Minuten andünsten, dabei gelegentlich umrühren.

7. Die Schupfnudeln wieder in die Pfanne geben und darin etwa 2 Minuten unter vorsichtigem Wenden erwärmen. Das Schupfnudelragout mit Salz und Pfeffer würzen.

8. Kerbel abspülen, trocken tupfen und die Blättchen von den Stängeln zupfen. Das Schupfnudelragout mit den Kerbelblättchen garniert servieren.

Tipps: Statt frischer Zuckerschoten und frischen grünen Bohnen können Sie auch TK-Gemüse verwenden. Das TK-Gemüse nach Packungsanleitung in kochendem Salzwasser garen, ebenso abgießen, mit kaltem Wasser abspülen und gut abtropfen lassen. Den frischen Kerbel können Sie auch durch ½–1 Teelöffel getrockneten, gerebelten Kerbel ersetzen.

Schwedischer Sommersalat

Raffiniert

4 Portionen

Pro Portion: E: 28,0 g, F: 7,7 g, Kh: 37,4 g, kJ: 1433, kcal: 343, BE: 3,0

150 g Langkornreis
Salz
3 kleine Hähnchenbrustfilets (je 125–150 g)
gem., schwarzer Pfeffer
3 EL Olivenöl (30 g)
1 Grapefruit
1 TL abgetropfte, grüne Pfefferkörner (in Lake)
2 EL Himbeeressig (ersatzweise Obstessig)
Chilipulver
250 g frische Erdbeeren

Zubereitungszeit: 30 Minuten, ohne Abkühlzeit

1. Den Reis in Salzwasser nach Packungsanleitung zubereiten (der Reis soll locker und körnig sein).

2. In der Zwischenzeit die Hähnchenbrustfilets unter fließendem kalten Wasser abspülen, trocken tupfen, mit Salz und Pfeffer bestreuen.

3. Einen Esslöffel Olivenöl in einer Pfanne erhitzen. Die Hähnchenfilets darin rundherum gut anbraten, dann bei mittlerer bis starker Hitze etwa 10 Minuten garen, dabei 1–2-mal wenden.

4. Hähnchenbrustfilets aus der Pfanne nehmen und abkühlen lassen.

5. Den garen Reis in einem Sieb gut abtropfen lassen und abkühlen lassen.

6. Die Grapefruit so schälen, dass die weiße Haut mitentfernt wird. Die Grapefruitfilets mit einem scharfen Messer zwischen den Trennhäuten herausschneiden, dabei den Saft auffangen. Die Trennhäute ausdrücken und davon ebenfalls den Saft auffangen. Grapefruitspalten in Stücke schneiden.

7. Die Pfefferkörner mit einem großen Messer fein hacken. Die Pfefferkörner mit Himbeeressig, Salz, Chilipulver, 5 Esslöffeln Grapefruitsaft und restlichem Olivenöl (etwa 2 Esslöffel) gut verrühren.

8. Die abgekühlten Hähnchenbrustfilets erst längs halbieren, dann quer in kleine Stücke schneiden.

9. Den Reis mit den Hähnchen- und Grapefruitstücken und der Marinade vermischen.

10. Den Salat mit 2–3 Esslöffeln Grapefruitsaft sowie Chilipulver und evtl. etwas Salz abschmecken.

11. Die Erdbeeren abspülen, abtropfen lassen und entstielen. Erdbeeren der Länge nach in Scheiben schneiden und kreisförmig auf eine große Platte legen. In die Mitte den Reissalat geben.

Tipp: So geht es noch schneller: Statt der Hähnchenbrustfilets einfach die gleiche Menge fertig gebratene Hähnchenstreifen (aus dem Kühlregal) unter den Salat mischen.

Ernährungstipps: Nüsse schmecken lecker, sind jedoch fettreich! Wenn Sie bei diesem Rezept 30 g geröstete, gehobelte Mandeln mit den Reiszutaten und der Marinade mischen, so hat das Rezept zusätzlich pro Portion: E: 1,5 g, F: 4,0 g, Kh: 0,5 g, kJ: 184, kcal: 44, BE: 0,0.

Schweinefilet auf asiatischem Gemüse I

Laktosefrei

4 Portionen

Pro Portion: E: 31,3 g, F. 4,4 g, Kh: 12,5 g, kJ: 922, kcal: 220, BE: 1,0

450 g	*Schweinefilet*
1–2	*Knoblauchzehen*
1 gestr. EL	*flüssiger Honig*
1 Msp.	*gem. Ingwer*
5–6 EL	*dunkle Sojasauce*
2 EL	*Soja- oder Erdnussöl (20 g)*
	Salz
	gem., schwarzer Pfeffer
½	*großer Chinakohl (etwa 600 g)*
2	*rote Paprikaschoten (je etwa 200 g)*
etwa 150 g	*frische Sprossen*
2–3 EL	*Gemüsebrühe*
1–2 EL	*Zitronensaft*
evtl. 3–4 Stängel	*Koriander*

Zubereitungszeit: 30 Minuten, ohne Marinierzeit

1. Das Schweinefilet mit Küchenpapier trocken tupfen, evtl. entfetten und enthäuten. Das Filet in 12 dünne Scheiben schneiden.

2. Knoblauch abziehen und durch eine Knoblauchpresse drücken oder sehr fein hacken. Den Honig mit dem Knoblauch, Ingwer und 4 Esslöffeln von der Sojasauce verrühren. Die Filetscheiben darin etwa 20 Minuten marinieren lassen, dabei zwischendurch 2–3-mal wenden.

3. Das Soja- oder Erdnussöl in einem Wok oder einer großen Pfanne erhitzen. Die Filetscheiben mit der Marinade darin von jeder Seite bei großer Hitze 3–4 Minuten braun anbraten. Das Fleisch mit Salz und Pfeffer würzen, herausnehmen und beiseitestellen.

4. In der Zwischenzeit den Chinakohl putzen, je nach Größe halbieren oder vierteln und den Strunk herausschneiden. Chinakohl abspülen, abtropfen lassen und in feine Streifen schneiden.

5. Paprikaschoten halbieren, entstielen, entkernen und die weißen Scheidewände entfernen. Schotenhälften abspülen, abtropfen lassen und in dünne Stücke schneiden.

6. Die Sprossen verlesen, in ein Sieb geben, abspülen und gut abtropfen lassen.

7. Die Chinakohlstreifen und die Paprikastreifen in die Pfanne geben und im verblieben, heißen Bratfett unter gelegentlichem Rühren bei mittlerer bis starker Hitze in etwa 4 Minuten bissfest garen.

8. Die Sprossen ebenfalls hinzufügen und unterrühren. Das Gemüse 2–3 Minuten weitergaren lassen.

9. Die Gemüsebrühe hinzugießen. Die Zutaten einmal aufkochen lassen und etwa 2 Minuten garen, bis die Flüssigkeit fast verdampft ist. Das Asia-Gemüse mit Pfeffer, Zitronensaft und der restlichen Sojasauce abschmecken. Die Filetscheiben auf das Gemüse legen und kurz erwärmen.

10. Nach Belieben vor dem Servieren Koriander abspülen, trocken tupfen und die Blättchen von den Stängeln zupfen. Einige Blättchen zum Garnieren beiseitelegen, die restlichen Blättchen grob hacken und unter das Gemüse mischen.

11. Das Schweinefilet mit dem asiatischen Gemüse und den beiseitegelegten Korianderblättchen garniert servieren.

Beilage: Zusätzlich können Sie noch Langkornreis dazureichen. Dafür 200 g Langkornreis nach Packungsanleitung zubereiten (zusätzlich pro Portion: E: 3,5 g, F: 1,1 g, Kh: 36,7 g, kJ: 727, kcal: 174, BE: 3,0).

Tipps: Wer wenig Zeit hat, kann das Fleisch am Vorabend marinieren und zugedeckt in den Kühlschrank stellen. Wenn Sie keine frischen Sprossen bekommen, können Sie diese durch 160 g abgetropfte, abgespülte Sojabohnen-Keimlinge (aus dem Glas) ersetzen.

Schweinefilet auf Tomaten-Thymian-Reis I

Raffiniert

4 Portionen

Pro Portion: E: 30,5 g, F: 12,9 g, Kh: 47,4 g, kJ: 1807, kcal: 432, BE: 4,0

1	*Zwiebel (etwa 65 g)*
2 1/2 EL	*Speiseöl, z.B. Sonnenblumenöl (25 g)*
200 g	*Langkornreis*
etwa 650 ml	*Gemüsebrühe*
450 g	*Schweinefilet*
	Salz
	gem. Pfeffer
250 g	*Cocktailtomaten*
1 TL	*gerebelter Thymian*
4 EL	*saure Sahne (80 g)*
2 TL	*abgetropfte, grüne Pfefferkörner (in Lake, etwa 10 g)*
2 geh. EL	*heller Saucenbinder (etwa 20 g)*

Zubereitungszeit: 25 Minuten

1. Die Zwiebel abziehen, halbieren und fein hacken.

2. Dann in einem Topf 1 Esslöffel von dem Speiseöl erhitzen. Die Zwiebelwürfel und den Reis hinzufügen, unter Rühren bei mittlerer Hitze kurz andünsten. Etwa 400 ml von der Gemüsebrühe hinzugießen und unter gelegentlichem Rühren zum Kochen bringen. Den Reis bei schwacher Hitze zugedeckt in etwa 15 Minuten nach Packungsanleitung ausquellen lassen.

3. In der Zwischenzeit Schweinefilet mit Küchenpapier trocken tupfen, evtl. entfetten und enthäuten. Das Filet in 12 dünne Scheiben schneiden.

4. Das restliche Speiseöl in einer großen Pfanne erhitzen. Die Filetscheiben darin bei mittlerer bis großer Hitze von jeder Seite in etwa 4 Minuten braun anbraten. Mit Salz und Pfeffer würzen und herausnehmen.

5. In der Zwischenzeit Tomaten abspülen, abtrocknen, halbieren und die Stängelansätze herausschneiden. Die Tomatenstücke mit dem Thymian etwa 5 Minuten vor dem Ende der Garzeit zum Reis geben, unterheben und weitergaren.

6. Den Tomaten-Thymian-Reis nach Belieben mit etwas Salz und Pfeffer würzen.

7. Die restliche Gemüsebrühe zum Bratensatz in die Pfanne gießen und aufkochen lassen. Saure Sahne und Pfefferkörner hinzugeben und unterrühren. Die Sauce mit dem Saucenbinder nach Packungsanleitung binden. Die Pfeffersauce mit etwas Salz und Pfeffer abschmecken.

8. Die Filetscheiben mit evtl. austretendem Bratensaft zugeben und kurz in der Pfeffersauce erwärmen.

9. Die Schweinefilets mit Pfeffersauce und Tomaten-Reis anrichten.

Tipps: Die Pfefferkörnersauce harmoniert sehr gut zum Tomaten-Reis. Gibt es eine andere Beilage, z.B. nur Salat, so reduzieren Sie die Menge der Pfefferkörner auf etwa 1 Teelöffel, weil die Sauce evtl. zu scharf schmeckt. Essen Kinder mit, so lassen Sie die Pfefferkörner weg und schmecken die Sauce mit Salz und Pfeffer ab. Der Tomaten-Thymian-Reis schmeckt ebenso gut mit frischem Thymian. Dafür 1 kleinen Bund Thymian abspülen, trocken tupfen und die Blättchen von den Stängeln zupfen. Die Blättchen fein hacken und mit den Tomaten unterrühren. Wenn Sie keine Laktose vertragen, nehmen Sie zum Verfeinern der Sauce statt der sauren Sahne 5–6 Esslöffel Sojamilch (dann pro Portion: E: 30,5 g, F: 9,6 g, Kh: 47,6 g, kJ: 1687, kcal: 403, BE: 4,0).

Rezeptvariante: Servieren Sie einen **Möhren-Reis** (4 Portionen) zum Schweinefilet: Dafür statt der Zwiebel 4 Möhren (etwa 400 g) putzen, schälen, abspülen, abtropfen lassen und in kleine Würfel schneiden. Mit 200 g Langkornreis in 1 Esslöffel Speiseöl andünsten. 400 ml Gemüsebrühe zugießen, unter gelegentlichem Rühren zum Kochen bringen und den Möhren-Reis bei schwacher Hitze zugedeckt in etwa 15 Minuten ausquellen lassen. Möhren-Reis mit 1–2 Esslöffeln Zitronensaft abschmecken (dann pro Portion: E: 31,0 g, F: 13,0 g, Kh: 52,3 g, kJ: 1908, kcal: 456, BE: 4,0).

Schweinefilet mit Gemüsestreifen und Zuckerschoten I

Asiatisch inspiriert

4 Portionen

Pro Portion: E: 39,0 g, F: 9,7 g, Kh: 10,8 g, kJ: 1197, kcal: 286, BE: 1,0

600 g Schweinefilet
1 TL gem. Zitronengras
1 TL Currypulver
1 TL Salz
1 TL Speisestärke (5 g)

200 g Zuckerschoten
200 g Möhren
250 g Champignons
1 Stange Porree (Lauch, etwa 200 g)
2–3 EL Speiseöl, z. B. Erdnussöl
gem. Pfeffer
etwa 2 EL Sojasauce

Zubereitungszeit: 30 Minuten

1. Das Schweinefilet mit Küchenpapier trocken tupfen und evtl. Sehnen und Fett abschneiden. Das Filet zunächst der Länge nach halbieren und dann in dünne Scheiben schneiden. Das Fleisch mit Zitronengras, Curry, Salz und Speisestärke vermischen.

2. Von den Zuckerschoten die Enden abschneiden, danach evtl. abfädeln. Die Schoten abspülen und abtropfen lassen. Möhren putzen, schälen, abspülen und abtropfen lassen. Die Möhren zunächst längs in dünne Scheiben, dann in feine Stifte schneiden.

3. Champignons putzen, evtl. kurz abspülen und trocken tupfen. Die Champignons in Scheiben schneiden. Den Porree putzen, die Stange längs halbieren, gründlich waschen und abtropfen lassen. Porreehälften in feine Streifen schneiden.

4. Das Speiseöl in einem Wok oder in einer großen Pfanne erhitzen. Die Fleischscheiben darin anbraten. Die Möhrenstifte hinzufügen. Die Champignons und Zuckerschoten unter Rühren anbraten, Porreestreifen unterheben. Alles mit Salz, Pfeffer und Sojasauce abschmecken und sofort servieren.

Schweinefleisch süßsauer I

Klassisch

4 Portionen

Pro Portion: E: 24,9 g, F: 6,3 g, Kh: 16,3 g, kJ: 953, kcal: 228, BE: 1,0

400 g magere Schweineschnitzel

Für die Marinade:

2 TL Speisestärke (10 g)
2 EL helle Sojasauce
1 EL Zitronensaft

3 Möhren (etwa 300 g)
2 Stangen Staudensellerie
2–3 Frühlingszwiebeln
1 Bio-Orange (unbehandelt, ungewachst)
3–4 Stängel Koriander
1–2 EL Olivenöl (10–20 g)
1 EL Sojasauce
1–2 TL Honig (6–12 g)
1–2 EL Zitronensaft

Zubereitungszeit: 30 Minuten

1. Die Schweineschnitzel mit Küchenpapier trocken tupfen. Schweineschnitzel in mundgerechte Würfel schneiden und in eine flache Schale oder Auflaufform legen.

2. Für die Marinade die Speisestärke mit der Sojasauce und dem Zitronensaft gut verrühren. Die Marinade über die Schweineschnitzel geben, vermischen und zugedeckt etwa 15 Minuten in den Kühlschrank stellen.

3. In der Zwischenzeit die Möhren putzen, schälen, abspülen und abtropfen lassen. Möhren evtl. längs halbieren und in Scheiben schneiden. Staudensellerie putzen und die harten Außenfäden abziehen. Sellerie abspülen und abtropfen lassen. Sellerie in dünne Scheiben schneiden.

4. Die Frühlingszwiebeln putzen, abspülen, abtropfen lassen und in feine Scheiben schneiden.

5. Die Orange heiß abwaschen, abtrocknen und die Schale fein abreiben. Die restliche Schale mit einem scharfen Messer so abschälen, dass die weiße Haut mitentfernt wird. Die Orange filetieren.

6. Koriander abspülen, trocken tupfen und die Blättchen von den Stängeln zupfen. Blättchen fein hacken.

7. Das Olivenöl in einem Wok oder einer großen Pfanne erhitzen. Die Fleischwürfel mit der Marinade unter ständigem Rühren darin anbraten. Die Möhren-, Sellerie- und Frühlingszwiebelscheiben hinzugeben und 5–8 Minuten unter gelegentlichem Rühren mitgaren.

8. Gegen Ende der Garzeit die Orangenfilets mit der Orangenschale und dem gehackten Koriander unterrühren. Das Schweinefleisch mit Sojasauce, Honig und Zitronensaft abschmecken.

Seelachsrouladen in Tomatensauce | Für Kinder

4–6 Portionen

Pro Portion: E: 28,6 g, F: 5,4 g, Kh: 3,8 g, kJ: 757, kcal: 181, BE: 0,5

700 g Seelachsfilet
1 EL Zitronensaft
Salz
Selleriesalz
Paprikapulver edelsüß
1 EL mittelscharfer Senf (10 g)

Für die Tomatensauce:

1 Zwiebel (etwa 65 g)
10 g Butter oder Margarine
150 ml Gemüsebrühe
400 g stückige Tomaten (aus der Dose)
2 geh. EL Tomatenmark (etwa 25 g)
etwas Tabasco
1 Prise Zucker

Außerdem:

8–12 Holzstäbchen, z. B. Zahnstocher

Zubereitungszeit: 15 Minuten
Garzeit: 15–20 Minuten

1. Das Seelachsfilet unter fließendem kalten Wasser abspülen und trocken tupfen. Seelachsfilet mit Zitronensaft beträufeln, mit Salz, Selleriesalz und Paprikapulver bestreuen. Anschließend das Filet in 4–6 gleich große Scheiben schneiden.

2. Die Seelachsscheiben (mit der silbrig glänzenden Seite nach unten) auf eine Arbeitsfläche legen und mit dem Senf bestreichen. Anschließend die Filets von der schmalen Seite aus aufrollen. Die Fischrouladen mit je 2 Holzstäbchen feststecken.

3. Für die Sauce die Zwiebel abziehen, halbieren und in kleine Würfel schneiden.

4. Die Butter oder Margarine in einem Topf zerlassen. Die Zwiebelwürfel hinzufügen und darin andünsten. Die Gemüsebrühe mit den Tomaten hinzufügen, unter Rühren zum Kochen bringen. Die Tomatensauce unter Rühren etwas einkochen lassen. Das Tomatenmark unterrühren. Die Tomatensauce mit Salz, Selleriesalz, Paprikapulver, Tabasco und Zucker abschmecken.

5. Die Tomatensauce nochmals zum Kochen bringen, dann die Fischrouladen hinzugeben und zugedeckt bei schwacher Hitze 15–20 Minuten gar ziehen lassen. Vor dem Servieren die Holzstäbchen entfernen.

Beilage: Servieren Sie dazu frisch getoastete Scheiben Ciabatta (250 g, zusätzlich pro Portion: E: 4,1 g, F: 0,6 g, Kh: 24,4 g, kJ: 508, kcal: 121, BE: 2,0). Auch Nudeln, z. B. Bandnudeln, passen sehr gut. Dafür 200 g Nudeln nach Packungsanleitung bissfest kochen (zusätzlich pro Portion: E: 5,3 g, F: 1,1 g, Kh: 28,0 g, kJ: 607, kcal: 145, BE: 2,5).

Selleriecremesuppe mit Forellenfilets | Für Gäste

4 Portionen

Pro Portion: E: 12,8 g, F: 9,8 g, Kh: 9,4 g, kJ: 745, kcal: 179, BE: 0,5

1 Gemüsezwiebel (etwa 250 g)
1 Knollensellerie (etwa 800 g)
1–2 EL Speiseöl (10–20 g)
800 ml Gemüsebrühe
Salz, Cayennepfeffer
20 g Pinienkerne
2 geräucherte Forellenfilets (je etwa 60 g)
200 ml Milch (3,5 % Fett)
1 TL Apfelessig

evtl. einige vorbereitete glatte Petersilienblättchen

Zubereitungszeit: 25 Minuten

1. Die Gemüsezwiebel abziehen, halbieren und in Würfel schneiden. Sellerie putzen, schälen, abspülen, abtropfen lassen und in Stücke schneiden.

2. Das Speiseöl in einem Topf erhitzen. Die Zwiebelwürfel darin unter gelegentlichem Rühren andünsten. Die Selleriestücke hinzugeben und 2–3 Minuten unter Rühren mit andünsten.

3. Die Brühe hinzugießen, mit Salz und Cayennepfeffer würzen. Die Zutaten zum Kochen bringen und zugedeckt etwa 20 Minuten kochen lassen, bis die Selleriestücke weich sind.

4. In der Zwischenzeit die Pinienkerne in einer Pfanne ohne Fett unter Wenden goldbraun rösten und auf einen Teller geben. Die Forellenfilets in mundgerechte Stücke zupfen und evtl. die Gräten entfernen.

5. Die Suppe mit dem Pürierstab fein pürieren. Dann die Milch unter die pürierte Suppe rühren und unter Rühren kurz erwärmen. Die Suppe mit Essig, Salz und Cayennepfeffer abschmecken.

6. Die Selleriecremesuppe in 4 tiefen Tellern oder Suppentassen verteilen, mit Pinienkernen und Forellenfilets anrichten.

7. Die Suppe nach Belieben mit abgespülten und trocken getupften Petersilienblättchen garnieren.

Smoothies | Für zwischendurch
je 1 Portion

Breakfast-Smoothie
(im Foto vorne)

Pro Portion: E: 11,7 g, F: 1,0 g, Kh: 54,7 g, kJ: 1180, kcal: 279, BE: 4,5

1/2 Pfirsich (etwa 60 g)
1/2 Banane (etwa 75 g)
150 g Vanillejoghurt (0,1 % Fett)
100 ml Orangensaft
1 EL kernige Haferflocken (7 g)

Zubereitungszeit: 10 Minuten

1. Pfirsich abspülen, abtrocknen und den Stein herausnehmen. Die Pfirsichhälfte in Stücke schneiden. Banane schälen und ebenfalls in Stücke schneiden.

2. Pfirsich-, Bananenstücke, Joghurt und Orangensaft in einen hohen Rührbecher geben und mit einem Pürierstab pürieren. Die Haferflocken unterrühren.

3. Den Breakfast-Smoothie nach Belieben vor dem Servieren einige Zeit zugedeckt in den Kühlschrank stellen. Breakfast-Smoothie in ein Glas füllen und servieren.

Tipp: Wenn Sie die Haferflocken lieber etwas kerniger mögen, dann streuen Sie sie erst kurz vor dem Servieren auf den Smoothie.

Orangen-Smoothie mit Ingwer
(im Foto hinten)

Pro Portion: E: 6,5 g, F: 2,8 g, Kh: 30,2 g, kJ: 748, kcal: 178, BE: 2,5

1 große Orange (etwa 200 g)
1/2 Banane (etwa 75 g)
15 g frischer Ingwer
100–150 ml Sojamilch

Zubereitungszeit: 15 Minuten

1. Die Orange so schälen, dass die weiße Haut mitentfernt wird. Orange in Scheiben schneiden.

2. Die Banane schälen und in Stücke schneiden.

3. Den Ingwer schälen und ebenfalls in kleine Stücke schneiden.

4. Orangenscheiben, Bananen- und Ingwerstücke mit der Sojamilch in einen großen Rührbecher geben und mit einem Pürierstab pürieren.

5. Den Orangen-Smoothie nach Belieben vor dem Servieren einige Zeit zugedeckt in den Kühlschrank stellen. Orangen-Smoothie in ein Glas füllen und servieren.

Tipps: Statt Sojamilch können Sie auch Sojamilch mit Fruchtgeschmack (z. B. mit Orangengeschmack oder in der Geschmacksrichtung Orange-Passionsfrucht) verwenden. Schmecken Sie den Orangen-Smoothie nach Belieben mit etwas Orangensaft oder flüssigem Honig ab. Sojamilch enthält keinen Milchzucker und ist infolgedessen für Menschen mit Laktoseintoleranz eine ideale Alternative für Kuhmilch. Sojamilch enthält wertvolles Eiweiß und wertvolle pflanzliche Fette.
Den Smoothie mit Trinkhalmen servieren.

Smoothies, exotisch I

Fruchtig – für zwischendurch

4 Portionen Mandel-Mango-,
1 Portion Papaya-Smoothie

Mandel-Mango-Smoothie

(im Foto rechts)

Pro Portion: E: 4,5, F: 5,9 g, Kh: 36,9 g, kJ: 948, kcal: 226, BE: 3,0

3 Bananen (etwa 450 g)
1 große Mango (etwa 350 g)
evtl. etwas Zitronensaft
40 g gehobelte Mandeln
500 ml kalter Orangensaft
1 EL Agavendicksaft (erhältlich im Reformhaus) oder flüssiger Honig (15 g)

Zubereitungszeit: 15 Minuten, ohne Gefrierzeit

1. Bananen schälen und in etwa 1 cm dicke Scheiben schneiden. Bananenscheiben in Folie gewickelt in den Gefrierschrank legen.

2. Mango halbieren und den Stein herauslösen. Die Mangohälften schälen und in Würfel schneiden. Evtl. 4 dünne Mangospalten vorher abschneiden, mit Zitronensaft beträufeln und zum Garnieren beiseitelegen. Die Mangowürfel in einen Gefrierbehälter geben und ebenfalls in den Gefrierschrank stellen.

3. Die Mandeln in einer Pfanne ohne Fett hellbraun rösten, herausnehmen und auf einem Teller erkalten lassen. Evtl. einige Mandeln zum Garnieren beiseitelegen.

4. Gefrorene Bananenscheiben, Mangowürfel, Orangensaft und Mandeln mit dem Agavendicksaft oder Honig in einen hohen Rührbecher geben und mit einem Pürierstab pürieren.

5. Mandel-Mango-Smoothie in 4 Longdrinkgläser füllen, mit den beiseitegelegten Mangospalten und Mandeln garnieren.

Papaya-Smoothie

(im Foto links)

Pro Portion: E: 4,0, F: 1,3 g, Kh: 45,2 g, kJ: 907, kcal: 217, BE: 4,0

1 Papaya (etwa 400 g)
1/2 Banane (etwa 75 g)
50 g Joghurt (1,5 % Fett)
100 ml Maracujanektar

Zubereitungszeit: 15 Minuten

1. Die Papaya halbieren und die Kerne mit einem Esslöffel herausschaben. Die Papayahälften schälen und das Fruchtfleisch in Stücke schneiden. Die Banane schälen und die Bananenhälfte in Stücke schneiden.

2. Papaya-, Bananenstücke, Joghurt und Maracujanektar in einen hohen Rührbecher geben und mit einem Pürierstab pürieren.

3. Den Smoothie nach Belieben einige Zeit zugedeckt in den Kühlschrank stellen. Smoothie in ein Glas füllen und servieren.

Tipps: Servieren Sie den Smoothie nach Belieben mit 2 Trinkhalmen. Der Papaya-Smoothie schmeckt statt mit Naturjoghurt auch mit Fruchtjoghurt (etwa Maracujageschmack) sehr lecker. Bedenken Sie, dass Smoothies keine Durstlöscher sind, sondern kleine, süße Zwischenmahlzeiten.

Sommerliches Ratatouille I

Mediterraner Genuss

4 Portionen

Pro Portion: E: 12,8 g, F: 8,0 g, Kh: 33,3 g, kJ: 1094, kcal: 261, BE: 2,5

300 g	*Porree (Lauch)*
300 g	*Fenchelknollen*
250 g	*Möhren*
2 Stangen	*Staudensellerie*
1 TL	*Fenchelsamen*
2–3 EL	*Olivenöl (20–30 g)*
2 EL	*TK-Zwiebelwürfel*
1 TL	*Kräuter der Provence*
100 g	*Perlgraupen (mittel)*
1 l	*heiße Gemüsebrühe*
1	*Lorbeerblatt*
	Salz, gem. Pfeffer
einige Stängel	*frischer Thymian*
450 ml	*stückige Tomaten (aus der Dose)*
400 g	*TK-Rosenkohl*
etwas	*Kräutersalz*

Zubereitungszeit: 25 Minuten

1. Porree putzen, die Stangen längs halbieren, gründlich waschen und abtropfen lassen. Porree in Streifen schneiden.

2. Die Fenchelknollen putzen, abspülen, abtropfen lassen, halbieren und in kleine Stücke schneiden. Die Möhren putzen, schälen, abspülen und abtropfen lassen. Die Möhren in Scheiben schneiden.

3. Staudensellerie putzen und die harten Außenfäden abziehen. Den Sellerie abspülen und abtropfen lassen. Sellerie in Scheiben schneiden. Fenchelsamen mit einem Mörser zerdrücken.

4. Olivenöl in einem großen Topf erhitzen. Die Zwiebelwürfel darin hellgelb andünsten. Fenchelsamen, Kräuter der Provence, vorbereitete Fenchelstücke, Möhren- und Staudenselleriescheiben hinzugeben und unter Rühren andünsten.

5. Perlgraupen, Gemüsebrühe und Lorbeerblatt ebenfalls hinzufügen. Die Zutaten zum Kochen bringen, mit Salz und Pfeffer würzen. Die Zutaten zugedeckt bei mittlerer Hitze etwa 8 Minuten kochen lassen.

6. Thymian abspülen, trocken tupfen und die Blättchen von den Stängeln zupfen. Thymianblättchen auf einem Teller beiseitestellen.

7. Die Tomatenstücke mit den Porreestreifen und dem gefrorenen Rosenkohl in die Suppe geben. Die Suppe wieder zum Kochen bringen und zugedeckt weitere etwa 10 Minuten kochen lassen. Die Suppe mit Kräutersalz und Pfeffer würzen. Sommerliches Ratatouille in tiefen Tellern oder Suppentassen verteilen und mit den beiseitegestellten Thymianblättchen bestreut servieren.

Tipps: Möchten Sie frischen Rosenkohl verwenden, verlängert sich die Zubereitungs- und Garzeit. Die Perlgraupen können Sie durch die gleiche Menge Weizenkörner (vorgegart) ersetzen (dann pro Portion: E: 13,2 g, F: 8,1 g, Kh: 33,6 g, kJ: 1103, kcal: 263, BE: 2,5). Möchten Sie das Ratatouille noch etwas sättigender zubereiten, können Sie es mit noch etwa 250 g kleinen Kartoffelknödeln (aus dem Frischepack) ergänzen. Diese müssen nur noch kurz in der Suppe miterhitzt werden (zusätzlich pro Portion: E: 2,5 g, F: 4,4 g, Kh: 21,3 g, kJ: 556, kcal: 131, BE: 2,0).

Spaghetti mit Artischockensauce I

Raffiniert – mit Alkohol

4 Portionen

Pro Portion: E: 13,0 g, F: 1,8 g, Kh: 57,7 g, kJ: 1427, kcal: 341, BE: 4,5

480 g abgetropfte Artischocken (aus der Dose)
Saft von ½ Limette
200 ml Hühnerbrühe
200 ml Weißwein

3 l Wasser
2–3 gestr. TL Salz
300 g Spaghetti

1 Schalotte (etwa 25 g)
2 Knoblauchzehen
1 TL gerebelter Thymian
Salz
gem. Pfeffer
1–2 EL Semmelbrösel (5–10 g)
1 EL gem. Mandeln (5 g)

einige vorbereitete glatte Petersilienblättchen

Zubereitungszeit: 30 Minuten

1. Artischocken in Stücke schneiden. Artischockenstücke mit dem Limettensaft, der Hühnerbrühe und dem Weißwein in einen Topf geben. Die Zutaten zum Kochen bringen und etwa 10 Minuten köcheln lassen.

2. In der Zwischenzeit Wasser in einem großen Topf zugedeckt zum Kochen bringen. Dann Salz und Spaghetti zugeben. Die Spaghetti im geöffneten Topf bei mittlerer Hitze nach Packungsanleitung bissfest kochen, dabei gelegentlich umrühren.

3. In der Zwischenzeit Schalotte und Knoblauch abziehen. Beides in kleine Würfel schneiden.

4. Die garen Nudeln in ein Sieb geben, mit heißem Wasser abspülen und abtropfen lassen. Etwa 5 Minuten vor Ende der Garzeit Schalotten und Knoblauchwürfel in die Wein-Artischocken-Brühe geben.

5. Von den Artischockenstücken etwa zwei Drittel aus der Brühe nehmen. Die restlichen Artischockenstücke in der Brühe mit einem Pürierstab fein pürieren.

6. Die Sauce mit Thymian, Salz und Pfeffer würzen. Semmelbrösel und Mandeln unterrühren. Die Artischockenstücke wieder in die Sauce geben.

7. Die Spaghetti mit der Sauce vermischen, auf Tellern anrichten und mit der Petersilie bestreut servieren.

Tipps: Bereiten Sie die Sauce mit 5 kleinen, frischen Artischocken zu. Dafür von den oberen Spitzen der Artischocken etwa 5 cm abschneiden und die äußeren grünen Blätter abzupfen, bis nur noch zartgelbe Blätter zu sehen sind. Mit einem Löffel das innere Heu herausschneiden, dabei die Artischockenschnittflächen mit etwas Limettensaft beträufeln, damit sie sich nicht verfärben. Stiele abschneiden, Böden und Stiele schälen. Stiele in Stücke schneiden und die Artischocken vierteln. Artischockenstücke und -viertel in Limettensaft, Brühe und Wein etwa 25 Minuten köcheln lassen. Die Artischockenviertel herausnehmen, die Stiele in der Brühe pürieren. Dann mit Punkt 6 fortfahren.

Spargelsalat mit Shrimps und Ringelblumen I

Für Gäste

4 Portionen

Pro Portion: E: 13,8 g, F: 11,1 g, Kh: 9,0 g, kJ: 807, kcal: 192, BE: 0,5

16 Stangen	*weißer oder grüner Spargel (oder gemischt, etwa 480 g)*
	Salz
200 g	*Zuckerschoten*
1 ganz kleines Bund	*Schnittlauch*
1 Stängel	*Dill*

Für die Vinaigrette:

2 EL	*Himbeeressig*
1 TL	*flüssiger Honig (6 g)*
½ TL	*bunter, geschroteter Pfeffer*
4 EL	*Olivenöl (40 g)*

200 g	*gegarte Shrimps*
	Blütenblätter von
6	*Ringelblumenblüten*

Zubereitungszeit: 30 Minuten

1. Den weißen Spargel von oben nach unten schälen. Dabei darauf achten, dass die Schalen vollständig entfernt, die Köpfe aber nicht verletzt werden. Die unteren Enden abschneiden (holzige Stellen vollständig entfernen). Vom grünen Spargel das untere Drittel schälen und die unteren Enden abschneiden.

2. Alle Spargelstangen abspülen, abtropfen lassen und knapp mit Salzwasser bedeckt, zugedeckt zum Kochen bringen. Spargelstangen etwa 7 Minuten garen.

3. Die Spargelstangen herausnehmen, mit eiskaltem Wasser abschrecken und abtropfen lassen. Die Stangen der Länge nach halbieren.

4. Zuckerschoten abspülen, evtl. abfädeln, abtropfen lassen und in kochendem Salzwasser 2–3 Minuten blanchieren. Zuckerschoten mit einer Schaumkelle herausnehmen, in eiskaltem Wasser abschrecken und abtropfen lassen.

5. Schnittlauch abspülen, trocken tupfen und in kleine Röllchen schneiden. Den Dill abspülen, trocken tupfen und die Spitzen von dem Stängel zupfen. Die Spitzen klein schneiden.

6. Für die Vinaigrette Essig mit Honig, Salz und Pfeffer verrühren. Olivenöl unterschlagen, die Schnittlauchröllchen und den Dill unterrühren.

7. Die Shrimps gut abtropfen lassen. Spargel, Zuckerschoten und Shrimps auf einer Platte oder auf 4 Tellern anrichten und mit der Vinaigrette beträufeln.

8. Die Blütenblätter vorsichtig abspülen und trocken tupfen. Den Salat damit bestreuen.

Tipps: Anstatt Shrimps können auch Flusskrebsschwänze oder gebratene Scampi verwendet werden. Wenn Sie keine frischen Zuckerschoten bekommen können, nehmen Sie stattdessen TK-Zuckerschoten. TK-Zuckerschoten dafür nach Packungsanleitung garen, kurz mit eiskaltem Wasser abspülen und abtropfen lassen.

Warenkunde: Die Blütenblätter der Ringelblume eignen sich als dekorative Zutat zu Salaten oder Kräuterbutter und zum Färben von Reis und Getränken.

Spargelsuppe | Einfach

4 Portionen

Pro Portion: E: 4,7 g, F: 6,1 g, Kh: 4,6 g, kJ: 387, kcal: 92, BE: 0,0

500 g grüner Spargel
700 ml Gemüsebrühe
1 EL gehobelte Mandeln (15 g)
Salz, gem. Pfeffer
etwas Zucker
100 g Créme légère (15 % Fett)
2 EL vorbereitete Schnittlauchröllchen

Zubereitungszeit: 30 Minuten

1. Von dem Spargel das untere Drittel schälen und die unteren Enden abschneiden. Spargel abspülen und abtropfen lassen. Spargel mit der Brühe in einem Topf zugedeckt zum Kochen bringen. Den Spargel in der Brühe in etwa 15 Minuten sehr weich kochen.

2. In der Zwischenzeit die Mandeln in einer Pfanne ohne Fett goldbraun rösten, auf einen Teller geben.

3. Die gare Suppe mit einem Pürierstab fein pürieren und evtl. durch ein Sieb streichen.

4. Die Spargelsuppe mit Salz, Pfeffer und Zucker abschmecken, Créme légère unterrühren.

5. Die Suppe in 4 tiefen Tellern oder in Suppentassen verteilen, mit Mandelblättchen und Schnittlauchröllchen bestreut servieren.

Tipps: Für Gäste auf jede Portion zusätzlich noch 1 Esslöffel (15 g) Créme légère setzen (zusätzlich pro Portion: E: 0,5 g, F: 2,3 g, Kh: 0,7 g, kJ: 106, kcal: 25, BE: 0,0) und die Suppe erst dann mit Mandelblättchen und Schnittlauchröllchen garnieren. Die Suppe lässt sich prima einfrieren, am besten portionsweise – so können Sie je nach Bedarf eine oder mehrere Portionen auftauen. Verwenden Sie als Einlage die Spargelspitzen. Diese nur etwa 10 Minuten garen und vorher herausnehmen. Sehr lecker schmecken auch Garnelen (aus dem Kühlregal) in der Suppe. Dafür 250 g Garnelen unter fließendem kalten Wasser abspülen, gut abtropfen lassen und kurz in der Suppe erwärmen (zusätzlich pro Portion: E: 11,6 g, F: 0,9 g, Kh: 0,6 g, kJ: 241, kcal: 58, BE: 0,0).

Stachelbeertarte | Fruchtig

16 Stücke

Pro Stück: E: 2,2 g, F: 7,5 g, Kh: 22,9 g, kJ: 710, kcal: 170, BE: 2,0

Für den Rührteig:

125 g Butter oder Margarine (zimmerwarm)
150 g Zucker
1 Prise Salz
1 Pck. Dr. Oetker Vanillin-Zucker
2 Eier (Größe M)
150 g Dinkel-Vollkornmehl
1/2 TL Dr. Oetker Backin

390 g abgetropfte Stachelbeeren (aus dem Glas)
75 g Quittengelee

Zubereitungszeit: 30 Minuten, ohne Abkühlzeit
Backzeit: etwa 40 Minuten

1. Den Backofen vorheizen.
Ober-/Unterhitze: etwa 180 °C
Heißluft: etwa 160 °C

2. Für den Teig Butter oder Margarine in einer Rührschüssel mit einem Mixer (Rührstäbe) auf höchster Stufe geschmeidig rühren.

3. Nach und nach Zucker, Salz und Vanillin-Zucker unterrühren. So lange rühren, bis eine gebundene Masse entstanden ist.

4. Die Eier nach und nach unterrühren (jedes Ei etwa 1/2 Minute). Mehl mit Backpulver mischen und kurz auf mittlerer Stufe unterrühren.

5. Teig in eine Springform (Ø 26 cm, Boden gefettet, mit Backpapier belegt) füllen und glatt streichen.

6. Die Stachelbeeren gleichmäßig auf dem Teig verteilen. Die Form auf dem Rost in den vorgeheizten Backofen schieben. Stachelbeertarte **etwa 40 Minuten backen.**

7. Die Form auf einen Kuchenrost stellen. Die Tarte etwas abkühlen lassen.

8. Das Gelee in einem kleinen Topf unter Rühren kurz aufkochen. Die Stachelbeertarte damit bestreichen und erkalten lassen.

Suppe mit Eierblumen I

Vegetarisch

4 Portionen

Pro Portion: E: 6,9 g, F: 5,2 g, Kh: 4,1 g, kJ: 383, kcal: 91, BE: 0,0

- *3 Tomaten (etwa 300 g)*
- *50 g Zuckerschoten*
- *3 Eier (Größe M)*
- *1 l Gemüsebrühe*
- *1 1/2 gestr. TL Salz*
- *gem. Pfeffer*
- *1 TL Sesamöl (4 g)*

Zubereitungszeit: 30 Minuten

1. Die Tomaten kreuzweise einschneiden und mit kochendem Wasser übergießen. Nach 1–2 Minuten herausnehmen und mit kaltem Wasser abschrecken. Tomaten enthäuten, halbieren und die Stängelansätze herausschneiden. Die Tomatenhälften in Scheiben schneiden.

2. Die Zuckerschoten abspülen, abtropfen lassen und evtl. abfädeln. Die Eier verschlagen.

3. Die Brühe in einem Wok zum Kochen bringen. Tomaten hinzugeben und etwa 5 Minuten kochen lassen. Die Suppe mit Salz und Pfeffer würzen, das Sesamöl unterrühren. Die Suppe kurz aufkochen lassen, dann den Wok von der Kochstelle nehmen.

4. Die verschlagenen Eier langsam in die Suppe einlaufen lassen und so lange warten, bis die Eierblumen nach oben steigen. Anschließend die Zuckerschoten hinzugeben. Die Suppe zugedeckt etwa 1 Minute ziehen lassen.

Süße Grießsuppe I

Für Kinder

4 Portionen

Pro Portion: E: 10,0 g, F: 4,1 g, Kh: 37,8 g, kJ: 967, kcal: 231, BE: 3,0

1 l Milch (1,5 % Fett)
½ Pck. Dr. Oetker Finesse Geriebene Zitronenschale
60 g Weichweizengrieß
60 g Zucker

Zubereitungszeit: 15 Minuten

1. Die Milch mit der Zitronenschale in einen Topf geben und zum Kochen bringen.

2. Den Weizengrieß mit dem Zucker vermischen und unter Rühren in die kochende Milch einstreuen. Grieß etwa 5 Minuten ohne Deckel bei schwacher Hitze ausquellen lassen, dabei gelegentlich umrühren.

3. Die Suppe in Suppentellern oder -tassen anrichten und warm servieren.

Tipp: Garnieren Sie die Suppe mit einigen Streifen Zitronenschale von 1 Bio-Zitrone (unbehandelt, ungewachst).

Süßkartoffel-Couscous-Salat I

Vegetarisch – etwas Besonderes

4 Portionen

Pro Portion: E: 5,8 g, F: 7,9 g, Kh: 53,9 g, kJ: 1329, kcal: 316, BE: 4,5

75 g	*Couscous*
knapp 300 ml	*Gemüsebrühe*
1	*Schalotte (etwa 25 g)*
½	*Salatgurke (etwa 175 g)*
750 g	*gegarte, mittelgroße Süßkartoffeln (Bataten, als Pellkartoffeln zubereitet)*
40 g	*abgetropfte, grüne Oliven (etwa 18 Stück, ohne Stein)*
3 geh. TL	*abgetropfte Kapern*
4–5 EL	*Limettensaft*
2 EL	*Olivenöl (20 g)*
	Salz, gem. Pfeffer
	Chilipulver (ersatzweise Chiliflocken)
5 Stängel	*Petersilie*

Zubereitungszeit: 25 Minuten, ohne Abkühl- und Durchziehzeit

1. Couscous mit der Gemüsebrühe nach Packungsanleitung zubereiten. Den garen Couscous in eine Salatschüssel geben und abkühlen lassen.

2. In der Zwischenzeit die Schalotte abziehen, halbieren und in feine Würfel schneiden. Die Salatgurke abspülen, abtrocknen und das Ende abschneiden. Gurke längs halbieren, entkernen und in Streifen schneiden.

3. Süßkartoffeln pellen und in mundgerechte Stücke schneiden. Die Oliven halbieren, mit den Kapern mischen und beiseitestellen.

4. Für die Salatsauce 4 Esslöffel Limettensaft mit dem Olivenöl verschlagen, mit Salz, Pfeffer und Chilipulver (Chiliflocken) würzen.

5. Den beiseitegestellten Couscous mit 2 Gabeln etwas auflockern. Die Schalottenwürfel, Gurkenstreifen, Kartoffelstücke und die Oliven-Kapern-Mischung hinzufügen und unterheben. Die Limettensauce mit den Salatzutaten vermengen. Den Salat kalt gestellt etwa 30 Minuten durchziehen lassen.

6. Zum Servieren die Petersilie abspülen, gut trocken tupfen und die Blättchen von den Stängeln zupfen. Die Blättchen fein hacken. Die Petersilienblätter unter den Salat mischen. Den Süßkartoffel-Couscous-Salat mit Limettensaft, Salz, Pfeffer und Chili säuerlich-scharf abschmecken und servieren.

Tipps: Die Süßkartoffeln am Vortag als Pellkartoffeln garen. Dafür die Süßkartoffeln abspülen und in Salzwasser in 15–20 Minuten zugedeckt gar kochen. Kartoffeln abgießen und kalt stellen. Sie können natürlich auch „normale" Kartoffeln für den Salat verwenden. Den Couscous können Sie durch die gleiche Menge Bulgur ersetzen.

Rezeptvariante: Für einen **Süßkartoffelsalat mit Roter Bete** (4 Personen) ersetzen Sie die Salatgurke durch etwa 200 g Rote Bete (vakuumverpackt, vorgegart). Die Rote Bete in Würfel schneiden und wie unter Punkt 5 beschrieben unter den Salat heben.

Warenkunde: Süßkartoffeln, auch Bataten genannt, kommen ursprünglich aus Mittel- und Südamerika, sie werden aber auch in Portugal oder Spanien angebaut. Süßkartoffeln gibt es mit orangerotem und weißem Fruchtfleisch. Sie sind trotz ihres Namens nicht verwandt mit unseren Kartoffeln, in den Anbauländern jedoch – wie die Kartoffel – ein Grundnahrungsmittel. Die Süßkartoffeln werden wie unsere Kartoffeln zubereitet und kühl-dunkel aufbewahrt.

Süßkartoffelcremesuppe | Exotisch

4 Portionen

Pro Portion: E: 4,1 g, F: 10,5 g, Kh: 37,2 g, kJ: 1103, kcal: 264, BE: 3,0

700 g rotfleischige Süßkartoffeln
2 Zwiebeln (130 g)
1 rote Chilischote
2 EL Olivenöl (20 g)
1 l Gemüsebrühe
100 ml ungesüßte Kokosmilch (aus der Dose)
Salz, gem. Pfeffer
ger. Muskatnuss
etwas Kardamom- oder Currypulver
1 Prise Zucker

1 Bund Schnittlauch

Zubereitungszeit: 15 Minuten
Garzeit: etwa 20 Minuten

1. Die Süßkartoffeln schälen, abspülen, abtropfen lassen und in grobe Würfel schneiden. Die Zwiebeln abziehen, halbieren und grob würfeln. Die Chilischote halbieren, entstielen, entkernen, abspülen, trocken tupfen und in Stücke schneiden.

2. Das Olivenöl in einem Topf erhitzen. Die Kartoffel- und Zwiebelwürfel hinzugeben und in dem heißen Fett andünsten.

3. Brühe hinzugießen und Chilischotenstücke hinzugeben. Die Zutaten zum Kochen bringen und zugedeckt etwa 20 Minuten garen.

4. Die Süßkartoffelcremesuppe mit einem Pürierstab fein pürieren. Dann die Kokosmilch unterrühren. Die Suppe mit Salz, Pfeffer, Muskatnuss, Kardamom oder Curry und etwas Zucker abschmecken.

5. Den Schnittlauch abspülen, trocken tupfen und in Röllchen schneiden. Die Suppe in 4 Suppentassen füllen und mit Schnittlauchröllchen bestreut servieren.

Süßkartoffel-Erdbeer-Aufstrich

Zum Frühstück

10 Portionen

Pro Portion: E: 1,2 g, F: 1,4 g, Kh: 8,2 g, kJ: 218, kcal: 52, BE: 0,5

Zum Vorbereiten:

1 EL Pinienkerne (etwa 15 g)

1 Süßkartoffel (etwa 300 g)
Salz
200 g Erdbeeren
1 Bio-Limette (unbehandelt, ungewachst, etwa 60 g)
1 EL Ricotta (ital. Frischkäse)
1 Pck. Dr. Oetker Vanillin-Zucker
1 Msp. gem. Zimt

Zubereitungszeit: 20 Minuten, ohne Abkühlzeit

1. Zum Vorbereiten die Pinienkerne in einer Pfanne ohne Fett unter Wenden goldbraun rösten und auf einen Teller geben.

2. Die Süßkartoffel schälen, abspülen, abtropfen lassen und in kleine Stücke schneiden. Salzwasser in einem kleinen Topf zum Kochen bringen und die Kartoffelstücke darin in etwa 10 Minuten gar kochen.

3. In der Zwischenzeit die Erdbeeren entstielen, abspülen und gut abtropfen lassen. Etwa zwei Drittel davon halbieren. Die restlichen Erdbeeren in kleine Stücke schneiden und beiseitestellen. Die Limette heiß abwaschen, abtrocknen und die Schale fein abreiben. Die Limette halbieren und den Saft auspressen.

4. Die halbierten Erdbeeren mit dem Limettensaft und der -schale in einen Topf geben und weich kochen. Die heißen Erdbeeren mit einem Pürierstab pürieren und nochmals unter ständigem Rühren bei mittlerer Hitze in etwa 5 Minuten dicklich einkochen.

5. Die garen Süßkartoffelstücke abgießen und gut abdampfen lassen. Kartoffelstücke mit einem Kartoffelstampfer zerstampfen oder mit einer Gabel zerdrücken.

6. Die Kartoffelmasse und die Erdbeersauce etwas abkühlen lassen. Anschließend zusammen mit Ricotta, Vanillin-Zucker und Zimt verrühren.

7. Die Pinienkerne und die beiseitegelegten Erdbeerstückchen unterrühren.

8. Den Aufstrich in ein verschließbares Gefäß füllen, erkalten lassen und kalt stellen.

Tipp: Der Aufstrich passt gut zu Hefebrötchen. Pro Portion 1 Hefebrötchen (etwa 60 g – pro Brötchen: E: 6,1 g, F: 1,1 g, Kh: 25,1 g, kJ: 535, kcal: 170, BE: 3,0).

Tandoori-Fisch-Auflauf I

Exotisch

4 Portionen

Pro Portion: E: 31,9 g, F: 12,9 g, Kh: 17,6 g, kJ: 1335, kcal: 320, BE: 1,5

600 g Fischfilet, z. B. Seelachs, Pangasius
3 EL Tandoori-Paste (indische Gewürzpaste, etwa 60 g)
150 g Joghurt (1,5 % Fett)
500 g Porree (Lauch)
200 g abgetropfte, geröstete, rote Paprikahälften (aus dem Glas)
1 Mango (etwa 300 g)
1 Prise Chiliflocken
1 EL Speiseöl, z. B. Rapsöl (10 g)
Salz
gem. Pfeffer
einige Stängel Koriander oder glatte Petersilie
150 g saure Sahne
1 Ei (Größe M)

Zubereitungszeit: 20 Minuten
Garzeit: 20–30 Minuten

1. Das Fischfilet kurz unter fließendem kalten Wasser abspülen, trocken tupfen und in mundgerechte Stücke schneiden.

2. Die Tandoori-Paste mit 2–3 Esslöffeln von dem Joghurt verrühren. Die Fischstücke mit der Mischung einstreichen, zugedeckt in den Kühlschrank stellen.

3. Den Backofen vorheizen.
Ober-/Unterhitze: etwa 200 °C
Heißluft: etwa 180 °C

4. Den Porree putzen. Die Stangen längs einschneiden, gründlich waschen und abtropfen lassen. Porree und Paprikahälften in kleine Stücke schneiden.

5. Die Mango halbieren und das Fruchtfleisch vom Stein schneiden. Mango schälen, würfeln und mit Chiliflocken mischen.

6. Das Speiseöl in einer Pfanne erhitzen. Porreestücke hinzugeben und unter Rühren kurz darin andünsten, mit Salz und Pfeffer würzen.

7. Porree- und Paprikastücke, Mangowürfel und die bestrichenen Fischstücke in eine große, flache Auflaufform (leicht gefettet) schichten.

8. Koriander oder Petersilie abspülen, trocken tupfen und die Blättchen von den Stängeln zupfen. Die Blättchen grob hacken.

9. Den restlichen Joghurt mit der sauren Sahne und dem Ei verschlagen, mit Salz und Pfeffer würzen. Die Kräuterblättchen unter die Joghurtmischung rühren. Die Joghurtmischung gleichmäßig auf dem Auflauf verteilen.

10. Die Form auf dem Rost auf mittlerer Einschubleiste in den vorgeheizten Backofen schieben. Den Auflauf **20–30 Minuten garen.**

Tipps: Wenn Sie keine Tandoori-Paste bekommen, nehmen Sie eine Tandoori-Gewürzmischung und verrühren diese mit der im Rezept angegebenen Menge Joghurt. Oder Sie schmecken den Joghurt mit Currypulver, Chiliflocken, Salz und Pfeffer würzig ab. Lecker schmeckt auch eine Mischung aus je 1 Teelöffel Knoblauchpulver, Paprikapulver edelsüß, Cayennepfeffer, gemahlenem Ingwer und 1 Messerspitze gemahlenem Koriander.

Teriyaki-Asia-Pfanne I

Exotisch

4 Portionen

Pro Portion: E: 24,6 g, F: 9,3 g, Kh: 38,9 g, kJ: 1411, kcal: 336, BE: 3,0

- *1 rote Paprikaschote (200 g)*
- *200 g rosé Champignons*
- *1 Bund Frühlingszwiebeln (200 g)*
- *150 g gut abgetropfte Soja-, Mungobohnen- oder Bambussprossen (aus dem Glas oder frisch)*
- *150 g Mie-Nudeln (Instant-Nudeln)*
- *2 Knoblauchzehen*
- *2–3 EL Speiseöl, z. B. Sojaöl*
- *250 g TK-Blattspinat*
- *300 g gegarte Tiefsee-Garnelen (aus dem Kühlregal)*
- *gem. Pfeffer*
- *grob geschroteter Chili*
- *6 EL Teriyaki-Sauce (asiatische Würzsauce, erhältlich im Asialaden)*

Zubereitungszeit: 20 Minuten

1. Die Paprikaschote halbieren, entstielen, entkernen und die weißen Scheidewände entfernen. Schote abspülen, abtropfen lassen und in feine Streifen schneiden. Die Champignons putzen, evtl. kurz abspülen, trocken tupfen, in Scheiben schneiden. Frühlingszwiebeln putzen, abspülen, abtropfen lassen und schräg in Scheiben schneiden. Frische Sprossen abspülen und abtropfen lassen.

2. Die Nudeln in eine Schüssel geben, mit reichlich kochendem Wasser übergießen und zugedeckt nach Packungsanleitung gar ziehen lassen. Knoblauch abziehen und in Scheiben schneiden.

3. Das Speiseöl in einer großen Pfanne erhitzen. Die Knoblauchscheiben und den gefrorenen Spinat darin etwa 2 Minuten andünsten. Spinat vorsichtig an den Pfannenrand schieben.

4. Die Garnelen unter fließendem kalten Wasser abspülen und gut trocken tupfen. Garnelen in dem Bratfett von beiden Seiten anbraten und ebenfalls an den Pfannenrand schieben.

5. Frühlingszwiebelscheiben, Paprikastreifen und Champignonscheiben in die Mitte der Pfanne geben und in dem verbliebenen Bratfett etwa 6 Minuten unter gelegentlichem Wenden braten, mit Pfeffer und Chili würzen.

6. Die garen Nudeln durchrühren und in einem Sieb abtropfen lassen. Nudeln und Sprossen mit dem Gemüse und den Garnelen in der Pfanne vermischen (den Spinat dabei am besten am Pfannenrand belassen). Anschließend die Teriyaki-Sauce darüberträufeln. Die Asia-Pfanne nochmals etwa 1 Minute bei starker Hitze unter Wenden braten.

Tilapiafilet auf mediterranem Gemüse I

Einfach

4 Portionen

Pro Portion: E: 28,9 g, F: 8,7 g, Kh: 6,4 g, kJ: 926, kcal: 221, BE: 0,0

250 g Cocktailtomaten
600 g Zucchini
240 g abgetropfte Artischockenherzen (aus der Dose)
2 EL Olivenöl (20 g)
25 g TK-Italienische Kräuter
Salz
gem. Pfeffer
600 g Tilapiafilet
1 TL Chiliflocken

Zubereitungszeit: 30 Minuten

1. Tomaten abspülen, abtrocknen, halbieren und evtl. die Stängelansätze herausschneiden. Zucchini abspülen, abtrocknen und die Enden abschneiden. Zucchini in kleine Würfel schneiden. Die Artischockenherzen in Viertel schneiden.

2. Das Olivenöl in einer Pfanne erhitzen. Die Zucchiniwürfel darin unter Rühren etwa 2 Minuten andünsten. Die Tomatenhälften, Artischockenviertel sowie die italienischen Kräuter hinzugeben. Das Gemüse mit Salz und Pfeffer würzen.

3. Das Fischfilet kurz unter fließendem kalten Wasser abspülen und trocken tupfen, Das Filet in 8 gleich große Stücke schneiden.

4. Die Filetstücke nebeneinander auf das Gemüse in die Pfanne legen, mit Salz und Chili bestreuen. Das Fischfilet mit dem Gemüse zugedeckt etwa 8 Minuten dünsten.

5. Die Fischstücke vorsichtig aus der Pfanne nehmen. Das mediterrane Gemüse nochmals mit den Gewürzen abschmecken. Das Tilapiafilet auf dem mediterranen Gemüse servieren.

Tilapiafilet im Wirsingblatt

Zubereitung im Topf mit Dämpfeinsatz (Ø etwa 26 cm)
2 Portionen

Pro Portion: E: 28,4 g, F: 13,0 g, Kh: 11,2 g, kJ: 1161, kcal: 278, BE: 1,0

2 TK-Tilapiafilets (je etwa 160 g)
4 große Wirsingblätter
Salz
2 Scheiben Ananas (frisch oder aus der Dose)
½ Avocado (80 g)
1 große Tomate (etwa 120 g)
2 Stängel Minze
1 grüne Chilischote
gem. Pfeffer

Zubereitungszeit: 30 Minuten, ohne Auftauzeit
Dämpfzeit: etwa 10 Minuten

1. Die Tilapiafilets nach Packungsanleitung auftauen lassen.

2. Die Wirsingblätter in kochendem Salzwasser so lange garen, bis sie zusammenfallen. Wirsingblätter in ein Sieb geben, mit eiskaltem Wasser übergießen und einzeln auf Küchenpapier abtropfen lassen.

3. Ananasscheiben in kleine Würfel schneiden. Das Fruchtfleisch der Avocado mit einem Löffel aus der Schale heben, klein würfeln und vorsichtig mit den Ananaswürfeln mischen.

4. Die Tomate abspülen, abtrocknen, vierteln, entkernen und den Stängelansatz herausschneiden. Die Tomatenviertel in Würfel schneiden und zu der Ananas-Avocado-Mischung geben.

5. Die Minze abspülen, trocken tupfen und die Blättchen von den Stängeln zupfen. Die Minzeblättchen in Streifen schneiden. Chilischote abspülen, trocken tupfen, längs halbieren, entkernen und die Scheidewände entfernen. Die Chili klein hacken. Minze und Chili unter die Ananas-Avocado-Tomaten-Mischung heben, mit Salz und Pfeffer abschmecken.

6. Einen Topf etwa 3 cm hoch mit Wasser füllen und zum Kochen bringen.

7. Die Tilapiafilets unter fließendem kalten Wasser abspülen und trocken tupfen. Die Ananas-Avocado-Tomaten-Mischung auf den Tilapiafilets verteilen. Die Tilapiafilets in jeweils 2 Wirsingblättern einschlagen, mit der Nahtseite nach unten in einen Dämpfeinsatz legen. Den Einsatz in den Topf stellen und mit einem Deckel verschließen. Wasser nur leicht köcheln lassen. Die Filets etwa 10 Minuten dämpfen.

Tintenfischspieße vom Grill I

Gut vorzubereiten

8 Stück

Pro Stück: E: 14,4 g, F: 4,0 g, Kh: 6,2 g, kJ: 503, kcal: 121, BE: 0,5

600 g küchenfertiger TK-Tintenfisch (unpanierte Tuben oder Ringe)
1 Knoblauchzehe
1 Bio-Zitrone (unbehandelt, ungewachst)
4 EL Olivenöl (40 g)
1 EL TK-Petersilie
1 TL gerebelter Rosmarin
2 Lorbeerblätter
gem. Pfeffer
je 1 rote, grüne und gelbe Paprikaschote (je etwa 200 g)
2 Zucchini (750 g)
Salz

Außerdem:

8 Holz- oder Metallspieße

Zubereitungszeit: 25 Minuten, ohne Auftau- und Marinierzeit
Grillzeit: etwa 10 Minuten

1. Den Tintenfisch nach Packungsanleitung auftauen lassen, dann unter fließendem kalten Wasser abspülen und trocken tupfen. Tintenfischtuben oder -ringe in eine Schüssel geben.

2. Die Knoblauchzehe abziehen und in dünne Scheiben schneiden. Die Zitrone heiß abwaschen, abtrocknen und in Scheiben schneiden.

3. Olivenöl mit Petersilie, Rosmarin, Knoblauch, Lorbeerblättern, Pfeffer und Zitronenscheiben vermengen. Die Marinade über den Tintenfisch gießen. Den Tintenfisch zugedeckt im Kühlschrank etwa 1 Stunde marinieren.

4. In der Zwischenzeit die Paprikaschoten halbieren, entstielen, entkernen und die weißen Scheidewände entfernen. Schotenhälften abspülen, abtropfen lassen und in mundgerechte Stücke schneiden. Zucchini abspülen, abtrocknen und die Enden abschneiden. Zucchini in etwa 1 cm dicke Scheiben schneiden.

5. Die Tintenfischteile aus der Marinade nehmen und abtropfen lassen. Paprikastücke, Zucchinischeiben und Tintenfischteile abwechselnd auf die Spieße stecken. Die Tintenfischspieße mit der Marinade bestreichen, auf den heißen Grill (gefettet) legen und unter mehrmaligem Wenden etwa 10 Minuten grillen. Die Tintenfischspieße mit Salz und Pfeffer bestreuen.

Beilage: Dazu schmeckt ein **Knoblauch-Dip:** 150 g Crème légère mit 200 g Joghurt (1,5 % Fett) und 2 Esslöffeln Zitronensaft verrühren. 1 fein gewürfelte Knoblauchzehe unterrühren. Den Knoblauch-Dip mit Salz und Pfeffer würzen (zusätzlich pro Tintenfischspieß: E: 1,6 g, F: 3,2 g, Kh: 2,2 g, kJ: 189, kcal: 45, BE: 0,0).

Tipp: Damit die Spieße nicht auf dem Grill festbrennen, sie am besten auf geölte Alufolie legen.

Toast mit Schweinefilet

Für Gäste

5 Stück

Pro Stück: E: 17,5 g, F: 8,2 g, Kh: 15,6 g, kJ: 874, kcal: 209, BE: 1,5

½	*reife Mango (etwa 150 g)*
100 g	*Zuckerschoten*
250 g	*Schweinefilet*
	Salz
	gem. Pfeffer
1–2 EL	*Olivenöl (10–20 g)*
5 Scheiben	*Vollkorn- oder Dreikorntoast (je etwa 20 g)*
etwa 60 ml	*Hot-Chili-Sauce*
100 g	*Gorgonzola*

Zubereitungszeit: 30 Minuten

1. Die Mango halbieren, das Fruchtfleisch vom Stein lösen, schälen und in dünne Scheiben schneiden.

2. Von den Zuckerschoten die Enden abschneiden. Zuckerschoten abspülen und abtropfen lassen. Wasser in einem Topf zugedeckt zum Kochen bringen. Die Zuckerschoten darin 1–2 Minuten blanchieren, dann in ein Sieb geben und mit kaltem Wasser abschrecken. Zuckerschoten abtropfen lassen.

3. Den Backofen vorheizen.
Ober-/Unterhitze: etwa 200 °C
Heißluft: etwa 180 °C

4. Das Schweinefilet mit Küchenpapier trocken tupfen und in 5 gleich große Stücke schneiden. Filetstücke etwas flach drücken, mit Salz und Pfeffer bestreuen. Das Olivenöl in einer Pfanne erhitzen. Die Filetstücke darin 6–8 Minuten von beiden Seiten braten.

5. Während der Bratzeit auch die Toastbrotscheiben toasten und auf ein Backblech (mit Backpapier belegt) legen. Danach jede Toastscheibe mit 1 Esslöffel Hot-Chili-Sauce bestreichen.

6. Das Schweinefilet aus der Pfanne nehmen. Die Toastscheiben mit Mangoscheiben und Zuckerschoten belegen. Den Käse in 5 Scheiben schneiden. Die vorbereiteten Toasts mit je 1 Stück Schweinefilet und 1 Scheibe Käse belegen. Das Backblech in den vorgeheizten Backofen schieben. Die Toasts **6–8 Minuten backen.**

7. Die Toasts auf Tellern anrichten, sofort servieren.

Toastschnittchen mit Geflügelaspik I

Einfach

10 Stück

Pro Stück: E: 7,7 g, F: 3,5 g, Kh: 16,7 g, kJ: 547, kcal: 130, BE: 1,5

30 g	*Rucola (Rauke)*
40–50 g	*Halbfett-Butter (39 % Fett, zimmerwarm)*
10 Scheiben	*Toastbrot (je etwa 30 g)*
20 Scheiben	*Geflügelaspik (etwa 240 g)*
1	*kleiner, rotschaliger Apfel, z. B. Gala, Elstar*
	Saft von
½	*Zitrone*

Zubereitungszeit: 20 Minuten, ohne Abkühlzeit

1. Rucola verlesen und dicke Stängel abschneiden. Rucola abspülen, gut abtropfen lassen oder trocken schleudern. 10 Rucolablätter zum Garnieren beiseitelegen. Restliche Rucolablätter sehr fein schneiden und mit der Butter verrühren.

2. Die Toastscheiben im Toaster goldbraun toasten, etwas abkühlen lassen und mit der Rucolabutter bestreichen. Jede Toastscheibe mit 2 Scheiben zur Hälfte zusammengelegtem Geflügelaspik belegen.

3. Den Apfel abspülen, abtrocknen und vierteln. Das Kerngehäuse entfernen und die Apfelviertel in schmale Spalten schneiden. Die Apfelspalten mit Zitronensaft beträufeln, damit sie nicht braun werden.

4. Die Toastschnittchen mit den Apfelspalten und den beiseitegelegten Rucolablättern garnieren. Die Toastschnittchen sofort servieren.

Tofu-Möhren-Suppe

Gluten- und laktosefrei

4 Portionen

Pro Portion: E: 8,5 g, F. 9,4 g, Kh: 11,9 g, kJ: 704, kcal: 168, BE: 1,0

1 Zwiebel (etwa 65 g)
6 Möhren (etwa 600 g)
2 EL Speiseöl, z. B. Sonnenblumenöl (20 g)
750 ml Gemüsebrühe
2 Lorbeerblätter
1 Stange Porree (Lauch, etwa 200 g)
175 g geräucherter Tofu (aus dem Kühlregal)
1 Bio-Zitrone (unbehandelt, ungewachst)
1–2 TL Sojasauce
1 Prise Zucker
Salz
gem. Pfeffer
1 EL TK-Petersilie

Zubereitungszeit: 25 Minuten

1. Die Zwiebel abziehen, halbieren und in feine Würfel schneiden. Die Möhren putzen, schälen, abspülen und abtropfen lassen. 5 Möhren in Scheiben schneiden.

2. Von dem Speiseöl 1 Esslöffel in einem Topf erhitzen. Die Zwiebelwürfel darin unter Rühren bei mittlerer Hitze in etwa 2 Minuten andünsten. Die Möhrenscheiben hinzugeben und unter Rühren kurz mitdünsten. Dann die Gemüsebrühe und die Lorbeerblätter hinzugeben. Die Suppe einmal aufkochen lassen und zugedeckt bei mittlerer Hitze etwa 15 Minuten köcheln lassen, bis die Möhrenscheiben weich sind.

3. In der Zwischenzeit den Porree putzen, die Stange längs halbieren, gründlich waschen und abtropfen lassen. Den Porree in schmale Streifen schneiden. Die beiseitegelegte Möhre in kleine Würfel schneiden.

4. Den Tofu in größere, mundgerechte Würfel schneiden. Das restliche Speiseöl in einer großen Pfanne erhitzen. Die Porreestreifen, Möhren- und Tofuwürfel darin von allen Seiten unter gelegentlichem Rühren bei mittlerer Hitze in 5–6 Minuten anbraten. Das Gemüse beiseitestellen.

5. Die Zitrone heiß abwaschen und abtrocknen. Die Hälfte der Schale abreiben. Zitrone halbieren und von einer Hälfte den Saft auspressen.

6. Die Lorbeerblätter aus der Suppe nehmen. Die Zitronenschale in die Suppe einrühren. Die Suppe mit den Möhrenscheiben mit einem Pürierstab pürieren und nochmals kurz aufkochen lassen.

7. Das restliche Gemüse mit den Tofuwürfeln in die Suppe geben und noch etwa 3 Minuten bei schwacher Hitze darin gar ziehen lassen. Die Suppe mit 1 ½–2 Esslöffeln Zitronensaft, der Sojasauce, dem Zucker, Salz und Pfeffer abschmecken. Zuletzt die Petersilie unter die Tofu-Möhren-Suppe rühren und sofort servieren.

Beilage: Dazu ½ Fladenbrot (etwa 200 g, zusätzlich pro Portion: E: 3,5 g, F: 0,6 g, Kh: 24,0 g, kJ: 493, kcal: 118. BE: 2,0) reichen.

Tipps: Die Zitronenschale können Sie durch 1 Teelöffel Dr. Oetker Finesse Geriebene Zitronenschale ersetzen. Geräucherter Tofu in Kombination mit Zitronensaft, Sojasauce und Zucker gibt der Suppe ein feines, säuerlich-rauchiges Aroma. Sie können die Suppe jedoch auch mit Tofu natur zubereiten.

Tomaten, pikant gefüllt I

Zubereitung im Tischdampfgarer

4 Portionen

Pro Portion: E: 3,8 g, F: 4,1 g, Kh: 12,6 g, kJ: 443, kcal: 105, BE: 0,5

8 große Tomaten (900–1000 g)
Salz
gem. Pfeffer
1 Zwiebel (etwa 65 g)
1 Knoblauchzehe
1 kleine Zucchini (100–150 g)
1 gelbe Paprikaschote (etwa 200 g)
1 rote Chilischote
etwa 7 abgetropfte, schwarze Oliven ohne Stein (20 g)
1 EL Olivenöl (10 g)
1 EL abgetropfte Kapern (20 g)
2 EL Semmelbrösel (20 g)
1 EL getrocknete italienische Kräuter

Zubereitungszeit: 25 Minuten
Dämpfzeit: 10–12 Minuten

1. Die Tomaten abspülen, abtrocknen und einen Deckel abschneiden. Tomaten vorsichtig mithilfe eines Teelöffels entkernen. Nach Belieben die Tomaten innen mit etwas Salz und Pfeffer bestreuen, beiseitestellen.

2. Zwiebel und Knoblauch abziehen, beides in feine Würfel schneiden. Die Zucchini abspülen, abtrocknen und die Enden abschneiden. Zucchini in kleine Würfel schneiden.

3. Die Paprika- und Chilischote halbieren, entstielen, entkernen und die weißen Scheidewände entfernen. Schotenhälften abspülen, abtropfen lassen und in kleine Stücke schneiden. Die Oliven in dünne Scheiben schneiden.

4. Das Olivenöl in einer großen Pfanne erhitzen. Die Zwiebel- und Knoblauchwürfel darin etwa 2 Minuten andünsten. Zucchiniwürfel, Paprika- und Chilistücke hinzufügen und bei mittlerer Hitze etwa 3 Minuten mitbraten, dabei gelegentlich umrühren.

5. Das angebratene Gemüse mit den Kapern, Olivenscheiben, Semmelbröseln und den getrockneten Kräutern in eine Schüssel geben und gut vermischen. Die Gemüsemischung mit Salz und Pfeffer abschmecken.

6. Die Gemüsemasse in die beiseitegestellten Tomaten füllen, dabei die Masse evtl. etwas andrücken und nach Belieben die Tomatendeckel daraufsetzen.

7. Entsprechend der Bedienungsanleitung des Dampfgarers Wasser bis zur maximalen Einfüllgrenze in den Wasserbehälter füllen. Auffangschale auf den Wasserbehälter setzen und darauf eine hohe Dampfschale setzen. Die Tomaten nebeneinander hineinsetzen und den Dampfgarer mit dem Deckel verschließen.

8. Den Dampfgarer einschalten. Sobald der Dampfgarer Dampf erzeugt, die Tomaten 10–12 Minuten dämpfen.

Beilage: Eine einfache Beilage dazu sind 250 g Ciabatta-Brot (zusätzlich pro Portion: E: 6,3 g, F: 0,6 g, Kh: 32,5 g, kJ: 682, kcal: 161, BE: 2,5) und 200 g fettreduzierter Kräuterquark (aus dem Kühlregal, zusätzlich pro Portion: E: 4,9 g, F: 1,2 g, Kh: 2,5 g, kJ: 174, kcal: 41, BE: 0,2).

Tipp: Wenn Sie keinen Tischdampfgarer haben, so können Sie die gefüllten Tomaten auch im Topf mit Dämpfeinsatz (Ø etwa 24 cm) garen. Dafür den Topf etwa 3 cm hoch mit Wasser füllen und zum Kochen bringen. Die gefüllten Tomaten in den Dämpfeinsatz des Topfes legen. Den Einsatz in den Topf hängen und die Tomaten bei schwacher bis mittlerer Hitze etwa 10 Minuten dämpfen.

Tomatensuppe mit Mozzarellaklößchen I

Für Gäste

4 Portionen

Pro Portion: E: 13,5 g, F: 14,0 g, Kh: 13,2 g, kJ: 990, kcal: 235, BE: 0,0

1 ½ kg	*Fleischtomaten*
2	*Zwiebeln (130 g)*
1	*Knoblauchzehe*
1 EL	*Speiseöl, z. B. Olivenöl (10 g)*
500 ml	*Gemüse- oder Geflügelfond*
1 Prise	*Zucker*
	Salz
	gem. Pfeffer
¼ TL	*Cayennepfeffer*
1	*Lorbeerblatt*
	gerebelter Oregano
1 Bund	*Basilikum*
200 g	*abgetropfter Mozzarella*

Zubereitungszeit: 30 Minuten

1. Tomaten abspülen, abtrocknen, halbieren und die Stängelansätze herausschneiden. Die Tomatenhälften in Würfel schneiden. Zwiebeln und Knoblauchzehe abziehen und fein würfeln.

2. Das Speiseöl in einem Topf erhitzen. Zwiebel- und Knoblauchwürfel darin unter Rühren dünsten. Tomatenwürfel, Fond, Zucker, Salz, Pfeffer, Cayennepfeffer, Lorbeerblatt und Oregano hinzufügen. Die Zutaten zum Kochen bringen und mit Deckel etwa 15 Minuten bei schwacher Hitze kochen lassen.

3. In der Zwischenzeit Basilikum abspülen, trocken tupfen und die Blättchen von den Stängeln zupfen. Einige Blättchen zum Garnieren beiseitelegen. Restliche Blättchen sehr fein hacken. Mozzarella grob zerkleinern und mit dem Pürierstab pürieren.

4. Basilikum unter die Mozzarellamasse kneten, mit Salz und Pfeffer würzen. Aus der Mozzarellamasse etwa 16 Klößchen formen und diese in 4 tiefen Tellern oder Suppentassen verteilen.

5. Das Lorbeerblatt aus der Suppe nehmen, die Suppe mit einem Pürierstab pürieren oder durch ein Sieb streichen. Die Suppe aufkochen, nochmals mit den Gewürzen abschmecken, dann über die Mozzarellaklößchen in die Teller oder Suppentassen geben. Die Suppe mit den Basilikumblättchen bestreut servieren.

Vollkornschnittchen mit feurigem Preiselbeeraufstrich I

Raffiniert

10 Stück

Pro Stück: E: 10,3 g, F: 4,4 g, Kh: 24,7 g, kJ: 761, kcal: 182, BE: 2,0

100 g	*Joghurt-Salatcreme*
75 g	*Joghurt (3,5 % Fett)*
1 TL	*Tomatenketchup*
1 Prise	*Chiliflocken*
100 g	*abgetropfte Wild-Preiselbeeren (aus dem Glas)*
200 g	*Puten-Lachsschinken*
evtl. etwas	*Salz*
evtl.	*gem. Pfeffer*
½ Kästchen	*Kresse*
10 Scheiben	*Vollkornbrot (je etwa 45 g)*

Zubereitungszeit: 10 Minuten

1. Die Salatcreme mit Joghurt, Ketchup und Chili in einer Schüssel gut verrühren. Die Preiselbeeren unterrühren.

2. Den Puten-Lachsschinken zunächst in feine Streifen schneiden, dann mit einem großen, schweren und scharfen Messer fein hacken. Puten-Lachsschinken unter den Preiselbeeraufstrich rühren. Den Aufstrich nach Belieben mit Salz und Pfeffer abschmecken.

3. Die Kresse abspülen, trocken tupfen, abschneiden und etwa die Hälfte unter den Aufstrich rühren.

4. Den Aufstrich auf die Brote streichen und mit der restlichen Kresse garnieren.

Tipps: Der Aufstrich ist in einem verschließbaren Gefäß im Kühlschrank 3–4 Tage haltbar. Auch als Füllung von Weizen-Tortillafladen (Wraps) ist dieser Preiselbeeraufstrich ein Genuss (bei 10 Wraps mit Füllung sind das pro Wrap: E: 10,5 g, F: 4,6 g, Kh: 29,0 g, kJ: 859, kcal: 205, BE: 2,5).

Warmer Kartoffelsalat

Klassisch

4 Portionen

Pro Portion: E: 4,9 g, F: 0,2 g, Kh: 35,9 g, kJ: 727, kcal: 173, BE: 3,0

1 kg gegarte Pellkartoffeln

Für die Salatmarinade:

2 Zwiebeln (etwa 130 g)
200 ml heiße Gemüsebrühe
4–5 EL Kräuteressig
Salz
gem. Pfeffer

1 Prise Zucker
etwas Kräuteressig
2 EL Schnittlauchröllchen

Zubereitungszeit: 25 Minuten

1. Die Pellkartoffeln pellen und in Scheiben schneiden (evtl. mit einem Eierschneider).

2. Für die Marinade Zwiebeln abziehen, halbieren und in kleine Würfel schneiden.

3. Die Zwiebelwürfel mit der Brühe in eine heiße Pfanne geben und kurz aufkochen lassen. Den Essig unterrühren. Die Marinade mit Salz und Pfeffer abschmecken.

4. Die Kartoffelscheiben in die Pfanne geben, mit der Marinade vermengen und einige Minuten auf der ausgeschalteten Kochstelle ziehen lassen.

5. Kartoffelsalat nochmals mit Salz, Pfeffer, Zucker und Essig abschmecken. Kartoffelsalat mit Schnittlauchröllchen bestreut servieren.

Tipp: Wenn Sie es etwas deftiger mögen, braten Sie zunächst 125 g gewürfelten Schinkenspeck in der Pfanne ohne Fett aus und lassen diesen auf Küchenpapier abkühlen. Erst dann die Zwiebelwürfel mit der Brühe in die Pfanne geben. Die Schinkenwürfel mit den Schnittlauchröllchen unter den Salat heben (zusätzlich pro Portion: E: 6,9 g, F: 2,5 g, Kh: 0,0 g, kJ: 209, kcal: 50, BE: 0,0).

Wassermelonen-Gurken-Suppe I

Erfrischend – scharf

8–10 Portionen

Pro Portion: E: 2,8 g, F: 4,8 g, Kh: 7,0 g, kJ: 346, kcal: 83, BE: 0,5

1 Salatgurke (etwa 475 g)
1 1/2 kg Wassermelone
1/2–1 rote Chilischote
Salz
100 g Schafskäse (9 % Fett)
20 Blätter frische Minze
3 EL Olivenöl (30 g)

Zubereitungszeit: 20 Minuten

1. Die Gurke schälen und in grobe Stücke schneiden. Die Melone in Spalten schneiden, das Fruchtfleisch von der Schale schneiden und die Kerne entfernen. Das Fruchtfleisch in grobe Würfel schneiden.

2. Die Chilischote abspülen, abtrocknen und entstielen. Die Chilischote mit den Kernen sehr fein hacken. Gurken-, Melonenstücke, fein gehackte Chilischote und ein wenig Salz in der Küchenmaschine mit dem Schneidmesser fein pürieren.

3. Die Wassermelonen-Gurken-Suppe bis zum Servieren zugedeckt in den Kühlschrank stellen.

4. Den Schafskäse zerkrümeln. Minzeblätter abspülen, trocken tupfen und in grobe Stücke schneiden.

5. Die Wassermelonen-Gurken-Suppe zum Servieren in Tassen oder Gläser füllen. Den Schafskäse und die Minze daraufstreuen und mit dem Olivenöl beträufeln.

Tipp: Als vollwertige Mahlzeit servieren Sie dazu pro Person etwa 20 g Gemüsechips (aus der Tüte, erhältlich zum Beispiel im Bio-Laden – zusätzlich pro Portion: E: 1,0 g, F: 6,7 g, Kh: 8,5 g, kJ: 409, kcal: 98, BE: 0,5).

Weißer Bohnensalat mit Paprika und Tomate I

Gut vorzubereiten

4 Portionen

Pro Portion: E: 13,7 g, F: 6,5 g, Kh: 29,8 g, kJ: 994, kcal: 237, BE: 2,0

500 g abgetropfte Canellibohnen (aus der Dose)
2 Fleischtomaten (je etwa 275 g)
je 1 rote und grüne Paprikaschote (je etwa 200 g)
1 Schalotte (etwa 25 g)
1 Knoblauchzehe
2 EL Zitronensaft
1 EL Apfelessig
1 TL mittelscharfer Senf (3 g)
1 TL Honig (6 g)
Salz
gem., schwarzer Pfeffer
2 EL Olivenöl (20 g)
5 Stängel Petersilie

Zubereitungszeit: 20 Minuten, ohne Durchziehzeit

1. Die Bohnen in einem Sieb mit kaltem Wasser abspülen und gut abtropfen lassen. Bohnen beiseitestellen.

2. Die Tomaten kreuzweise einschneiden und mit kochendem Wasser übergießen. Nach 1–2 Minuten herausnehmen und mit kaltem Wasser abschrecken. Die Tomaten enthäuten, halbieren und die Stängelansätze herausschneiden. Tomaten entkernen und das Fruchtfleisch in kleine Würfel schneiden.

3. Paprikaschoten halbieren, entstielen, entkernen und die weißen Scheidewände entfernen. Schotenhälften abspülen, abtropfen lassen und in kleine Würfel schneiden. Die Schalotte abziehen, halbieren und fein würfeln.

4. Die beiseitegestellten Bohnen mit den Tomaten-, Paprika- und Schalottenwürfeln in einer großen Salatschüssel vermischen.

5. Knoblauch abziehen und durch eine Knoblauchpresse drücken oder fein hacken. Zitronensaft mit Essig, Senf, Honig, Salz, Pfeffer und Knoblauch verrühren. Das Olivenöl unterschlagen. Die Salatsauce mit der Bohnen-Paprika-Mischung vermengen. Den Salat etwa 30 Minuten durchziehen lassen.

6. Petersilie abspülen, trocken tupfen und die Blättchen von den Stängeln zupfen. Die Blättchen grob hacken. Den Salat mit Petersilie bestreut servieren.

Tipps: Canellibohnen weichen nicht so schnell durch. Wenn Sie keine Canellibohnen bekommen können, nehmen Sie stattdessen 500 g weiße Bohnen (aus der Dose). Sie können den Salat einige Stunden vor dem Verzehr zubereiten. Gut durchgezogen schmeckt er noch besser. Geben Sie zusätzlich 2–3 Stangen Staudensellerie (etwa 150 g) mit unter den Salat. Dafür den Staudensellerie putzen und die harten Außenfäden abziehen. Sellerie abspülen und abtropfen lassen. Sellerie in Streifen schneiden.

Wintersalat | Einfach

4 Portionen

Pro Portion: E: 4,7 g, F: 1,6 g, Kh: 28,8 g, kJ: 653, kcal: 156, BE: 2,0

Für den Salat:

265 g abgetropfte Ananasstücke, natursüß (aus der Dose)
2 Stangen Porree (Lauch, etwa 400 g)
2 rotschalige Äpfel (je 150–200 g)
190 g abgetropfte Selleriestreifen (aus dem Glas)

Für die Joghurtsauce:

250 g Joghurt (1,5 % Fett)
Saft von ½ Zitrone
1–2 EL Milch (3,5 % Fett)
Salz
gem. Pfeffer
1 Prise Zucker

2–3 EL Ananassaft (aus der Dose)

Zubereitungszeit: 30 Minuten, ohne Durchziehzeit

1. Für den Salat von den Ananasstücken den Saft auffangen, 2–3 Esslöffel davon abmessen und beiseitestellen. Die Ananasstücke nach Belieben etwas kleiner schneiden.

2. Porree putzen, die Stangen längs halbieren, gründlich waschen, gut abtropfen lassen und in Streifen schneiden. Äpfel abspülen, abtrocknen, vierteln und entkernen. Die Äpfel zunächst quer in Spalten, dann quer in Stücke schneiden.

3. Porreestreifen mit den Apfelstücken, den Ananasstücken und den Selleriestreifen in eine Schüssel geben und vermengen.

4. Für die Sauce Joghurt mit Zitronensaft und Milch aufschlagen, mit Salz, Pfeffer und Zucker würzen. Die Joghurtsauce zu den Salatzutaten in die Schüssel geben und alles gut vermischen. Den Wintersalat mit dem abgemessenen Ananassaft abschmecken. Den Salat zugedeckt in den Kühlschrank stellen und gut durchziehen lassen.

Beilage: Reichen Sie dazu insgesamt 2 Scheiben Bauernbrot (etwa 125 g), pro Portion also ½ Scheibe (zusätzlich pro Portion: E: 2,3 g, F: 0,3 g, Kh: 14,3 g, kJ: 294, kcal: 70, BE: 1,0).

Tipp: Nach Belieben die Porreestreifen 1–2 Minuten in kochendem Salzwasser blanchieren. Durch das Blanchieren werden die Streifen weicher und sind für einige Menschen bekömmlicher.

Wokgemüse mit Reis I

Vegetarisch

4 Portionen

Pro Portion: E: 7,4 g, F: 6,1 g, Kh: 44,7 g, kJ: 1124, kcal: 269, BE: 3,5

je 1 rote, gelbe und grüne Paprikaschote (etwa 460 g)
3 Zwiebeln (etwa 165 g)
1 EL Sonnenblumenöl (10 g)
100 g Sojabohnenkeimlinge
100 g saure Sahne (10 % Fett)
500 g gegarter Langkornreis (etwa 175 g Rohgewicht)
Salz
gem. Pfeffer
1 TL Paprikapulver rosenscharf

Zubereitungszeit: 30 Minuten

1. Die Paprikaschoten halbieren, entstielen, entkernen und die weißen Scheidewände entfernen. Die Schoten abspülen, abtropfen lassen und in Streifen schneiden. Die Zwiebeln abziehen und halbieren. Zwiebelhälften zunächst in Scheiben schneiden, dann in Ringe teilen.

2. Das Öl in einem Wok erhitzen. Die Zwiebelringe hinzugeben und darin glasig dünsten. Paprikastreifen hinzufügen. Das Gemüse zugedeckt bei mittlerer Hitze 5–8 Minuten dünsten.

3. In der Zwischenzeit die Sojabohnenkeimlinge abspülen, verlesen und gut abtropfen lassen. Die Sojabohnenkeimlinge zum Gemüse geben. Saure Sahne ebenfalls hinzugeben und unterrühren. Das Wokgemüse nochmals erhitzen. Zuletzt den Reis unter das Gemüse heben und erwärmen.

4. Das Wokgemüse kräftig mit Salz, Pfeffer und Paprikapulver abschmecken und servieren.

Zander auf dem Fenchelbett I

Für Gäste

4 Portionen

Pro Portion: E: 27,7 g, F: 2,4 g, Kh: 5,4 g, kJ: 663, kcal: 158, BE: 0,5

2	*Fenchelknollen (je etwa 200 g)*
200 g	*Cocktailtomaten*
1	*Zucchini (etwa 200 g)*
8 Stängel	*Zitronenthymian*
	Salz
	gem. Pfeffer
	Saft von
1	*Limette*
evtl. etwas	*Knoblauchpulver oder 1 abgezogene Knoblauchzehe*
4	*kleine Zanderfilets (je etwa 130 g)*

Nach Belieben:

einige	*Limettenspalten (von 1 Bio-Limette – unbehandelt, ungewachst)*

Außerdem:

etwas	*Butter oder Margarine für die Förmchen (5 g)*

Zubereitungszeit: 30 Minuten
Garzeit: 15–20 Minuten

1. Den Backofen vorheizen.
Ober-/Unterhitze: etwa 220 °C
Heißluft: etwa 200 °C

2. Von den Fenchelknollen die Stiele dicht oberhalb der Knollen abschneiden. Etwas Fenchelgrün zum Garnieren beiseitelegen und die Wurzelenden gerade schneiden. Knollen putzen, abspülen, abtropfen lassen, längs halbieren und quer in Streifen schneiden.

3. Die Tomaten abspülen, abtrocknen, halbieren und evtl. die Stängelansätze herausschneiden. Zucchini abspülen, abtrocknen und die Enden abschneiden. Zucchini längs vierteln, dann quer in schmale Stücke schneiden.

4. Zitronenthymian abspülen, trocken tupfen und die Blättchen von den Stängeln zupfen. Etwa 4 Stängel zum Garnieren beiseitelegen.

5. Die Fenchelstreifen mit den Tomatenhälften und Zucchinistücken in einer Schüssel gut mischen. Die Gemüsemischung mit den Thymianblättchen, Salz, Pfeffer, Thymian und der Hälfte des Limettensaftes würzen.

6. Das Gemüse nach Belieben zusätzlich mit Knoblauchpulver oder 1 zerdrückten Knoblauchzehe würzen.

7. Die Zanderfilets unter fließendem kalten Wasser abspülen und trocken tupfen.

8. Zanderfilets mit Salz und Pfeffer bestreuen, mit dem restlichen Limettensaft beträufeln.

9. Die Gemüsemischung in 4 feuerfeste, Auflaufförmchen (gefettet) geben. Die Zanderfilets darauflegen.

10. Die Auflaufförmchen auf dem Rost in den vorgeheizten Backofen (mittlere Einschubleiste) schieben. Die Zanderfilets **15–20 Minuten garen.**

11. Die Zanderfilets mit dem beiseitegelegten Fenchelgrün, den Thymianstängeln und evtl. den heiß abgewaschenen, abgetrockneten Limettenspalten garnieren.

Beilage: Servieren Sie dazu Salzkartoffeln, zubereitet aus 750 g rohen, ungeschälten Kartoffeln und 1 Teelöffel Salz (zusätzlich pro Portion: E: 3,1 g, F: 0,2 g, Kh: 22,2 g, kJ: 447, kcal: 107, BE: 2,0).

Tipps: Wenn Sie keinen Zitronenthymian bekommen, können Sie ebenso gut Thymian verwenden. Sie können auch tiefgekühlte Zanderfilets verwenden. Diese müssen nur so lange angetaut werden, dass sie sich voneinander lösen lassen. Sie können das Gericht auch in einer großen Auflaufform zubereiten. Die Garzeit ändert sich dadurch nicht.

Zander im Papier I

Raffiniert

4 Portionen

Pro Portion: E: 30,2 g, F: 5,5 g, Kh: 17,0 g, kJ: 1019, kcal: 243, BE: 1,5

4 Zanderfilets (je 150 g, TK oder frisch)
1 Fenchelknolle (etwa 200 g)
20 g Butter
80 g Rosinen
1 TL Zucker (5 g)
1 EL Balsamico-Essig
200 ml Gemüsebrühe
Salz
gem. Pfeffer

Außerdem:

4 Bögen Backpapier

Zubereitungszeit: 30 Minuten, ohne evtl. Auftauzeit
Garzeit: etwa 15 Minuten

1. Den Backofen vorheizen.
Ober-/Unterhitze: etwa 200 °C
Heißluft: etwa 180 °C

2. TK-Zanderfilets nach Packungsanleitung auftauen lassen. Die Zanderfilets unter fließendem kaltem Wasser abspülen und trocken tupfen.

3. Die Fenchelknolle putzen, abspülen, abtropfen lassen, halbieren und in kleine Würfel schneiden.

4. Butter in einer Pfanne zerlassen. Fenchelstücke und Rosinen darin unter Wenden andünsten. Zucker darüberstreuen und leicht karamellisieren lassen. Essig und Brühe hinzugießen, zum Kochen bringen und um ein Viertel einkochen lassen.

5. Auf jeweils 1 Bogen Backpapier 1 Zanderfilet legen, mit Salz und Pfeffer würzen. Fenchel-Rosinen-Mischung darauf verteilen. Das Backpapier so zusammenfalten, dass keine Flüssigkeit auslaufen kann. Die Päckchen auf ein Backblech legen. Das Backblech in den vorgeheizten Backofen schieben. Die Zanderfilets **etwa 15 Minuten garen.**

Zanderfilet auf Gemüse I

Für Gäste

4 Portionen

Pro Portion: E: 34,6 g, F: 5,5 g, Kh: 8,0 g, kJ: 944, kcal: 225, BE: 0,0

4	*Zanderfilets (je etwa 150 g)*
	Saft von
1	*Zitrone*
	Salz
	gem. Pfeffer
500 g	*Brokkoli*
1	*gelbe Paprikaschote (etwa 200 g)*
1	*Zucchini (etwa 375 g)*
8–10	*Cocktailtomaten*
2–3 Stängel	*Thymian*
1–2 EL	*Olivenöl (10–20 g)*
einige	*rosa Pfefferbeeren*

Außerdem:

4 Bögen	*Butterbrotpapier*

Zubereitungszeit: 20 Minuten
Garzeit: etwa 30 Minuten

1. Zanderfilets unter fließendem kalten Wasser abspülen und trocken tupfen. Filets mit Zitronensaft beträufeln, mit Salz und Pfeffer bestreuen.

2. Brokkoli abspülen, abtropfen lassen und in Röschen teilen. Brokkoliröschen in kochendem Wasser etwa 2 Minuten blanchieren, in ein Sieb geben, mit kaltem Wasser übergießen und abtropfen lassen.

3. Den Backofen vorheizen.
Ober-/Unterhitze: etwa 200 °C
Heißluft: etwa 180 °C

4. Die Paprikaschote halbieren, entstielen, entkernen und die weißen Scheidewände entfernen. Die Schotenhälften abspülen, abtropfen lassen und in kleine Stücke schneiden. Zucchini abspülen, abtrocknen und die Enden abschneiden. Zucchini zuerst längs halbieren und dann in Scheiben schneiden. Die Cocktailtomaten abspülen, abtrocknen und vierteln.

5. Das Gemüse in eine Schüssel geben. Thymian abspülen, abtropfen lassen, die Blättchen von den Stängeln zupfen und zum Gemüse geben. Das Gemüse mit Salz und Pfeffer würzen und das Olivenöl unterrühren.

6. Die Gemüsemasse auf 4 Bögen Butterbrotpapier verteilen und mit einigen rosa Pfefferbeeren bestreuen. Jeweils 1 Zanderfilet darauflegen. Das Gemüse so in dem Butterbrotpapier einpacken, dass der Falzrand oben liegt. Die Päckchen auf 1 Backblech legen. Das Backblech in den vorgeheizten Backofen schieben. Die Zanderfiletpäckchen **etwa 30 Minuten garen.**

Beilage: Bereiten Sie zusätzlich aus 750 g Kartoffeln Salzkartoffeln zu (zusätzlich pro Portion: E: 2,9 g, F: 0,0 g, Kh: 23,4 g, kJ: 461, kcal: 110, BE: 2,0).

Zimtjoghurt mit Bananensalat I

Raffiniert – einfach

4 Portionen

Pro Portion: E: 7,3 g, F: 5,2 g, Kh: 25,8 g, kJ: 780, kcal: 186, BE: 2,0

Für den Bananensalat:

2 Bananen (300 g)
1 Orange (150 g)
3 EL Orangensaft
1 TL flüssiger Honig (etwa 6 g)

Für den Zimtjoghurt:

600 g Joghurt (1,5 % Fett)
1–2 EL Dr. Oetker Vanillin-Zucker (10–20 g)
1–2 TL gem. Zimt

4 TL gehackte Pistazienkerne (etwa 20 g)

Zubereitungszeit: 20 Minuten

1. Für den Salat die Bananen schälen und in Scheiben oder Stücke schneiden. Die Orange so schälen, dass die weiße Haut mitentfernt wird. Die Orange zunächst in Scheiben schneiden, die Scheiben dann in Viertel schneiden.

2. Bananen- und Orangenstücke in einer Schüssel mischen.

3. Den Orangensaft mit dem Honig verrühren und über die Bananen-Orangen-Mischung gießen. Die Zutaten vorsichtig vermengen.

4. Für den Zimtjoghurt den Joghurt mit Vanillin-Zucker und Zimt mit einem Schneebesen glatt rühren. Den Joghurt auf 4 Dessertschälchen verteilen.

5. Den Bananensalat auf dem Joghurt verteilen und mit Pistazienkernen bestreuen.

Zitronen-Buttermilch-Dressing I

Erfrischend – mild

4 Portionen

Pro Portion: E: 2,1 g, F: 7,7 g, Kh: 3,2 g, kJ: 381, kcal: 91, BE: 0,5

125 g Buttermilch
125 g Schmand (Sauerrahm)
1 TL Dr. Oetker Finesse Geriebene Zitronenschale
Salz, gem. Pfeffer
2 EL Schnittlauchröllchen

Zubereitungszeit: 5 Minuten

1. Die Buttermilch mit dem Schmand und der Zitronenschale in einer Schüssel glatt rühren.

2. Das Zitronen-Buttermilch-Dressing mit Salz und Pfeffer abschmecken.

3. Zuletzt die Schnittlauchröllchen unterrühren.

Tipps: Dieses Dressing passt zu knackigen Blattsalaten, wie z. B. Eisberg, Chinakohl oder Chicorée. Aber auch zu Gemüsesalaten mit Brokkoli, Blumenkohl, Möhre und Kresse ist das sommerliche Dressing perfekt. Das Dressing hält sich gut verschlossen etwa 3 Tage im Kühlschrank. Vor dem Servieren sollten sie es dann nochmals kräftig durchrühren.

Zitronen-Götterspeise-Kuchen

Für Kinder

20 Stücke

Pro Stück: E: 4,2 g, F: 8,4 g, Kh: 28,1 g, kJ: 864, kcal: 206, BE: 2,5

Für den Rührteig:

120 g Butter oder Margarine (zimmerwarm)
120 g Zucker
1 Prise Salz
1 Pck. Dr. Oetker Finesse Geriebene Zitronenschale
3 Eier (Größe M)
250 g Weizenmehl
50 g Speisestärke
3 gestr. TL Dr. Oetker Backin
150 g Joghurt (1,5 % Fett)

Für den Belag:

2 Beutel aus 1 Pck. Götterspeise Zitronen-Geschmack
450 ml Wasser
180 g Zucker
450 g Joghurt (1,5 % Fett)
100 g Schlagsahne (30 % Fett)

Zubereitungszeit: 30 Minuten, ohne Abkühl- und Gelierzeit
Backzeit: etwa 25 Minuten

1. Den Backofen vorheizen.
Ober-/Unterhitze: etwa 200 °C
Heißluft: etwa 180 °C

2. Für den Teig Butter oder Margarine in einer Rührschüssel mit einem Mixer (Rührstäbe) auf höchster Stufe geschmeidig rühren. Nach und nach Zucker, Salz und Zitronenschale unterrühren. So lange rühren, bis eine gebundene Masse entstanden ist.

3. Die Eier nach und nach unterrühren (jedes Ei etwa ½ Minute). Mehl mit Speisestärke und Backpulver mischen, abwechselnd in 2 Portionen mit dem Joghurt auf mittlerer Stufe kurz unterrühren.

4. Den Teig auf ein Backblech (30 x 40 cm, gefettet) geben und glatt streichen. Das Backblech in den vorgeheizten Backofen schieben. Die Gebäckplatte **etwa 25 Minuten backen.**

5. Das Backblech auf einen Kuchenrost stellen. Die Gebäckplatte erkalten lassen.

6. Für den Belag beide Beutel Götterspeise nach Packungsanleitung, aber mit nur 150 ml Wasser, zum Quellen anrühren. Den Zucker zu der gequollenen Götterspeise geben. Götterspeise nach Packungsanleitung auflösen.

7. 300 ml kaltes Wasser vorsichtig unter die aufgelöste Götterspeise rühren. 150 ml der Götterspeisenflüssigkeit in ein flaches Gefäß gießen und zugedeckt zum Gelieren in den Kühlschrank stellen.

8. Die restliche Flüssigkeit in eine Rührschüssel geben. Den Joghurt unterrühren. Sahne steif schlagen und unterheben. Die Zitronencreme kurz in den Kühlschrank stellen, bis sie anfängt zu dicklich zu werden.

9. Die Zitronencreme auf der Gebäckplatte gleichmäßig verstreichen. Die fest gewordene Götterspeise mit einem Messer aus dem Gefäß in kleine Stücke teilen und auf der Creme verteilen. Den Kuchen kurz in den Kühlschrank stellen.

Zucchinicremesuppe mit Muscheln | Mit Alkohol

4 Portionen

Pro Portion: E: 8,2 g, F: 6,8 g, Kh: 8,3 g, kJ: 593, kcal: 142, BE: 0,0

1 Knoblauchzehe
1 Zwiebel (etwa 65 g)
800 g Zucchini
2 EL Olivenöl (20 g)
750 ml Gemüsebrühe
Salz
gem. Pfeffer
500 g frische Miesmuscheln (ersatzweise vakuumverpackt)
1 Zwiebel (etwa 65 g)
75 ml trockener Weißwein
150 ml Milch (1,5 % Fett)
1 EL in feine Streifen geschnittenes Basilikum

Zubereitungszeit: 30 Minuten

1. Knoblauch und Zwiebel abziehen und beides fein würfeln. Zucchini abspülen, abtrocknen und die Enden abschneiden. Die Zucchini in Scheiben schneiden.

2. In einem Topf 1 Esslöffel Olivenöl erhitzen. Knoblauch- und Zwiebelwürfel darin unter gelegentlichem Rühren andünsten. Die Zucchinischeiben hinzugeben und alles unter Rühren etwa 2 Minuten weiterdünsten.

3. Die Brühe hinzugießen. Die Zutaten mit Salz und Pfeffer würzen und zum Kochen bringen. Die Suppe zugedeckt etwa 15 Minuten leicht köcheln lassen.

4. In der Zwischenzeit die Miesmuscheln in reichlich kaltem Wasser gründlich waschen und einzeln abbürsten, bis sie nicht mehr sandig sind. Muscheln die sich beim Waschen geöffnet haben, aussortieren. Sie sind ungenießbar. Evtl. die Fäden (Bartbüschel) entfernen. Zwiebel abziehen, halbieren und fein würfeln.

5. Die gegarte Suppe mit einem Pürierstab fein pürieren.

6. In einem weiten Topf das restliche Olivenöl erhitzen. Die Zwiebelwürfel darin unter gelegentlichem Rühren goldgelb andünsten.

7. Wein und Muscheln hinzugeben und zugedeckt bei mittlerer Hitze 5–7 Minuten darin garen, bis sich alle Muscheln geöffnet haben. Den Topf dabei mehrmals schwenken. Die Miesmuscheln in ein großes Sieb abgießen, dabei den Weinsud auffangen. Ungeöffnete Muscheln (diese sind ungenießbar) und die leeren Schalenhälften aussortieren.

8. Das Muschelfleisch aus den Schalen lösen und mit Weinsud und Milch zur pürierten Zucchinisuppe geben. Die Zucchinisuppe erneut erwärmen, mit Salz und Pfeffer abschmecken und mit Basilikum bestreut servieren.

Tipp: Ganzjährig gibt es beim Fischhändler vakuumverpackte Miesmuscheln zu kaufen. Diese Muscheln müssen vor dem Kochen nur noch gewaschen werden. Da die Ware frisch verpackt wird, gibt es so gut wie keinen Ausschuss.

Zucchini-Kichererbsen-Salat mit Minz-Joghurt I

Exotisch

4 Portionen

Pro Portion: E: 12,7 g, F: 4,3 g, Kh: 27,6 g, kJ: 864, kcal: 207, BE: 2,0

500 g abgetropfte Kichererbsen (aus der Dose)
1 Bund Radieschen (etwa 15 Stück)
1 Zucchini (etwa 300 g)
1/2 Blattsalat, z. B. Eichblatt-, Frisée-, Kopfsalat

Für den Minz-Joghurt:

3 Stängel Melisse
150 g Joghurt (1,5 % Fett)
2 EL Zitronensaft
1 gestr. TL Harissa (afrikanische Gewürzpaste)
Salz
gem. Pfeffer
1 Prise Zucker

Zubereitungszeit: 30 Minuten

1. Die Kichererbsen kurz mit kaltem Wasser abspülen und gut abtropfen lassen.

2. Die Radieschen putzen, abspülen, abtropfen lassen und in dünne Scheiben schneiden.

3. Die Zucchini abspülen, abtrocknen und die Enden abschneiden. Zucchini auf der Haushaltsreibe grob raspeln.

4. Blattsalat putzen, waschen und abtropfen lassen oder trocken schleudern. Blattsalat in mundgerechte Stücke zupfen.

5. Blattsalat mit Kichererbsen, Radieschenscheiben und Zucchiniraspeln in eine Salatschüssel geben und vermischen.

6. Für den Minz-Joghurt-Dip Minze abspülen, trocken tupfen und die Blättchen von den Stängeln zupfen. Blättchen in Streifen schneiden.

7. Den Joghurt mit 1 Esslöffel Minzestreifen, Zitronensaft und Harissa verrühren. Den Dip mit Salz, Pfeffer und Zucker abschmecken.

8. Die Salatzutaten mit dem Minz-Dip vermischen oder separat dazureichen.

Beilage: Dazu 1/2 Fladenbrot (etwa 200 g, zusätzlich pro Portion: E: 3,5 g, F: 0,6 g, Kh: 24,0 g, kJ: 493, kcal: 118, BE: 2,0) in 4 gleich große Stücke teilen und dazureichen.

Tipps: Radieschen gibt es vorwiegend in den wärmeren Monaten. In der kälteren Jahreszeit nehmen Sie statt Radieschen 200 g Cocktailtomaten. Tomaten abspülen, abtrocknen, je nach Größe halbieren oder vierteln und die Stängelansätze herausschneiden. Harissa ist eine Gewürzpaste aus roten Chilischoten. Sie schmeckt feurig-scharf – setzen Sie sie deshalb vorsichtig ein. Lassen Sie den Blattsalat unbedingt sehr gut abtropfen oder schleudern Sie ihn sehr gut trocken, damit die anderen Gemüsezutaten nicht erwässern.

Ernährungstipp: Kichererbsen stecken voller biologischem Eiweiß und Kohlenhydrate. Eiweiß ist wichtig für unseren Zellenaufbau, Kohlenhydrate geben Power für den Tag.

Zucchinitaler mit Polenta I

Vegetarisch

4 Portionen

Pro Portion: E: 15,8 g, F: 14,8 g, Kh: 24,9 g, kJ: 1267, kcal: 303, BE: 1,5

3 große Zucchini (je etwa 400 g)
1 l Wasser
1 TL Salz
1 Schalotte (etwa 25 g)
1 Bund glatte Petersilie
2 EL Olivenöl (20 g)
100 g Polenta (Maisgrieß)
600 ml Gemüsebrühe
Salz
gem. Pfeffer
100 g ger. Parmesan

Außerdem:
etwas Butter oder Margarine für die Form (5 g)

Zubereitungszeit: 30 Minuten, ohne Abkühlzeit
Backzeit: 10–12 Minuten

1. Den Backofen vorheizen.
Ober-/Unterhitze: etwa 200 °C
Heißluft: etwa 180 °C

2. Die Zucchini abspülen, abtrocknen und die Enden abschneiden. Zucchini leicht schräg in 16 Scheiben (je etwa 3 cm dick) schneiden. Jeweils aus den Zucchinischeiben mit einem Teelöffel eine Vertiefung aushöhlen. Das ausgehöhlte Fruchtfleisch in kleine Würfel schneiden.

3. Dann das Wasser mit dem Salz in einem Topf zum Kochen bringen. Die ausgehöhlten Zucchinischeiben etwa 2 Minuten darin blanchieren. Anschließend in ein Sieb geben, mit kaltem Wasser abspülen und gut abtropfen lassen. Die Zucchinischeiben beiseitestellen.

4. Die Schalotte abziehen und in kleine Würfel schneiden. Petersilie abspülen, trocken tupfen und die Blättchen von den Stängeln zupfen. Blättchen fein hacken.

5. Olivenöl in einem Topf erhitzen. Schalotten- und Zucchiniwürfel darin andünsten. Polenta hinzugeben, unter Rühren bei mittlerer bis starker Hitze etwa 2 Minuten anrösten lassen, dann die Brühe hinzugießen. Die Zutaten unter Rühren bei schwacher bis mittlerer Hitze etwa 5 Minuten kochen lassen.

6. Den Topf von der Kochstelle nehmen. Polenta mit Salz und Pfeffer kräftig würzen. Die fein gehackte Petersilie und etwa ein Drittel von dem Parmesan unterrühren. Die Polentamasse etwas abkühlen lassen.

7. Die beiseitegestellten Zucchinischeiben in eine flache Auflaufform (gefettet) legen und mit der Maisgrießmasse füllen. Den restlichen Parmesankäse darüberstreuen.

8. Die Form auf dem Rost in den vorgeheizten Backofen (mittlere Einschubleiste) schieben. Die Zucchinitaler **10–12 Minuten überbacken.**

Tipps: Bei der Zubereitung von Polenta ist es wichtig, den Maisgrieß ständig zu rühren, damit er nicht am Topfboden anbrennt. Einige Petersilienblättchen nicht hacken, sondern zum Garnieren verwenden. Schön sieht es aus, wenn Sie die Zucchinitaler zum Garnieren zusätzlich mit 40 g frisch geriebenem Parmesan bestreuen. Das erhöht allerdings den Fettgehalt (zusätzlich pro Portion: E: 3,1 g, F: 3,1 g, Kh: 0,0 g, kJ: 166, kcal: 40, BE: 0,0).

Leichter Genuss

Eine maßvolle und abwechslungsreiche Ernährung, die eine optimale Versorgung mit Nährstoffen wie Mineralien, Spurenelementen und Vitaminen garantiert, ist wichtig für unsere Gesundheit und unser Wohlbefinden.
Der Energiebedarf von jedem einzelnen Menschen hängt von drei Faktoren ab: dem Geschlecht, dem Alter und der Art der Tätigkeit.
Mit zunehmendem Alter sinkt zwar der Energiebedarf, aber der Nährstoffbedarf, z.B. an Vitaminen, Fettsäuren usw., bleibt konstant.
Die Nährstoffe in unseren Lebensmitteln liefern uns Energie, die unser Körper zur Erhaltung der Körperfunktionen, der Körpertemperatur, der Stoffwechselprozesse und der körperlichen Aktivität benötigt. Wird jedoch mehr Nahrungsenergie zugeführt als der Körper verbraucht, machen sich bald die ersten Fettpölsterchen bemerkbar.
Manche Menschen nehmen besonders im Alter zu, weil sie immer so weiteressen, wie sie es in jüngeren Jahren gewohnt waren.
Deshalb möchten wir Ihnen neben unseren fett- und kalorienarmen Koch- und Backrezepten auch Tipps zum Kaloriensparen mit auf den Weg geben.

Kalorienspartipps aus der Genussküche

Eine ausgewogene, fettarme Ernährung ist die beste Voraussetzung, um dauerhaft schlank, fit und gesund zu bleiben. Deshalb sollten Sie beim Einkauf, der Zubereitung und dem täglichen Genuss von Lebensmitteln einige Tipps und Tricks zum Kaloriensparen beachten. Setzen Sie auf leichte, aber abwechslungsreiche Rezepte. Die einfachste Methode: Wählen Sie Ihre und die Lieblings-Rezepte Ihrer Familie aus unserem Buch aus und bauen Sie diese so oft wie möglich in Ihren Speiseplan ein. Probieren Sie immer wieder neue, leichte Rezepte aus – das fördert eine positive Einstellung zum Essen. Sie werden staunen, wie vielfältig auch die schlanke und schnelle Küche sein kann.
Wir zeigen Ihnen zudem, dass es auch möglich ist, gelegentlich ein Stück Kuchen ohne Reue zu genießen.

So einfach lassen sich Kalorien sparen

- Achten Sie beim Kauf von fertigen Müslimischungen auf die Zusammensetzung: Sie sollten möglichst wenig oder keinen Zucker enthalten und nicht zu fetthaltig sein. Oder stellen Sie sich aus Vollkornhaferflocken, Rosinen, Nüssen und Obst selbst eine Müslimischung zusammen. Um sicherzugehen, nicht zu viel zu essen, die Zutaten am besten immer abwiegen.
- Sichtbare Fette, z. B. an Schinken, Fleisch oder Geflügel, einfach entfernen.

- Da sie die meisten Kalorien liefern: Speisefette und und -öle nur sparsam verwenden und immer ganz genau abmessen.

- Nehmen Sie Streichfette rechtzeitig aus dem Kühlschrank – wenn sie weich sind, lassen sie sich besser portionieren und verstreichen. So nehmen Sie automatisch weniger.
- Bei Belägen wie Doppelrahm-Frischkäse, Tee-, Leberwurst oder Schmelzkäsezubereitungen – die sehr fetthaltig sind und nur ausnahmsweise verzehrt werden sollten – ganz auf zusätzliche Streichfette verzichten.

• Beim Dämpfen, Grillen und Braten in einer Pfanne mit Antihaft-Beschichtung, können Sie ganz darauf verzichten, noch Fett hinzuzufügen.
• Garen Sie Gemüse, Fisch und Fleisch ruhig öfter einmal als Päckchen verpackt im Backofen: Aus dem Bratschlauch, dem Alu- oder Butterbrotpapierpäckchen schmeckt das Gargut wunderbar und es ist fettarm.

• Wer feinen Buttergeschmack oder das Aroma von Olivenöl liebt: Einfach einige wenige Tropfen zum Schluss über die fertigen Speisen träufeln.
• Statt Sahne oder Schmelzkäse eignet sich saure Sahne (10 % Fett) zum Verfeinern von Saucen, Suppen oder Gemüse. Einige Hersteller bieten auch fettreduzierte Alternativen zu Crème fraîche & Co. an, z. B. Crème légère.
• Binden Sie Saucen statt mit Saucenbinder lieber mit püriertem Gemüse oder kochen Sie sie lang genug ein.
• Von Brühen und Saucen stets das Fett abschöpfen, z. B. mit einem speziellen Fettabschöpfer (Haushaltswarenladen). Oder die Gerichte abkühlen lassen und abgesetztes Fett mit einem Löffel vorsichtig von der Oberfläche entfernen. Sie können auch stark saugendes Küchenpapier über die Oberfläche der Brühe ziehen. Die Fettschicht wird dabei vom Papier aufgenommen. Noch besser funktioniert es, wenn Sie einen Eiswürfel mit Küchenpapier umwickeln und durch die Brühe ziehen. Das Fett wird sofort fest und bleibt am Küchenpapier hängen.
• Mayonnaise ganz oder zu einem großen Teil durch saure Sahne oder fettarmen Joghurt ersetzen.
• Beim Überbacken von Gratins oder Aufläufen auf üppige Käsekrusten verzichten. Häufig reichen schon 2–3 Esslöffel geriebener Parmesan-Käse, gemischt mit 1 Esslöffel Semmelbröseln, um eine ebenso würzige Kruste zu bekommen.

• Beim Backen fettarme Teige wie Hefeteig, Biskuit oder Brandteig bevorzugen, bei deren Zubereitung nur wenig oder kein Fett verwendet wird.

• Ergänzen Sie die Kuchenböden mit Obst und/oder leichten Füllungen aus fettarmen Milchprodukten.
• Halbfett-Butter oder Joghurt-Butter sind für viele Backrezepte eine optimale Alternative, mit der sich im Handumdrehen Fett sparen lässt. Achten Sie dabei beim Einkauf auf die Herstellerhinweise: Einige Sorten lassen sich nur als Brotaufstrich verwenden, andere können Sie problemlos auch zum Backen nehmen.
• Antihaft-beschichtete Backformen brauchen heutzutage nur noch ganz wenig Fett zum Einfetten. Etwa 4 g reichen aus, um die fettarmen Kuchen und Tortenböden nach dem Backen problemlos aus der Form zu lösen.
• Für die fettlose Variante können Sie die Backformen mit Backpapier auslegen. Bei Springformen z. B. einfach einen Bogen Backpapier auf den Boden der Form legen und mit dem Springformrand straff einspannen.

• Die Mulden einer Muffinformen legen Sie am besten mit Muffin-Papierbackförmchen aus.
• Wer Kalorien sparen möchte, sollte die Zutatenmengen stets abwiegen.

Kalorienfallen im Alltag

Bewegungsmangel ist im Zeitalter von Auto, Computer und Co. ein immer größer werdendes Problem und ein entscheidender Faktor für die steigende Zahl an übergewichtigen Menschen. So entkommen Sie diesem Kreislauf:

- Sorgen Sie für ausreichend Bewegung in Ihrem Alltag, denn Bewegung ist der Fettkiller Nummer 1.
- Nehmen Sie die Treppe und nicht den Lift; lassen Sie für kleinere Strecken das Auto in der Garage und gehen stattdessen zu Fuß oder fahren mit dem Rad; steigen Sie eine Station früher aus Bus oder S-Bahn aus und laufen Sie den Rest ...
- Treiben Sie Sport und gehen Sie spazieren.
- Finger weg von Chips & Co. Wer am Nachmittag oder am Abend vor dem Fernseher aus Langeweile eine Kleinigkeit Süßes oder Salziges isst, nimmt unnötige Kalorien auf. Wer etwas zum Knabbern braucht, kann auf Gemüserohkost zurückgreifen.

- Achten Sie auf versteckte Fette, z. B. in Wurst, Süßwaren, Nüssen, Eiscreme, Müsliriegeln, Kuchen oder Salzigem.

Ernährungstipps für den Alltag

- Bauen Sie nach Möglichkeit 3 feste Mahlzeiten und 2 Snacks in Ihren täglichen Ernährungsplan mit ein. Auf diese Weise können Sie recht zuverlässig verhindern, dass sich Heißhunger, vor allem auf Süßigkeiten, entwickelt, der sich nur noch schwer kontrollieren lässt.
- Trinken Sie reichlich Mineralwasser. Das dämpft den ersten Hunger und löscht den Durst.
- 1 ½–2 Liter Flüssigkeit pro Tag sollte ein Erwachsener trinken, um den Flüssigkeitsverlust im Körper auszugleichen und alle Körperfunktionen optimal in Gang zu halten.
- Ein idealer Durstlöscher ohne Kalorien ist Wasser, ganz gleich ob es sich um Trinkwasser aus der Leitung oder Mineralwasser handelt. Aber auch ungesüßte Kräuter- und Früchtetees eignen sich bestens, um Ihren Durst zu löschen.
- Mineralwasser und Tees sollten Sie immer in Reichweite stellen: So greifen Sie öfter zu, essen weniger und versorgen sich mit ausreichend Flüssigkeit.
- Milch und Milchprodukte liefern jede Menge gesundes Eiweiß und sie sind unsere größte Calciumquelle. Allerdings haben sie einen Nachteil: Sie enthalten Fett, viele Produkte sogar unerfreulich viel. Versuchen Sie daher, auf die fettarmen Varianten zurückzugreifen, die heute in jedem gut sortierten Supermarkt zu finden sind.
- Machen Sie mit bei der Kampagne „5 am Tag“: Nach dieser einfachen Regel für die gesundheitsbewusste Ernährung sollten Sie täglich 3 Hände voll Gemüse und 2 Hände voll Obst roh oder gegart essen (als Maß für alle Gemüse- und Obstportionen gilt die eigene Hand). Als Portion erlaubt ist auch 1 Glas Obst- oder Gemüsesaft.

Vorsicht bei Zucker und Süßstoffen

Schlank werden und bleiben fängt schon beim Einkauf an. Auf der Zutatenliste von Lebensmitteln hat Zucker viele Namen. Unter dem Begriff Zucker versteht man beispielsweise Saccharose, Traubenzucker, Glucose, Dextrose, Glucosesirup, Maltodextrin, Malzzucker,

Maltose, Fruchtzucker, Honig, braunen Rohrzucker usw. Zucker versteckt sich demnach hinter etlichen verschiedenen Bezeichnungen. Oftmals finden Sie in der Zutatenliste eines Produktes den Begriff „Zucker“ gar nicht, dafür aber gleich mehrere der oben genannten Zuckernamen aufgelistet. Seien Sie hier also besonders wachsam.
Süßstoffe oder Zuckeraustauschstoffe wie Xylit, Sorbit, Aspertam oder Mannit sind nahezu kalorienfrei und wirken kaum zahnschädigend. Gleichwohl sind sie für eine ausgewogene Ernährung nicht zu empfehlen – unter anderem, weil sie die Lust auf Süßes verstärken und wir das Maß für die richtige Menge verlieren.

Für unterwegs – im Büro, in der Schule oder im Restaurant

Was nützen die besten Vorsätze für bewusstes Einkaufen und gesundes Zubereiten zu Hause, wenn die tägliche Hauptmahlzeit außer Haus, z. B. in der Kantine oder der Schule, gegessen wird?
Aber auch hier können Sie mit einigen Kniffen Kalorienfallen geschickt umgehen:

- An der Salatbar der Kantine sind Sie richtig: Eine große Portion Blattsalate, Rohkostsalate, Champignons, Möhren oder Paprika usw. sollte immer auf Ihrem Speiseplan stehen.

- Genießen Sie Ihren Salat nur mit wenig Dressing. Alternativ können Sie sich ein selbst gemachtes oder fettarmes Fertig-Dressing von zu Hause mitbringen.
- Pellkartoffeln, Salzkartoffeln, Reis oder Nudeln sind ideale Beilagen, die Ihnen sättigende Kohlenhydrate, aber nur wenig Fettkalorien liefern.
- Bratkartoffeln, Pommes, Rösti oder Gratins dagegen, belasten Ihr Kalorienkonto unnötig.
- Gönnen Sie sich unterwegs einen üppigen Teller gedünstetes Beilagen-Gemüse mit Kartoffeln, Nudeln oder Reis.

- Bevorzugen Sie mageres Fleisch, z. B. Steak oder Filet, Fisch oder Geflügel ohne Haut, und verzichten Sie auf gehaltvolle Saucen.
- Achten Sie bei Fertigdesserts auf die Kalorien- und Fettangaben. Wählen Sie alternativ lieber eine Portion frisches Obst oder fruchtiges Gelee.

- Nehmen Sie, so oft es geht, eine vorzubereitende, zum Mitnehmen geeignete Mahlzeit aus unserem Buch mit. Kochen Sie dafür geeignete Gerichte einfach in größeren Mengen. Portionsweise eingefroren können Sie immer etwas Schnelles zum Aufwärmen mit ins Büro nehmen.
- Essen Sie abends das, was am Tag zu kurz gekommen ist: Hatten Sie ein warmes Mittagessen, dann probieren Sie jetzt einen Salat- oder Rohkostteller. Hatten Sie nur Zeit für einen kleinen Snack, dann ist eine leichte, warme Mahlzeit am Abend jetzt genau das Richtige für Sie.

Suppen und Eintöpfe

Salate

Vegetarisches

Mit Fisch und Meeresfrüchten

Mit Fleisch

Zum Mitnehmen und auf die Hand

Aufstriche, Dressings und Beilagen

Kuchen, Gebäck und Süßes

Für Fragen, Vorschläge oder Anregungen steht Ihnen der Verbraucherservice der Dr. Oetker Versuchsküche Telefon: 00800 71 72 73 74 Mo.–Fr. 8:00–18:00 Uhr, Sa. 9:00–15:00 Uhr (gebührenfrei in Deutschland) oder die Mitarbeiter des Dr. Oetker Verlages Telefon: +49 (0) 521 52 06 51 Mo.–Fr. 9:00–15:00 Uhr zur Verfügung.

Oder Sie schreiben uns an Dr. Oetker Verlag KG, Am Bach 11, 33602 Bielefeld oder besuchen uns im Internet auf den Seiten www.oetker-verlag.de oder www.oetker.de.

Umwelthinweis Dieses Buch und der Einband wurden auf chlorfrei gebleichtem Papier gedruckt. Die Einschrumpffolie – zum Schutz vor Verschmutzung – ist aus umweltfreundlichem und recyclingfähigem PE-Material.

Copyright © 2011 by Dr. Oetker Verlag KG, Bielefeld

Redaktion Christina Langner

Innenfotos Walter Cimbal, Hamburg (S. 29, 45, 64, 90, 143, 147, 198, 270)
Fotostudio Diercks – Thomas Diercks/Kai Boxhammer/Christiane Krüger, Hamburg (S. 7–10, 12, 15, 17, 19, 21, 22, 25, 28, 31, 36, 41, 42, 47, 48, 50, 54–57, 59, 61, 62, 66, 69, 73, 75, 77, 79, 81–85, 87, 88, 91, 93, 95, 96, 99, 101, 104, 105, 116, 119, 120, 123, 125, 126, 129, 132, 133, 136, 138–142, 144, 146, 149, 150, 154–156, 163, 164, 167, 170–172, 174, 177, 181,185, 186, 189, 195, 197, 200–204, 214, 219–222, 226, 229, 230, 237, 239, 241, 243, 245–247, 250, 251, 255, 256, 258–261, 263, 265, 268, 269, 272, 274, 279/links oben, 281/rechts oben)
Ulli Hartmann, Halle/Westf. (S. 18, 33, 37, 67, 76, 86, 106, 108, 135, 137, 148, 161, 184, 205, 206, 218, 224, 232, 254, 257, 264, 275, 277, 281/rechts unten)
Bela Hoche, Hamburg (S. 44, 68, 102, 176, 216)
Bernd Lippert (S. 98, 117, 165, 166, 178, 228, 231, 238)
Herbert Maass (S. 35, 173)
Antje Plewinski, Berlin (S. 39, 70, 71, 103, 111, 118, 121, 128, 153, 159, 168, 179, 183, 196, 207, 225, 244, 249, 267, 278, 279, 280, 281/rechts)
Anke Politt, Hamburg (S. 34)
Christiane Pries (S. 127, 199)
Hans-Joachim Schmidt, Hamburg (S. 5, 11, 26, 38, 52, 53, 58, 60, 74, 92, 100, 109, 110, 113, 122, 130, 145, 158, 160, 180, 191, 209, 217, 227, 234, 271, 273)
Axel Struwe, Bielefeld (S. 13, 49, 63, 89, 124, 187, 190, 193, 208, 213, 252, 253)
Norbert Toelle, Bielefeld (S. 23, 78, 114, 157, 169)
Brigitte Wegner, Bielefeld (S. 14, 16, 20, 27, 40, 43, 46, 51, 80, 94, 97, 115, 134, 152, 182, 194, 212, 235, 240, 242, 276)
Winkler Studios, Bremen (S. 107, 131, 192, 211, 233, 248)
Bernd Wohlgemuth, Hamburg (S. 112, 262)

Rezeptentwicklung und -beratung Irmgard Radke, Calden

Lektorat no:vum, Susanne Noll, Leinfelden-Echterdingen

Nährwertberechnungen Nutri Service, Hennef

Grafisches Konzept und Gestaltung MDH Haselhorst, Bielefeld
Titelgestaltung kontur:design GmbH, Bielefeld
Satz und Layout MDH Haselhorst, Bielefeld
Druck und Bindung Mohn media Mohndruck GmbH, Gütersloh

Die Autoren haben dieses Buch nach bestem Wissen und Gewissen erarbeitet. Alle Rezepte, Tipps und Ratschläge sind mit Sorgfalt ausgewählt und geprüft. Eine Haftung des Verlages und seiner Beauftragten für alle erdenklichen Schäden an Personen, Sach- und Vermögensgegenständen ist ausgeschlossen.

Nachdruck und Vervielfältigung (z. B. durch Datenträger aller Art) sowie Verbreitung jeglicher Art, auch auszugsweise, ist nur mit ausdrücklicher Genehmigung und Quellenangabe gestattet.

ISBN: 978-3-7670-0773-4